跨境电商独立站运营
Shopify 从入门到精通

徐鹏飞 王金歌 著

电子工业出版社
Publishing House of Electronics Industry
北京·BEIJING

内 容 简 介

运营跨境电商独立站是跨境电商行业的重要发展方向。作为跨境电商独立站平台，Shopify 在全球的用户数已经超过百万。大量的跨境电商从业者通过 Shopify 建立了自己的独立站。

本书系统地介绍了跨境电商独立站 Shopify 平台，内容包括选品、建站、功能设置、网站优化、添加应用、推广等。本书能够有效地帮助跨境电商从业人员熟悉 Shopify 平台，助力中国品牌出海。

未经许可，不得以任何方式复制或抄袭本书之部分或全部内容。
版权所有，侵权必究。

图书在版编目（CIP）数据

跨境电商独立站运营：Shopify 从入门到精通 ／ 徐鹏飞，王金歌著. 一北京：电子工业出版社，2022.1
ISBN 978-7-121-42471-7

Ⅰ.①跨… Ⅱ.①徐…②王… Ⅲ.①电子商务 Ⅳ.①F713.36

中国版本图书馆 CIP 数据核字（2021）第 241702 号

责任编辑：石　悦
印　　刷：北京天宇星印刷厂
装　　订：北京天宇星印刷厂
出版发行：电子工业出版社
　　　　　北京市海淀区万寿路 173 信箱　　邮编：100036
开　　本：720×1000　1/16　　印张：18　　字数：292 千字
版　　次：2022 年 1 月第 1 版
印　　次：2025 年 6 月第 8 次印刷
定　　价：79.00 元

凡所购买电子工业出版社图书有缺损问题，请向购买书店调换。若书店售缺，请与本社发行部联系，联系及邮购电话：（010）88254888，88258888。
质量投诉请发邮件至 zlts@phei.com.cn，盗版侵权举报请发邮件至 dbqq@phei.com.cn。
本书咨询联系方式：（010）51260888-819，faq@phei.com.cn。

前　　言

说到跨境电商，大家想到的可能是亚马逊、eBay 等耳熟能详的平台，但随着大量卖家涌入跨境电商平台，跨境电商平台的流量红利已经消失。现在已经进入了品牌红利期。此时，一个有前瞻性的跨境电商从业者，应当积极发现新的获客渠道。如果你的亚马逊商店经营进入瓶颈期，你就要进一步扩大销售范围、获得可重复联系的忠实客户。如果不想受制于平台，你就可以考虑建独立站，而如果你没有强大的技术实力，那么 Shopify 可能是最佳选择。但是，如果你是对电商一点儿也不了解的"小白"，那么我们不建议你用 Shopify 开启你的电商之路。

你也许会有疑问，"为什么有那么多独立站平台，我要选择 Shopify？它有哪些优势、怎么运营？它的客户群体比亚马逊等平台更大吗？"这些就是本书要讲的内容。

Shopify 是一个电商 SaaS 平台，可以帮助电商从业者一站式开发并管理其在平台上的所有电商业务，集销售、页面设计、在线支付、订单管理、仓储、物流、客户信息管理、广告营销、第三方工具推广等功能于一体，简单易用，电商"小白"也可以轻松使用。

本书以实际操作为主，详细介绍平台搭建、站内优化、站外引流等内容，涉及时下最流行的 Google、Facebook 等搜索引擎和社交媒体推广等内容。

在本书从策划到最终出版的过程中，我们真诚地感谢时代芳华的合作伙伴苗女士、庄女士等同事，在你们对我们工作的支持和配合下，我们才能够腾出时间来完成本书的写作。

徐鹏飞　王金歌
2021 年 9 月

目　　录

第1章　Shopify 简介 1
1.1　Shopify 的发展历程 1
1.2　Shopify 的特点 2
1.3　做好 Shopify 的关键 3

第2章　选品与供应商选择 5
2.1　Shopify 可销售的产品范围 5
2.2　自我定位 6
　　2.2.1　综合站 6
　　2.2.2　垂直精品站 8
　　2.2.3　单品站 9
2.3　选品思路 10
　　2.3.1　挖掘周边资源 10
　　2.3.2　把握市场热点、趋势 12
　　2.3.3　识别客户痛点 13
2.4　选品可参考的平台 13
　　2.4.1　消费趋势相关网站 13
　　2.4.2　行业领导者 17
　　2.4.3　社交媒体网站 17
　　2.4.4　在线消费平台 24
　　2.4.5　论坛社区 29

		2.4.6 选品工具 29
	2.5	验证 33
	2.6	优质供应链打造 38
第 3 章	Shopify 建站准备 40
	3.1	常规资料准备 40
		3.1.1 双币信用卡和 PayPal 40
		3.1.2 办理营业执照 41
		3.1.3 注册邮箱 42
	3.2	购买域名 43
		3.2.1 购买域名的注意事项 43
		3.2.2 域名购买渠道 45
	3.3	Facebook 账户注册 46
	3.4	Shopify 注册 47
		3.4.1 注册流程 47
		3.4.2 Shopify 套餐详解 51
第 4 章	Shopify 后台功能 55
	4.1	Shopify 后台概览 56
		4.1.1 后台主页介绍 56
		4.1.2 产品 57
		4.1.3 客户、分析、折扣 66
	4.2	销售渠道 72
		4.2.1 在线商店模板 72
		4.2.2 博客文章 76
		4.2.3 页面 78
		4.2.4 网站地图 79
		4.2.5 域名 81
		4.2.6 偏好设置 82
第 5 章	Shopify 设置 84
	5.1	Shopify 的基础设置 84

- 5.1.1 通用设置 84
- 5.1.2 收款设置 85
- 5.1.3 结账设置 87
- 5.1.4 发货、配送与税费设置 88
- 5.2 其他设置 92
  - 5.2.1 通知设置 92
  - 5.2.2 礼品卡设置 93
  - 5.2.3 文件设置 94
  - 5.2.4 销售渠道管理设置 94
  - 5.2.5 套餐设置 96
  - 5.2.6 用户和权限设置 96
  - 5.2.7 商店语言、账单和规则设置 97
  - 5.2.8 商店元字段设置 98

第6章 网站优化 100

- 6.1 网站设计 100
  - 6.1.1 扁平式网站结构 100
  - 6.1.2 树形网站结构 101
  - 6.1.3 网站索引与体验 103
  - 6.1.4 响应式网站设计 108
- 6.2 关键词的选择与研究 111
  - 6.2.1 关键词的选择 111
  - 6.2.2 关键字趋势分析 114
  - 6.2.3 关键字优化竞争程度分析 117
- 6.3 网站导航与网页优化 118
  - 6.3.1 网站导航优化 118
  - 6.3.2 网页优化 120
- 6.4 产品文案优化 121
  - 6.4.1 产品文案设计 122
  - 6.4.2 产品文案传播 123
- 6.5 用户行为与反向链接 124
  - 6.5.1 受众群体概览 127

		6.5.2 流量获取概览 127
		6.5.3 行为概览 129
		6.5.4 社交媒体引用 130
		6.5.5 反向链接 131
	6.6	其他优化与优化工具 132
		6.6.1 网站访问速度与安全性 132
		6.6.2 错误页面设置与页面转向 137

第 7 章 常用的应用介绍 139

	7.1	基础功能应用 139
		7.1.1 多渠道社交登录应用 139
		7.1.2 多语言翻译与货币换算应用 142
		7.1.3 选品上架与订单处理应用 Oberlo 145
		7.1.4 评论应用 Product Reviews 149
		7.1.5 电子邮件应用 152
	7.2	营销活动应用 154
		7.2.1 Feed for Google Shopping 154
		7.2.2 Facebook 应用 156
		7.2.3 社交媒体营销应用 Outfy 158
		7.2.4 网站 SEO 应用 163
		7.2.5 联盟营销计划应用 167
	7.3	其他应用 172
		7.3.1 订单状态跟踪应用 172
		7.3.2 产品问答应用 174

第 8 章 Facebook 广告 176

	8.1	基本概念 176
		8.1.1 个人账户与个人主页 176
		8.1.2 公共主页 177
		8.1.3 Business Manager 178
		8.1.4 广告账户 181
		8.1.5 Facebook Pixel 182

目　录

　　　　8.1.6　Facebook Business Suite 182
8.2　个人主页设置与日常运营 183
　　　　8.2.1　个人主页设置 183
　　　　8.2.2　个人主页的日常运营 188
8.3　公共主页创建和运营 188
　　　　8.3.1　公共主页创建 188
　　　　8.3.2　公共主页设置 192
　　　　8.3.3　公共主页的日常运营 195
8.4　商务管理平台设置 196
8.5　广告账户 208
　　　　8.5.1　开通广告账户 208
　　　　8.5.2　广告原理 209
　　　　8.5.3　广告创建 210
8.6　Facebook 直播 220
8.7　如何精准"增粉" 223

第 9 章　Google Ads 实操 225

9.1　关于 Google Ads 225
　　　　9.1.1　Google 简介 225
　　　　9.1.2　广告原理 227
　　　　9.1.3　营销目标、广告策略制定与广告效果衡量 227
　　　　9.1.4　跟踪转化设置 228
　　　　9.1.5　附加信息设置 232
9.2　购物广告 246
　　　　9.2.1　购物广告简介 246
　　　　9.2.2　标准购物广告 247
　　　　9.2.3　智能购物广告 250
9.3　搜索广告 252
　　　　9.3.1　搜索广告简介 252
　　　　9.3.2　自适应搜索广告 253
　　　　9.3.3　动态搜索广告 260
9.4　展示广告 263

- 9.4.1 展示广告简介 263
- 9.4.2 标准展示广告 264
- 9.4.3 智能型展示广告 269

9.5 视频广告 271
- 9.5.1 以销售、网站流量、潜在用户为目标的视频广告系列 271
- 9.5.2 以品牌和中意度为目标的视频广告系列 273
- 9.5.3 以品牌认知度和覆盖面为目标的视频广告系列 274

9.6 其他广告形式 274
- 9.6.1 智能广告 274
- 9.6.2 发现广告 276
- 9.6.3 效果最大化广告 278

第 1 章

Shopify 简介

1.1　Shopify的发展历程

　　Shopify 由 Tobias Lütke（托比亚斯·卢克）创建。他最初只是想销售自己的滑雪设备。在销售的过程中，他意识到当时的电商平台的展现方式统一，无法自行对后台进行修改，无法为消费者提供个性化的购物体验。因此，2004 年，他创建了自己的网店 Snowdevil，如图 1-1 所示，并在不断完善自身网店的同时，开发出一个基于 SaaS（Software-as-a-Service，软件即服务）的电子商务服务平台，即一个可以让卖家自主管理在线商店的平台。

　　2006 年，在加拿大渥太华 Shopify 正式成立，成立之初仅有 5 名员工。经过 3 轮融资，Shopify 于 2015 年上市，随后快速发展。截至 2021 年 7 月，Shopify 的市值已突破 2000 亿美元。目前，全球有超过 170 万个商家入驻 Shopify。

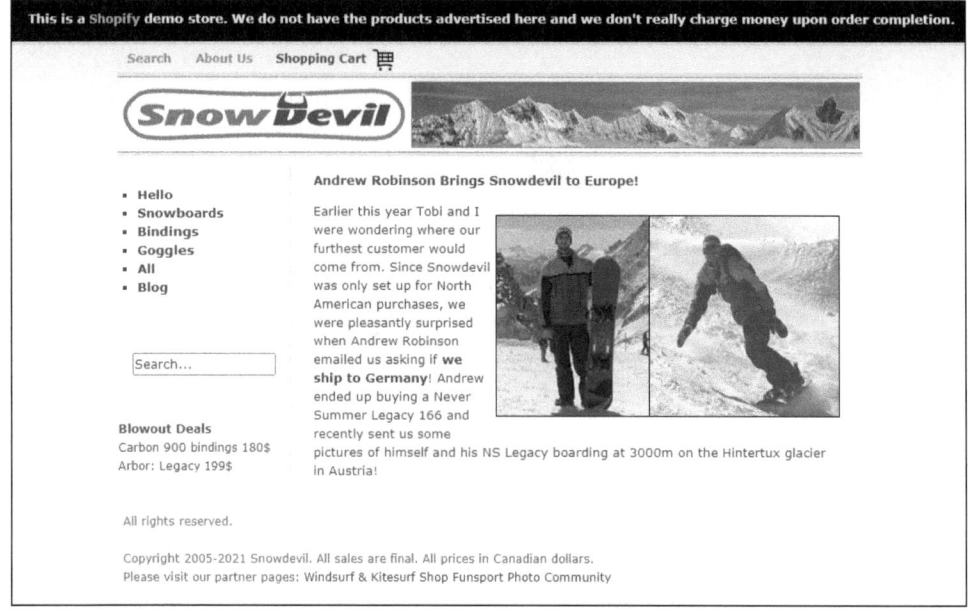

图 1-1　Snowdevil 网店的页面

1.2　Shopify 的特点

Shopify 简单易用，规则简单。通过各种模板、插件，卖家可以实现"傻瓜式"快速建站。与其他平台相比，Shopify 有以下优点。

（1）投入成本相对更低。卖家主要缴纳月租（低至 29 美元）与使用各种模板的费用，佣金率仅有 0.5%～2%。

（2）限制条款较少，除了不能销售违禁品和侵犯他人专利，关于怎么销售东西、销售什么东西，Shopify 有更高的自由度。例如，亚马逊要求寄给客户的包裹中除了产品和必要的包装，不能含有各种促销信息和要求对方给好评的信息。

（3）可以有更大的议价空间。客户进入卖家的 Shopify 商店后，看到的所有产品都是卖家自己的产品。卖家可以自主定价，使用合适的产品加上优秀的文案宣传，比较容易获得较大的利润空间。

（4）可以更充分地利用客户资料，塑造自己的品牌。平台通过算法分配流量，且不会与卖家共享客户数据，因此卖家无法知道客户邮箱等重要信息，难以提高产品的复购率。虽然 Shopify 商店在起步阶段没有客户流量，但通过 SEO（搜索引擎优化）、付费推广、"网红"营销等各种运营方式可以不断积累客户的各项信息，这些不断增加的客户信息可以使卖家充分地了解客户的各项行为，以便有针对性地改变营销方式与营销内容，从而有利于客户识别产品品牌，增强品牌的影响力，提高客户的黏性和复购率。

Shopify 是独立站的一种，还有其他独立站也可以帮助卖家建立自己的网站，如 BigCommerce、Magento 等，但对比独立站的易用性、网站的应用程序数量、网站的安全性等方面，目前 Shopify 还是比较值得推荐的。如图 1-2 所示，可以看出随着 Shopify 的不断发展，搜索量不断增加，领先其他独立站。

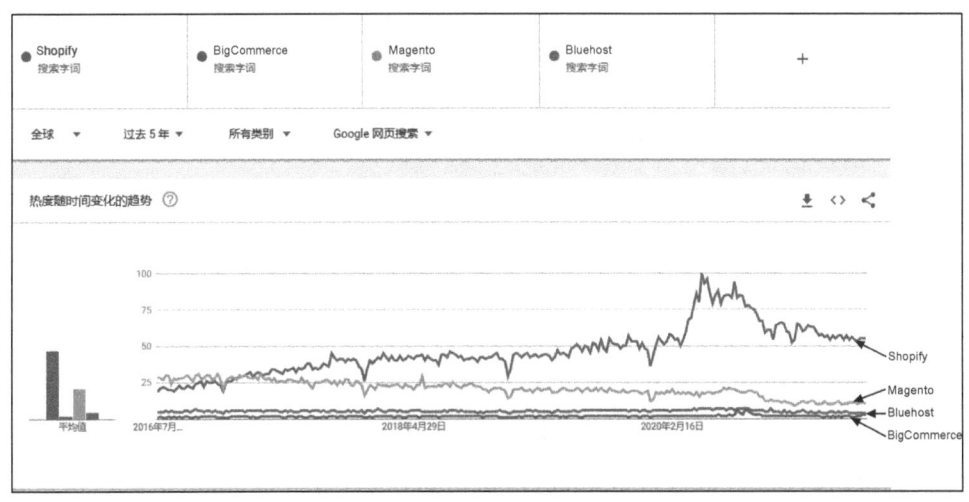

图 1-2　各独立站的谷歌趋势比较

1.3　做好Shopify的关键

1. 产品与供应链

卖家首先要确定有竞争力的产品，既可以自己生产，也可以定制并找供应商批量生产，要确保产品能持续供应，要拥有好的产品供应链，以防止产品成为"爆款"后缺货。

2．宣传素材

好的宣传素材在营销中可以起到事半功倍的效果。产品首次展现在网店访客眼前的样式，也就是第一印象，对转化率至关重要。宣传素材包括广告宣传素材、产品图片、网站 Banner、详情描述、视频素材等。

3．推广方案

我们知道，Shopify 的最大缺点是在刚建成商店时，网站内容被搜索引擎收录的时间较短，关键词排名比较靠后，几乎没有访客会到达商店，因此卖家需要制定推广方案，采用付费或者免费的广告吸引访客，可以通过 Facebook 广告、Google Ads、邮件营销、视频营销等去做推广。

4．团队建设

在 Shopify 建站及推广过程中会涉及拍摄照片、图像设计、文案编辑、广告投放、客户邮件回复、售后服务等工作。如果你销售的产品较少，那么你一个人就可以搞定这些事情。如果你销售的产品较多，就需要组建团队，由专业的人员来处理。

5．目标受众

在确定了销售的产品后，你要根据产品的特性锁定目标市场，也就是要推广的区域与人群。只有选对区域和人群，才能以更少的费用获得更多的销售额。例如，如果你销售的产品是高尔夫相关产品，就需要在美国、日本、韩国、英国这些高尔夫运动盛行的发达国家进行宣传与推广。

6．用户体验

用户体验也是至关重要的一点，包括客户访问你的商店的感官体验、购买产品的支付体验、收到货之后的使用体验、使用过程中出现问题后的售后服务体验等。好的用户体验会吸引客户不断复购你的产品，并使他愿意向身边的朋友推荐你的产品。

第 2 章

选品与供应商选择

如第 1 章所言，在做独立站时很重要的工作就是确定销售的产品，即选品。卖家一定要多花时间在挑选产品上。可以说，卖家经营 Shopify 商店能否成功，选品占一半的原因。卖家需要在 Shopify 允许销售的产品范围内综合考虑适合自己的产品。在选择好合适的产品后，卖家也需要选择优质的供应商，逐步打造完善的采购、物流、售后服务链条，避免陷入价格战和大量售后服务的泥潭。

2.1 Shopify可销售的产品范围

Shopify 适合大多数产品品类与销售形式。可以在 Shopify 上销售的产品有以下几类。

（1）实物，例如首饰、食品、衣服、手工制品。

（2）数字产品，包括电子书、电子教程、图片、邮件模板等。

（3）服务或者体验，包括管理咨询、看牙病、理发、租赁等。

需要注意的是，Shopify 禁止销售任何假冒伪劣、有危害性或违反当地市场法律法规的产品。具体的平台规则与政策请参见《Shopify 可接受使用政策》，如

图 2-1 所示。

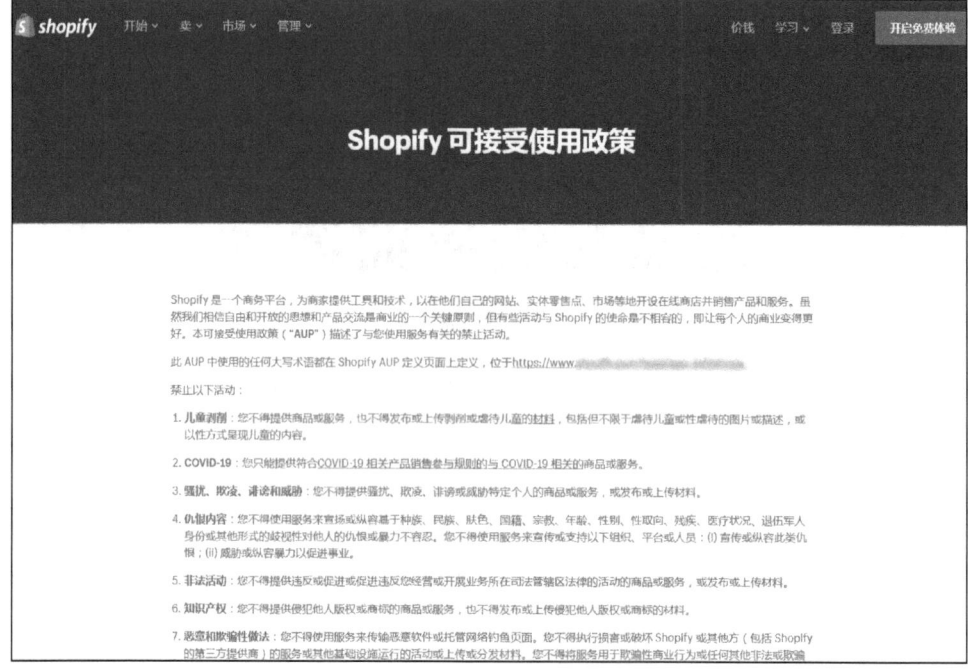

图 2-1　Shopify 可接受使用政策

2.2　自我定位

在选品之前，卖家需要对自身实力有清晰的认知，对即将开设的商店有一个定位。独立站一般分为 3 种类型：一是综合站，也可以称为杂货铺；二是垂直精品站；三是单品站。下面将对这 3 类独立站的优点、缺点分别进行介绍。卖家可以根据自身的实力选择适合自己的类型。

2.2.1　综合站

对于这种类型的独立站来说，卖家自身没有货源，采用 Drop Shipping，也就是一件代发的方式发货。Drop Shipping 是一个外贸术语，是指卖家不需要囤货，把客户的详细信息发送给供应商，由供应商直接将货物发送给客户的交易方式。

这种方式是从平台销售的价格与供应商收取的费用之间的价格差异中获利的。如图 2-2 所示，这个商店销售衣服、包、配饰。

图 2-2　综合站示例 CETTIRE

综合站的货源大多来自 1688、速卖通等平台，其优点是卖家能够在 Shopify 商店上铺设大量产品，不用管理库存，可以极大地降低资金的占用量，降低压货风险。对于刚开始做 Shopify 的人来说，这是很好的选择。因为它允许卖家在没有任何东西时就可以开始销售，启动成本低。一些有资金实力的大卖家也会采用这种形式快速上架产品，投入少量广告进行产品测试，看一看产品是否有客户群体，也就是所说的"测爆款"。一旦发现"爆款"，大卖家就立刻花大量的广告费进行产品推广，直到整个市场接近饱和，再继续测试下一个"爆款"。

综合站的缺点在于客户的忠诚度不高，销售严重依赖付费推广。产品类目较多、较杂，就会没有独特性，不能给客户留下深刻的印象，大部分客户是一次性客户。综合站站内的内容相关性差，不利于 SEO，使得产品销售严重依赖外部引流。

2.2.2 垂直精品站

垂直精品站又可以分为两类，一类是垂直类商店，另一类是精品类商店。

什么是垂直类商店呢？比如，一些销售骑行设备的卖家的网站销售的都是骑行相关产品，例如骑行头盔、变速器、支架、牙盘、骑行服、防盗锁、链条等。产品数量不少，但是产品之间联系紧密，如图2-3所示。

图2-3　垂直类商店示例 mike's bikes

精品类商店是指只销售少数几个产品（一般不超过10个），且产品几乎全部一样的商店，可以说是垂直类商店的"升级版"，销售的产品更加专一。如图2-4所示，商店一共有7款产品且全部都是高尔夫测距仪。

垂直精品站专注于某一个细分市场，是在某一个品类下进行深耕的，优势在于会给客户很强的专注与专业性的印象，能够提供更加契合某一特定人群的消费产品，满足某一领域客户的特定习惯或者需求，更容易获得客户信任，可以加深客户对产品的印象并形成群体内的口碑传播，从而形成较高的转化率和复购率，进而形成品牌，获得独特的品牌价值，这也是小企业不断做大的必经之路。

图 2-4　精品类商店示例 Blue Tees GOLF

从推广方面来说，垂直类产品相似、互补，推广所面对的客户群体类似，以老带新做关联营销相对轻松。从 SEO 方面来说，产品描述内容、关键词集中在某一个产品及周边的产品，非常有利于 Google 爬虫抓取，可以使某些关键词有一个好的自然排名，从而带来一些免费流量。

其缺点在于这类独立站的经营难度较大，对卖家在选品、商店装修、内容建设、推广引流等方面的能力要求较高，也要求卖家对网站的各项数据有系统的分析能力，能及时根据数据对网站进行调整。与综合站的产品相比，垂直精品站的产品较少，选品、推广方式、付款方式等任何一个原因都可能造成不出单的情况，而综合站可能误打误撞，出现"东方不亮西方亮"的情况。

2.2.3　单品站

顾名思义，单品站是指只销售一个产品的 Shopify 商店。做单品站的风险极大，如果你只销售一个产品，那么意味着这个产品必须具有极大的优势，能够深度解决客户的痛点，极深地吸引你的客户群体，任何一个缺点（如产品材质、供应链等）都会造成客户流失。如果产品没有一定的技术含量，就很容易被模仿，当产品成为"爆品"时，极易被后来者"摘桃子"。

这种商店的优点在于供应链极好管理，毕竟只销售一个产品。它的客户群体明确，推广时方便进行受众管理。如果产品比市场上的同类产品具有很大的优势，那么转化率会非常高。

这种类型的商店当然是不适合新卖家的。

近年来，第三方平台政策多变，有不少卖家从其他平台（如 Amazon）转向独立站。如果卖家原来经营过第三方平台，那么可以考虑与 Shopify 结合运营，在可能的情况下，对两者都进行推广宣传，把购物选择权交给客户。

如果想让客户在 Shopify 上下单，在宣传产品的时候，就可以在 Shopify 上提供更多形式的优惠活动，用优惠换取客户沉淀和再营销。

如果想让客户通过第三方平台成交，就可以把 Shopify 上的价格设置得高一点儿，用第三方平台的高成交率换取更多销量。

综合以上几种类型独立站的优缺点，新卖家可以选择合适的产品从综合站开始，先测出"爆款"，再把商店慢慢地从综合站转向垂直精品站。有在其他跨境电商平台销售经验的卖家，可以考虑把在第三方平台上销售的产品直接搬运到 Shopify 商店里。

2.3 选品思路

在了解了 Shopify 可销售的产品范围并评估自身实力后，你就可以考虑更深层次的选品了。

2.3.1 挖掘周边资源

1. 跟随自身的爱好

有的人认为选择以自己的爱好为基础的产品会是一个灾难。并非如此，兴趣、爱好是最好的老师。你的身边肯定不乏以自己的兴趣爱好为基础进行的创业，例如开油画培训班、跆拳道班等。围绕着你的激情创建一个项目的好处之一是，在困难时期，你会为了你的爱好坚忍不拔，勇往直前。不断上传产品、研究销售数据是枯燥的事情，因此你可以结合喜欢的产品进行选品。如果你自己都不喜欢要销售的产品，没有仔细研究的意愿，那么怎么能有不断改进的兴趣，怎么能说服客户购买呢？

2．利用自己的经验和特长

利用自己的经验和专业知识会具有很强的竞争优势。将你的专业知识转变为销售的产品或者服务是进入市场的一个很好的方式，而对其他人则是门槛。例如，如果你是滑雪运动员，那么应该知道一些滑雪设备的优点、缺点，知道客户应该选择什么样的产品，肯定更能以自己的专业知识说服客户购买你的产品。

3．选择自己有优势资源的产品

跨境电商的竞争最终还是供应链的竞争。拥有稳定的货源，能够及时、快速地发货就会占有巨大的优势。大部分卖家在刚开始时不生产产品，采用中间商赚差价的方式。因此，在选品时，你可以先思考周边是否有工厂、是否有能够提供稳定货源的朋友，以便可以实地考察，详细地了解产品的制造工艺、使用范围、独特卖点等。只有对所卖的产品足够熟悉，才能更好地销售产品。如果你距离工厂近，就更容易控制产品的品质和发货的进度，后期如果想要对现有的产品进行改进，也方便见面沟通，随时掌控进度。

如图 2-5 所示，直接搜索"阿里巴巴产业带"，可以查找到自己所在的城市周边有什么样规模的产业带。

图 2-5 阿里巴巴产业带页面

2.3.2　把握市场热点、趋势

如果你能根据现有的情况提前预测市场发展方向，那么一定能赚得盆满钵满。例如，在"新型冠状病毒肺炎疫情"刚开始时，国内就要求个人戴好口罩，居家隔离，而国外并没有把疫情作为一件重要的事情去看待，但是后来各国受疫情影响，与个人防护（口罩、防护服、护目镜、空气净化器）、美容、健身、办公（办公椅、椅垫等）相关的物品都开始畅销。如果你能根据国内的经历发现这些商机，提前布局，就一定会有不错的销量。如图2-6所示，"新型冠状病毒肺炎疫情"在国外暴发后，因居家办公时间增多，chair cushion（椅垫）的需求量上升，搜索热度比前几年都高。我认识的一个亚马逊卖家，选择的就是这些在疫情期间需求量急剧增加的产品，不到一个月时间日销售额就达到3000美元。

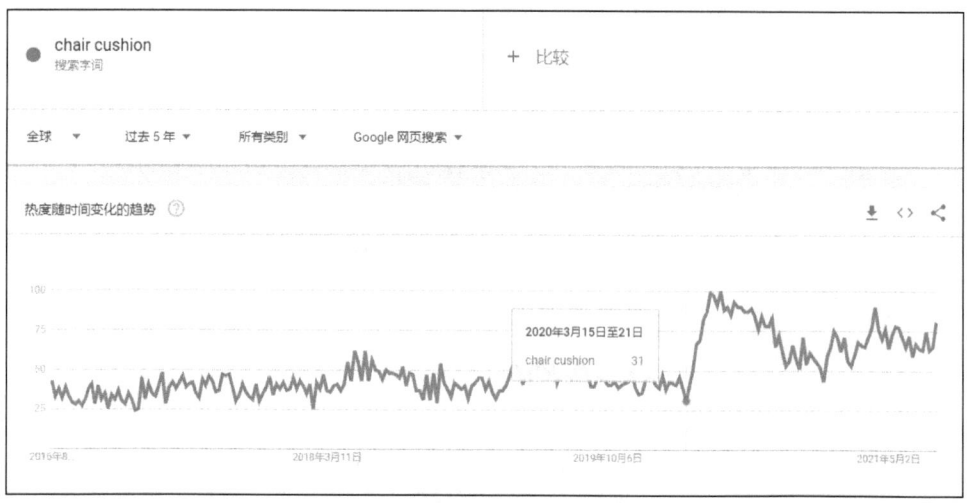

图2-6　Google Trends上chair cushion的搜索热度

尽早把握市场趋势对商店SEO排名也会产生重大影响，因为你的商店将有机会成为Google和Bing等搜索引擎针对新趋势搜索字词进行索引的首批网站之一。这可以让你的商店的一些关键词有较好的自然排名。

2.3.3 识别客户痛点

做过亚马逊运营的人都知道，创造新产品的方法之一就是从客户评论中发现客户不满意的地方加以改进，也就是说，选品的思路之一就是发现问题，解决客户的痛点。从解决客户痛点出发创造出来的产品，自然就已经有需要它的客户，因此在一定程度上就保证了这些产品必然可以销售出去。当然，在 Shopify 上也是可以销售服务的。因此，你的产品不一定是实物，也可以是解决某些问题的方案。

2.4 选品可参考的平台

2.3 节介绍了一些选品的思路。可能有的人会觉得这些方法不够具体，自己有很多资源，可选的产品范围还是太宽泛。那么，下面再介绍一些平台和方法供你参考。

2.4.1 消费趋势相关网站

产品要想卖得火爆，必须要跟上行业发展趋势，如果能提前预判就更好了。通过了解消费者的需求与欲望，了解消费者对各类产品的点评，你就可以开发新产品。消费者行为研究是构思新产品的基础，也是检验新产品各方面因素能否被消费者接受和卖家应该在哪些方面进一步完善的重要途径。以下是几个趋势发现网站，对于想要了解各类产品或者服务发展趋势的人来说非常有参考价值。不过，如果你是一个小卖家，资金不充足，没有大的志向，那么偶尔浏览一下这些网站就行，不用过于重视。

1. TrendWatching

该网站成立于 2002 年，提供免费的趋势资讯及定制的关于趋势的分析服务，如图 2-7 所示。该网站上有一个由 60 多个国家/地区的 850 多名专业人士和爱好者组成的社区，用于发布他们在本地或在浏览网络时发现的创新产品、服务、经验、活动、商业模式和出版物。

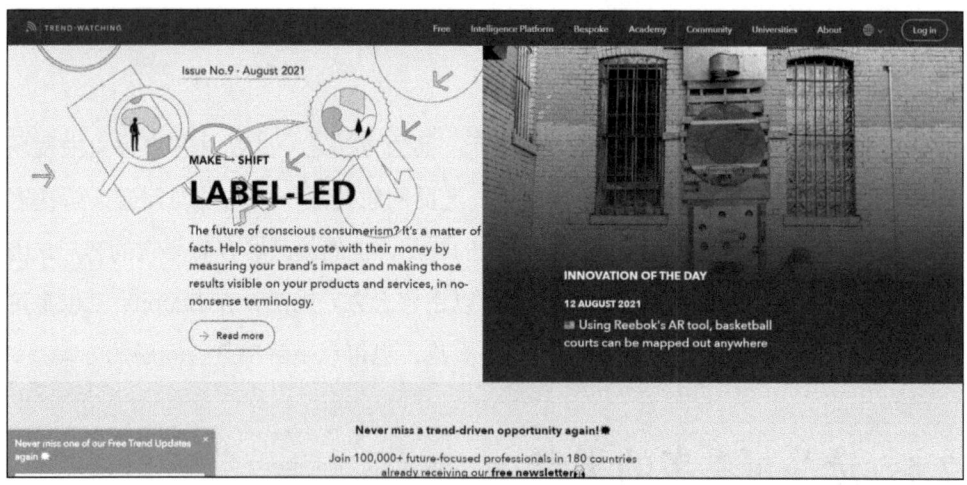

图 2-7　TrendWatching 网站

该网站提供免费账户，但如果你想更深入地了解趋势发展，那么可以购买 248 美元/月的 Essential 计划（基本计划）或 558 美元/月的 Pro 计划（升级计划），也可以使用定制服务，如图 2-8 所示。

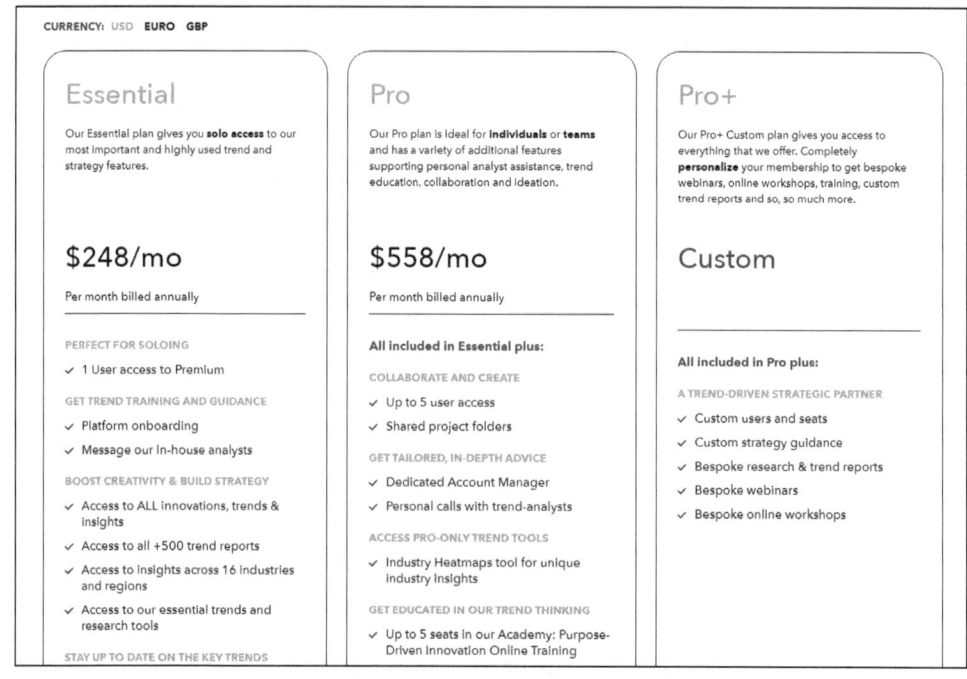

图 2-8　TrendWatching 的服务套餐

2. TrendHunter

TrendHunter 由 Jeremy Gutsche 于 2005 年推出。Jeremy Gutsche 是一位全球知名的创新者、演说家、屡获殊荣的作家，希望为新的商业理念和创造力建立一个家园。在发表、编辑关于趋势预测的文章多年后，TrendHunter 转向利用大数据和人工智能来识别消费趋势，为品牌和企业的创新提供建议与策划方案。

TrendHunter 是介绍世界各国潮流趋势的综合时尚资讯网站，也是世界上受欢迎的趋势社区之一，每天都有新的流行文化、创意和广泛传播的新闻。在 TrendHunter 上可以找到科技、时尚、广告、设计、文化等方面的任何热门趋势。TrendHunter 的月浏览量为 20 000 000 次，其网站如图 2-9 所示。例如，TrendHunter 网站的手表专栏发布了各种新奇、独特的手表设计图片和相关介绍，既包括了可能在大众圈子中流行的趋势，也有大量的小众化设计，能有效地激发企业的设计灵感，如图 2-10 所示。

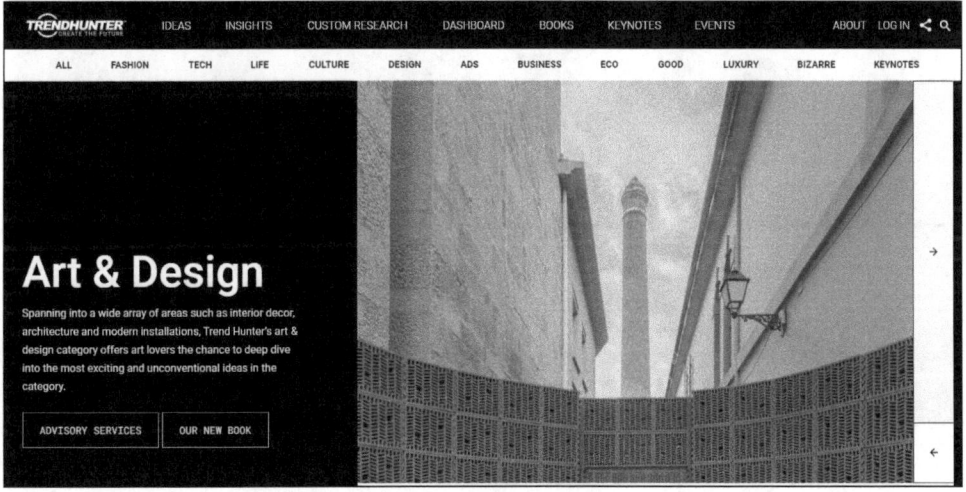

图 2-9　TrendHunter 网站

3. Springwise

该网站成立于 2002 年，在全球拥有超过 8000 名观察员。这些观察员在世界各地去发现有趣和具有创新性的想法，并提交相关内容给 Springwise 网站。一些专家编辑团队会审查观察员提交的创新内容，每周审查数百个潜在的解决方案。

这些内容通过审核后便可以在网站上显示。你可以在 Springwise 网站上按照行业、国家/地区、商业模式、技术、主题查找感兴趣的内容，如图 2-11 所示。

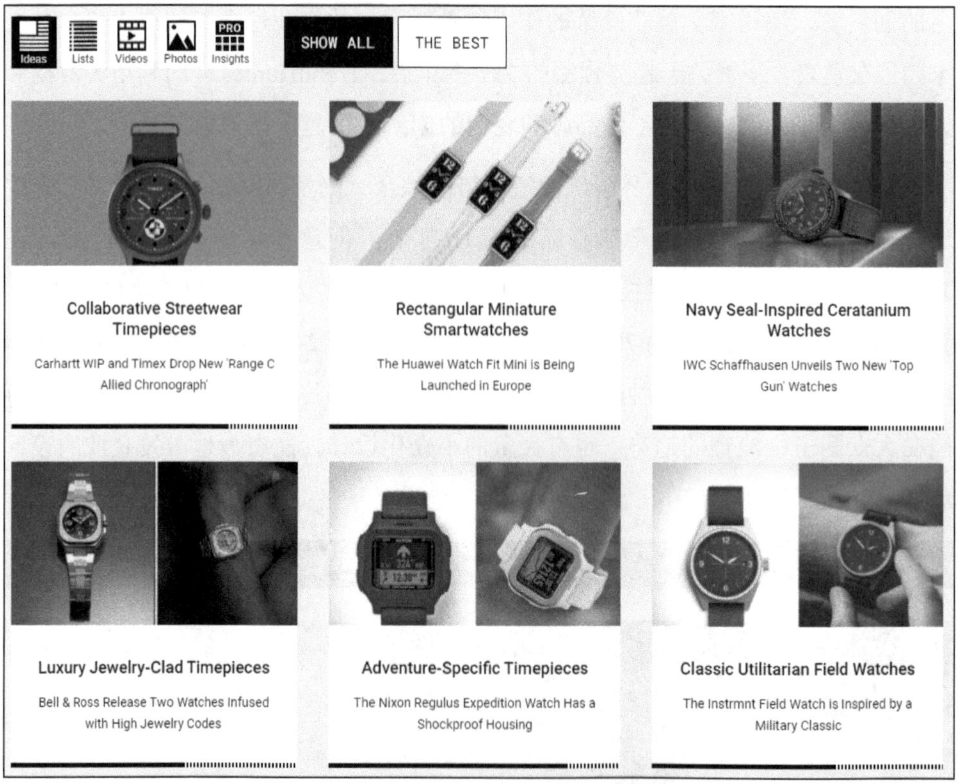

图 2-10　TrendHunter 网站的手表专栏

图 2-11　Springwise 网站

除了上面介绍的 3 个网站，类似的网站还有 COOL HUNTING、Moreinspiration、Cool Business Ideas、The Trend Spotter、TheCoolist 等。这些也是能激发人的灵感和创意的网站。

2.4.2 行业领导者

如果你不知道要销售哪些产品，但知道想要从事的行业或销售的市场，那么可以使用以下方法，即了解所在行业发展较好的公司或者行业内知名的人或者刊物。你可以访问它们的官网，关注各种宣传平台、社交媒体，从而了解它们现有的产品、客户对它们现有产品的评价、它们的最近动态等内容。这样或许就可以启发你产生一些新想法。

2.4.3 社交媒体网站

国外的社交媒体网站也是选品可以参考的一个方向。你可以通过平台上的点赞、收藏、评论等数据看到浏览者的反应。不管你是大卖家还是刚进入跨境电商行业的新卖家，这些平台都是可以深入学习和了解的，需要重点关注。

1. Facebook、Instagram

Facebook 成立于 2004 年，是欧美国家主流的社交媒体。截至 2020 年 9 月，Facebook 的日活跃用户为 18.2 亿人，比 2019 年同期增长 12%；月活跃用户为 27.4 亿人，比 2019 年同期增长 12%。正是因为它有如此多的用户，所以很多 Shopify 卖家采用 "Shopify+Facebook 广告"的形式推广产品。因此，在 Facebook 上可以看到许多 Shopify 卖家正在推广的产品。你可以通过查看广告的点赞、评论、转发情况了解这个产品在市场上的销售情况。

怎么找到这些广告呢？如图 2-12 所示，如果你想销售衣服，那么可以在 Facebook 首页左上角的搜索框中输入 "clothes"（衣服）。

你可以浏览根据关键词搜索出的页面，页面中标有"赞助内容"或者"sponsored"（赞助）字样的帖子便是其他卖家在 Facebook 上投放的广告，如图 2-13 所示。点击广告下方的"去逛逛"按钮，便会进入该广告的产品落地页，如图 2-14 所示。点击"Add To Cart"（加入购物车）按钮将此产品加入购物车，并打开支付页面，如图 2-15 所示，然后关闭页面，不必支付。这样，Facebook 就会把你作为一个潜在的客户，向你推荐类似的产品。你就可以经常看到同类产品的广告了。

图 2-12 Facebook 首页左上角的搜索框

图 2-13 Facebook 广告

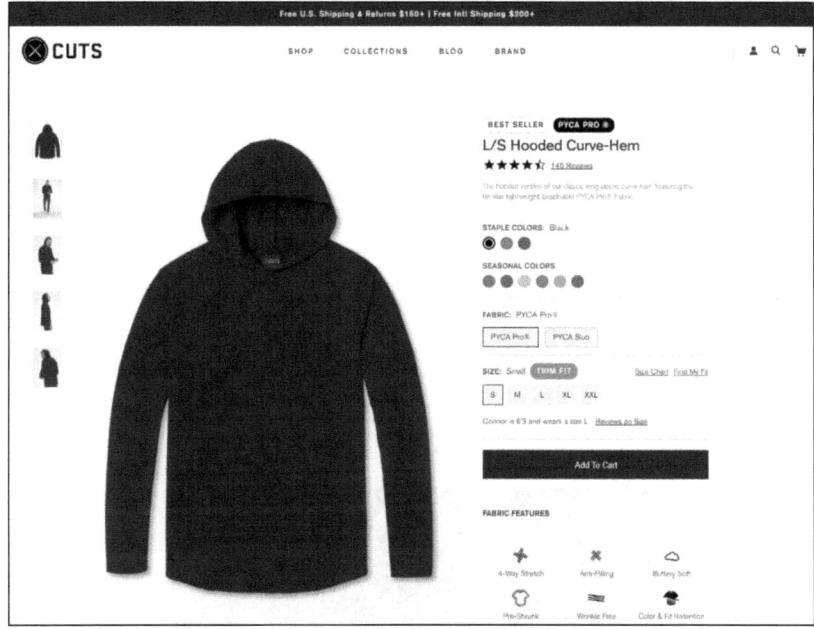

图 2-14　产品落地页

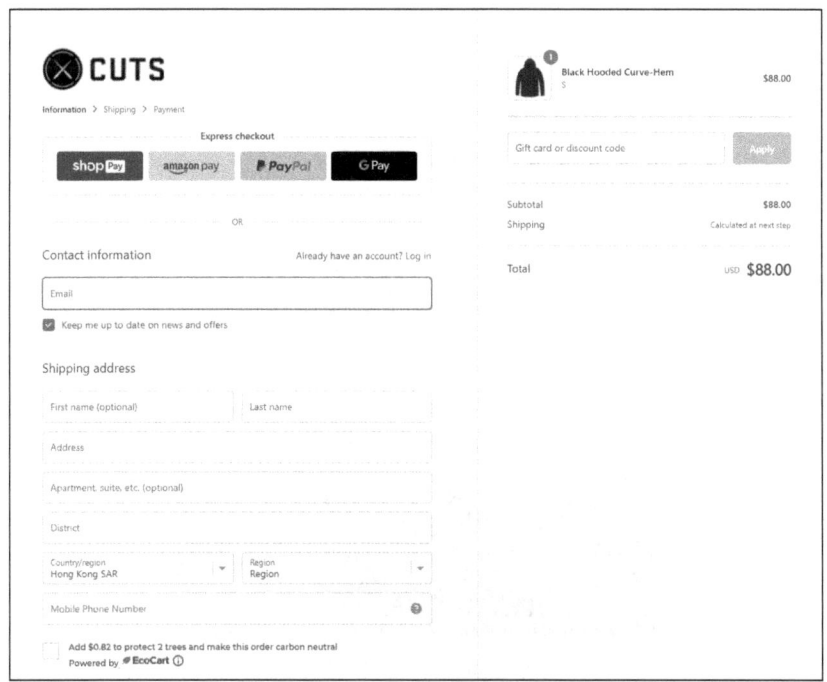

图 2-15　支付页面

2012 年 4 月，Facebook 宣布收购 Instagram。截至 2020 年 10 月，Instagram 的月活跃用户超过 10 亿人，是仅次于 Facebook 的社交网络平台。Instagram 是目前海外明星、头部"网红"覆盖度最高的平台，尤其适合美妆和服饰等类目的产品曝光、打造"爆款"、发掘新品、寻找流行趋势。在 Instagram 上选品的步骤与在 Facebook 上类似，如图 2-16 所示，有"赞助内容"或者"Sponsored"字样的帖子就是广告帖。同样，将产品加入购物车并打开支付页面，然后关闭页面。这样，Instagram 以后就会给你推荐更多类似的产品广告。你就可以参照你所看到的产品寻找、确定自己要销售的产品。

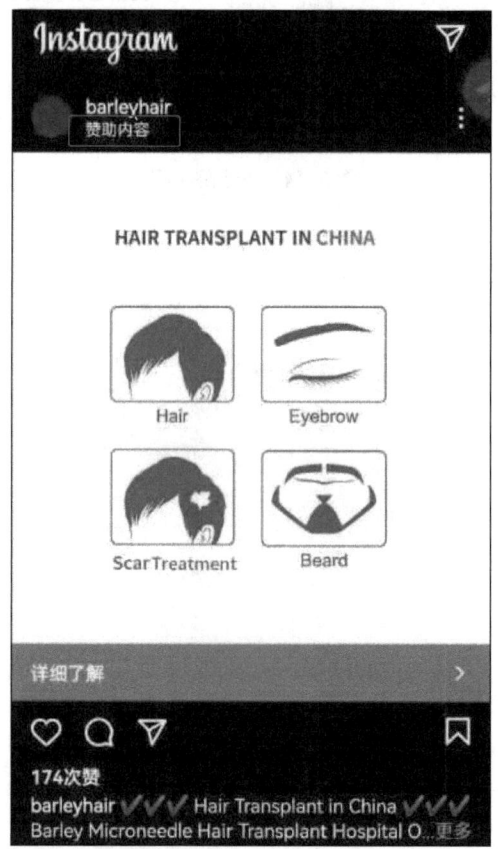

图 2-16　Instagram 广告

2. Pinterest

Pinterest 是一个图片社交网站。用户可以将感兴趣的图片保存在 Pinterest 上，其他网友可以关注，也可以转发图片，如图 2-17 所示。你只需要在 Pinterest 的搜索框中输入关键词，就会看到关于此关键词最受欢迎的帖子。由于这个网站不显示帖子分享的数量，所以只需要看显示在最前面的图片。

图 2-17　Pinterest 网站

在注册 Pinterest 账户时，你一定要注册企业账户，根据资料要求添加你的商店网址。这样就可以把发布的内容与自己的商店相关联。客户就可以通过点击图片上显示的网址进入商店购买。如图 2-18 所示，Birch Lan 主营家居用品，有 20.6 万个粉丝，月浏览量为 1000 万次以上。把光标放在任意一张图片上，都会显示出一个网址，通过点击图片上显示网址的位置（如图 2-19 所示），就可以进入它的商店，如图 2-20 所示。

Pinterest 企业账户和个人账户的区别如图 2-21 所示。从两者所具有的功能中可以看出，在这个网站可以进行付费推广。如果你有好的产品，那么也可以考虑在这个网站上进行宣传推广。

图 2-18　Pinterest 上的 Birch Lane 商店

图 2-19　图片上显示网址的位置

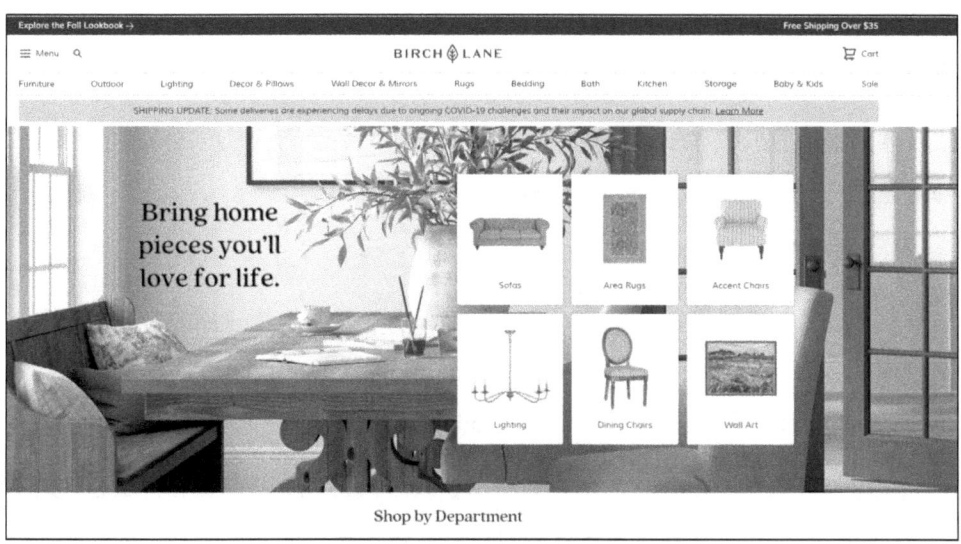

图 2-20　Birch Lane 的商店

图 2-21　Pinterest 个人账户和企业账户的区别

2.4.4 在线消费平台

选品思路的另一个来源是在线消费平台。我们熟悉的国外跨境电商平台有亚马逊、eBay，国内跨境电商平台有 1688 和速卖通。

1. 亚马逊

亚马逊是全球排名第一的电子商务平台。在亚马逊上销量高的产品在独立站上也可以卖得不错。亚马逊选品主要看以下 3 个栏目：Best Sellers（最畅销产品）、Hot New Releases（最畅销的新产品）、Today's Deals（今天的交易）。

点击亚马逊 Best Sellers 栏目，你可以根据页面左边的分类查看自己感兴趣的产品，如图 2-22 所示。Best Sellers 栏目可以让你快速了解当前平台上最热卖的产品。你可以以这些畅销产品为导向结合自己的资源和偏好，再去验证竞争度，最终来确认产品是否适合销售。

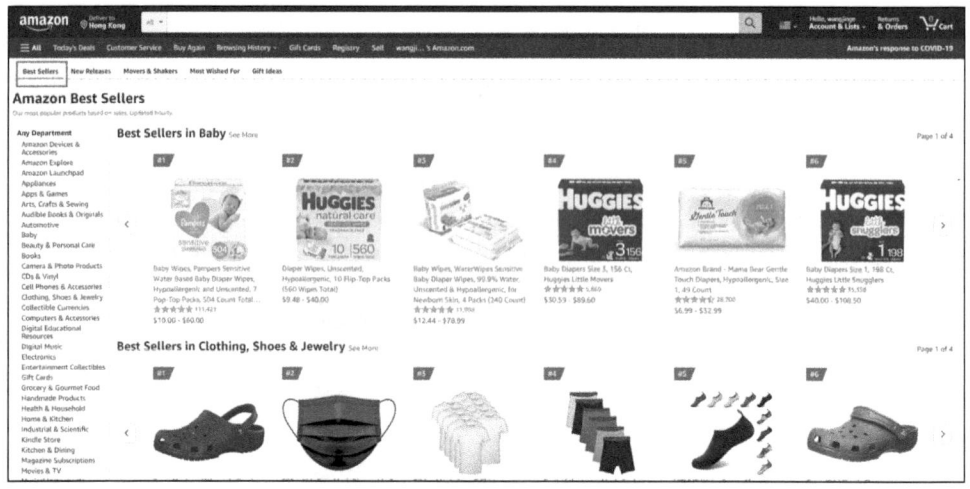

图 2-22 亚马逊 Best Sellers 页面

Hot New Releases 代表未来的销售趋势，展示的是你可以找那些 Review 数量很少但销量可观的产品，你可以把它们作为关注对象。亚马逊 Hot New Releases 页面如图 2-23 所示。

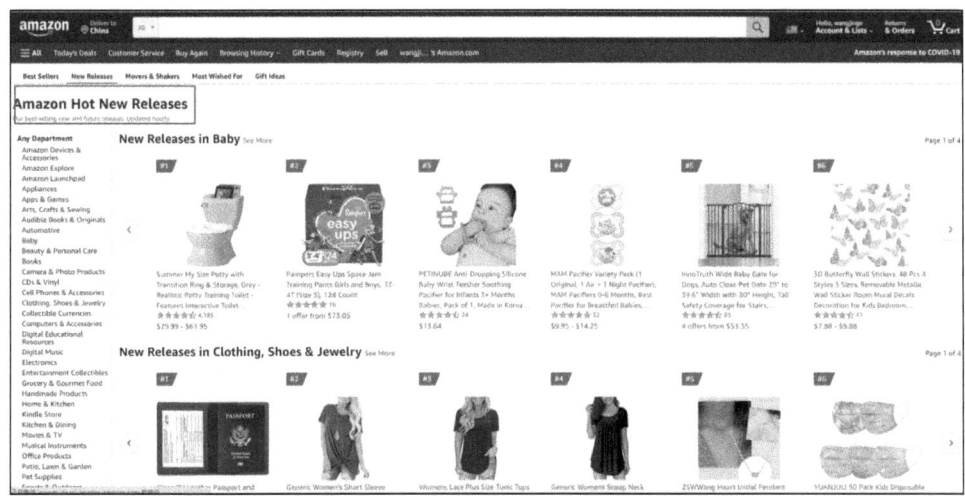

图 2-23 亚马逊 Hot New Releases 页面

在 Best Sellers 首页上有一个 Today's Deals 栏目。这个栏目相当于亚马逊的特价栏目，每天都会有很多产品在做限时折扣活动。做活动的产品的价格一般都很低。如果你销售的产品的价格比这些产品的价格还低，那么肯定是有市场的。你可以参考上面的产品价格，设置独立站的产品价格。亚马逊 Today's Deals 页面如图 2-24 所示。

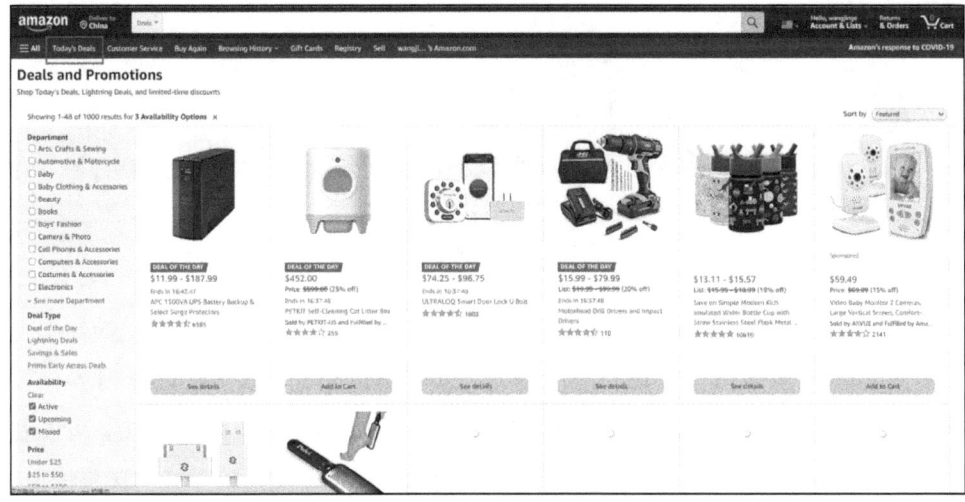

图 2-24 亚马逊 Today's Deals 页面

2．1688和速卖通

非常建议新卖家在1688和速卖通上选品。其实，亚马逊上的很多卖家都是从1688和速卖通上寻找供应商的。速卖通上的产品详情可以通过Shopify上的插件直接"搬运"，但是1688上的产品详情为中文，需要翻译成英文，这对于新卖家来说是比较费时间的。因此建议主要在速卖通上寻找合适的产品，如图2-25所示。这样，如果后续有订单了，就到速卖通下单，让速卖通卖家代发货。

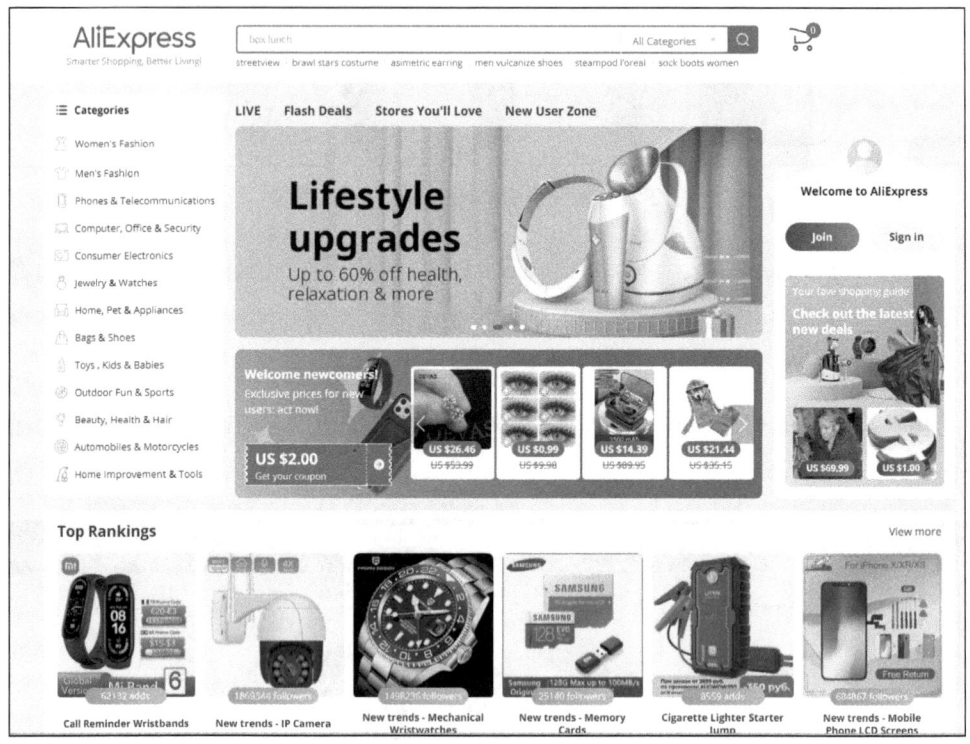

图2-25　速卖通页面

随便打开一个产品详情页，可以看到页面中的一些参考元素。在产品标题下可以看到产品销售情况、客户评价情况、优惠券信息、库存、产品规格等，如图2-26所示。你要重点关注产品评分在4.8分以上的产品。从图2-27中，可以看到这个产品可以运往哪些地方，以及运往不同地方采用不同运输方式的运费情况，独立站产品定价时的运费可以参考这个价格。

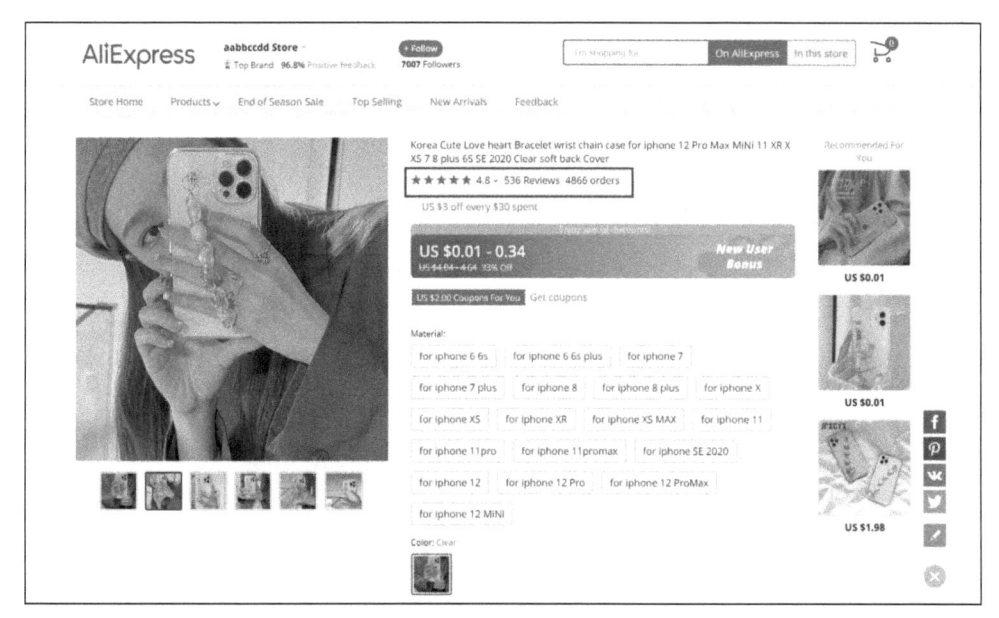

图 2-26　产品详情页

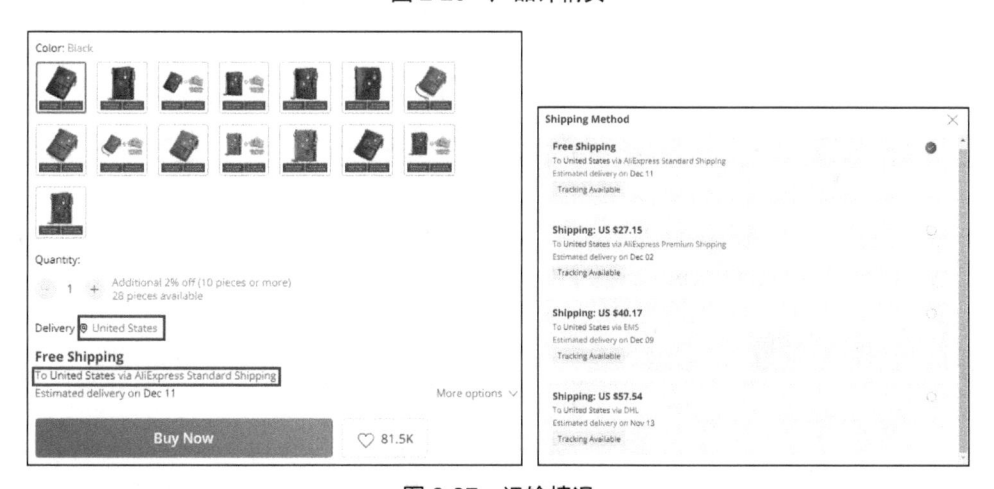

图 2-27　运输情况

在供应商页面顶部,把光标指向商店名称,就会弹出供应商属性,包括商店开设时间、好评率、发货速度等,如图 2-28 所示。产品信息和供应商属性对卖家选品非常重要。"Item as Described"代表供应商的产品与描述的相符程度。"Communication"代表供应商回应卖家咨询(如报价、发货情况等)的速度。"Shipping Speed"代表供应商的发货速度。这些分数越高越好,最好高于 4.5 分。点击"Business Information"(商业信息)选项,还可以看到公司名称、营业执照号等信息。

图 2-28　商店情况描述

3. Etsy

Etsy 是美国的一个在线销售手工工艺品的网站，如图 2-29 所示。该网站聚集了一大批有思想、有创意的手工工艺品设计师。该网站的流量也非常惊人，每天有上千万个访客。该网站上的产品主要是原创手工工艺品，因此往往售价不便宜。有些产品的价格很贵但是销量很好，在速卖通上的一些网店也能找得到这些产品。如果打算走精品高利润产品路线，那么 Etsy 是一个不容错过的可以借鉴的网站。

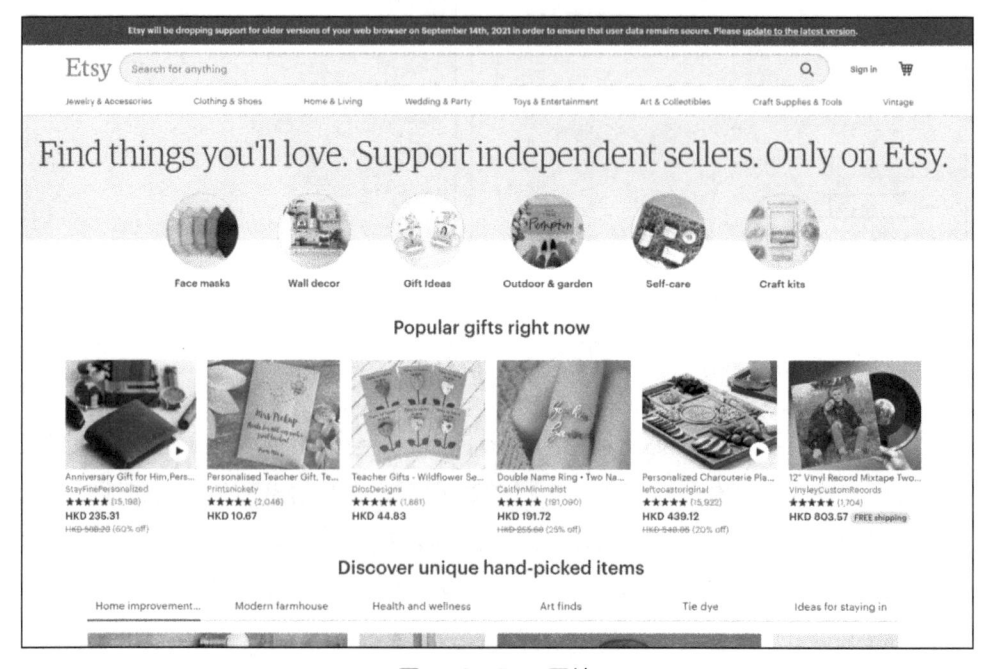

图 2-29　Etsy 网站

2.4.5 论坛社区

Reddit 论坛是最大的社交媒体新闻聚合器，是非常有影响力的。Reddit 有数以千计的"subreddits"（板块），它们适合不同的主题和兴趣领域。在这些板块中，你可以找到很多关于产品的想法。进入网站，在顶部搜索框中输入感兴趣的产品，就可以找到所有关于这个产品的帖子。图 2-30 所示为搜索"shoes"（鞋）出现的页面。你可以在鞋板块中了解当下大家讨论的关于鞋的内容。

图 2-30 搜索"shoes"出现的页面

Quora 是一个国外流行的问答 SNS（Social Networking Services，社交网络服务）网站。大量专业人士、明星等在 Quora 上贡献优秀答案，大众参与率很高。Quora 上的高质量答案在搜索引擎中的排名非常高。如果你能够经常浏览 Quora，那么往往也能够找到受到广泛欢迎的产品。

2.4.6 选品工具

目前，市面上的选品工具有很多，如 Jungle Scout、AMZScout、数魔等。选品工具一般具有类目数据监控、产品数据监控、竞品监控、大数据选品、ASIN 反查、关键词分析、智能索评、关键词监控等功能，一般是需要付费的，价格为 300～

10 000 元/年。

除了这些，Shopify 上的一些工具也可以为选品带来一些思路。推荐使用 Oberlo 和 Niche Scraper。

1. Oberlo

进入 Oberlo 后台，点击左侧的"Find products"（发现产品）选项，如图 2-31 所示，可以看到展示出来的产品，可以根据页面上方列出来的分类进行详细查找。

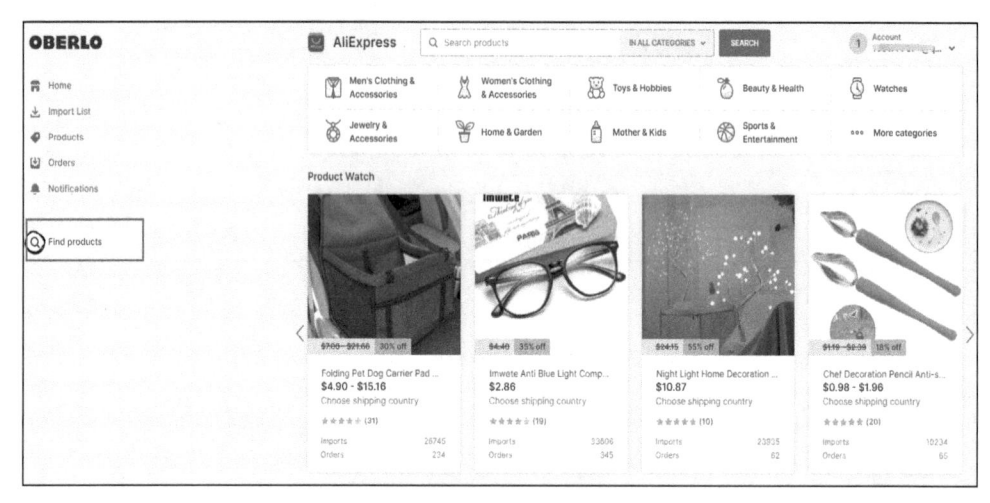

图 2-31　Oberlo 后台

如图 2-32 所示，可以在"SELLING TO: UNITED STATES"下拉菜单中选择要销往的国家，在下面的方框区域查看细分类目的产品。产品下方显示的五角星表示这个产品在速卖通上的评价总数和评分。"Imports"代表有多少商店通过 Oberlo 导入了这个产品，也就是说这个产品被多少 Shopify 卖家销售。"Orders"代表这个产品通过 Oberlo 出了多少单，这对于你选择一些热门产品非常方便。点击"SORT BY: ORDER COUNT"下拉菜单，可以根据价格、订单数等对页面显示的产品排序。

2. Niche Scraper

Niche Scraper 提供的信息比 Oberlo 更全面一些。可以根据产品类目、价格区间、关键词等选择产品并查看数据，可以看到产品在 7 天内的订单、售价、每天销售情况、竞争程度分析等，如图 2-33 所示。

图 2-32 Oberlo 后台的产品分类页面

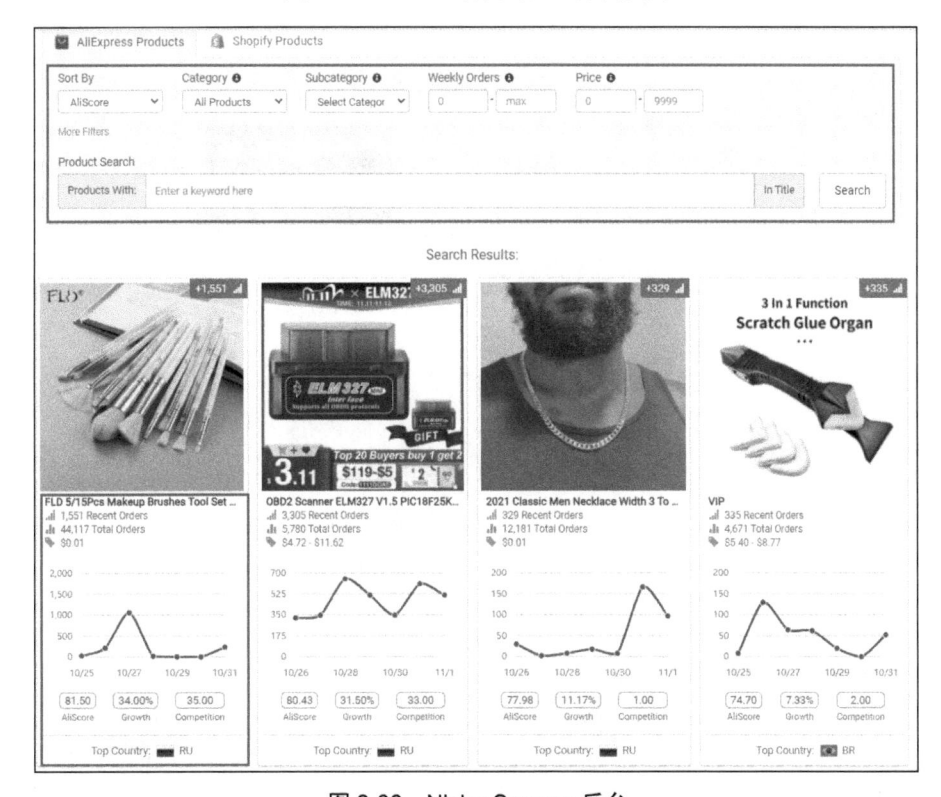

图 2-33 Niche Scraper 后台

在"Hand Picked"（手工编辑）一栏中，平台会定期选一些产品提供更详细信息，包括已经有多少 Shopify 商店在销售它，产品的零售价、成本价、利润，每成交一单的推广费用区间，该产品的视频，在 Facebook 上推广的文案，客户定位，如图 2-34 所示。如果你要销售某类产品，那么可以在这上面查找同一类目的产品的具体信息作为参考。

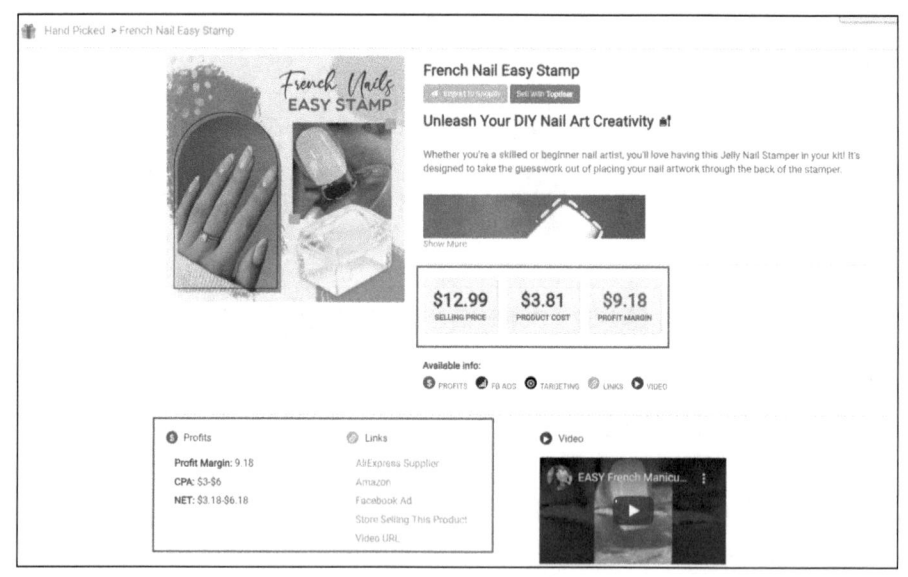

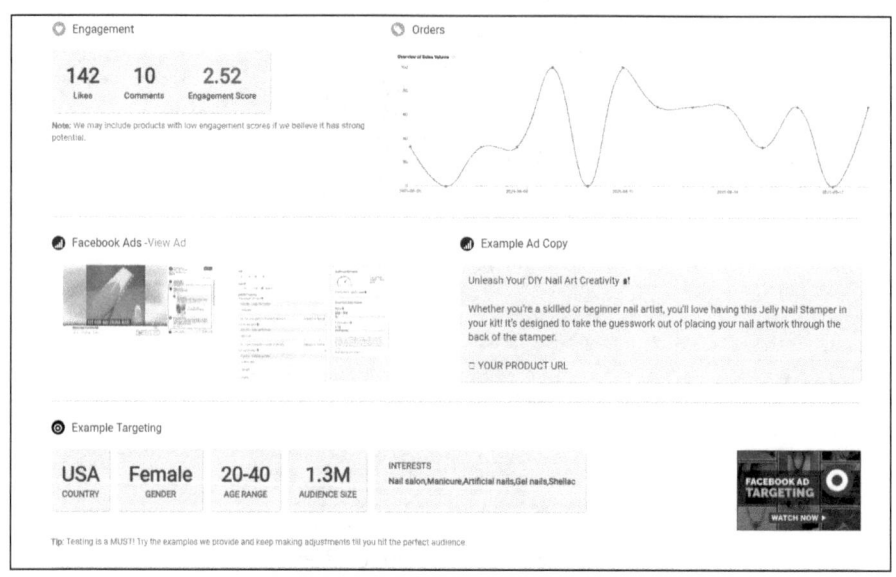

图 2-34　Niche Scraper 详细的产品分析页面

以上为对选品工具的一些总结。总之，你要重视选品这个环节，前期要打开视野，多去看一些产品。

建议重点考虑以下几个类目。

（1）配件相关的产品。例如，销售电子配件、女装配件、服饰配件等。虽然这类产品的价格一般较低，但是客户的价格敏感度低、购买决策时间短。我有一个朋友专门销售表的配件——表带，每年的销量很可观。

（2）"发烧友"相关的产品。这类产品的客户特定（例如，滑雪、骑车、登山、高尔夫等运动的爱好者）、市场稳定，容易形成品牌效应。

（3）易耗品。易耗品有持续需求、购买频率高、营销成本低，利于开发客户，让其再次购买。

2.5 验证

即使你已经确定了类目，选好了自己认为还不错的产品，也不要急着开始，建议你根据以下几个问题重新验证一下自己的产品，看一看产品是否具有成为持久"爆款"的潜力。如果你的产品没有问题，你就可以尽快行动了。

1. 产品潜在的市场规模有多大

产品一定要有一定的市场需求量，是某类人群的刚需产品，否则产品再好，每年也不会有多少销售额。

市场规模怎么确定？一是根据已有的经验猜测；二是用一些工具来估计。

谷歌趋势（Google Trends）是一个很好的工具。输入关键词，可以查看全球或者某个国家的搜索热度，可以查看过去 5 年搜索热度曲线变化等数据，如图 2-35 所示。如果搜索热度低于 50，这个产品就不用考虑了。

还可以查看含有这个关键词的相关主题的搜索量的热度情况，搜索热度较高的关键词可以根据情况作为产品的关键词或者具体的选品方向，如图 2-36 所示，"渔夫帽"就可以作为一个选品方向。

产品在各个平台（例如，亚马逊、速卖通）上的销量也是可以参考的数据。各种选品工具也可以告诉你一定时期内产品的销量。

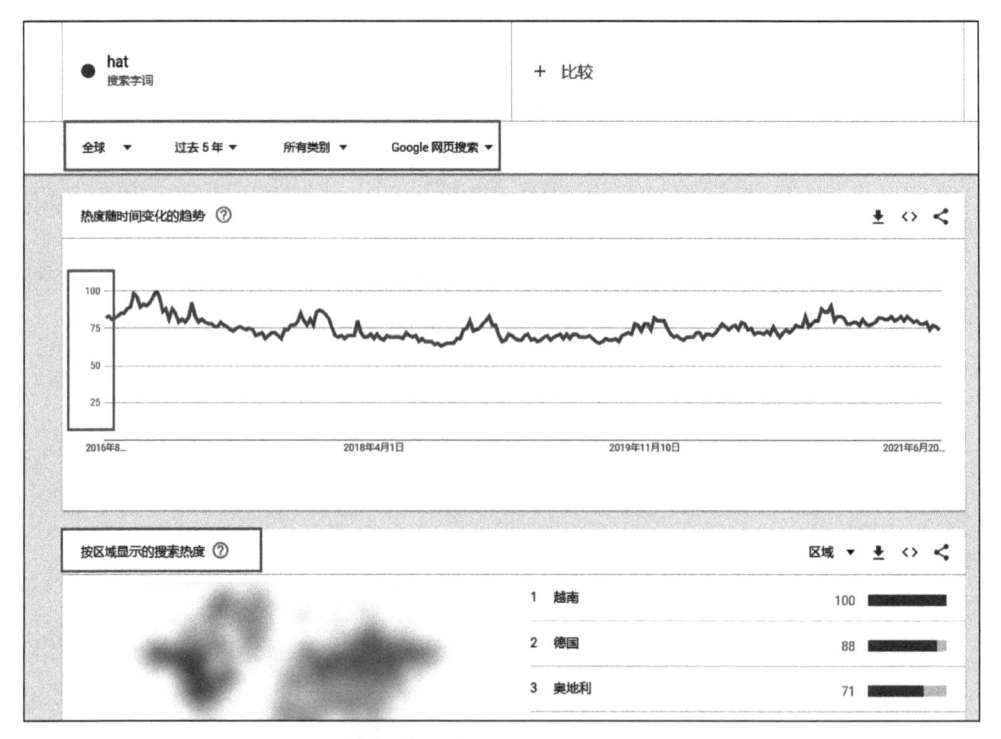

图 2-35 搜索"hat"出现的 Google Trends 页面

图 2-36 搜索"hat"出现的相关主题和相关查询页面

2. 竞争程度如何

产品的竞争程度要适中，你要避开红海类目。如果你选择的产品只有少数人在销售，且销量还不错，那么证明这个产品是有市场的。如果市场上有很多竞争对手，那么这也是市场已被验证的一个迹象，但是你可能需要确定如何将你的品牌和产品与竞争对手的区分开，挖掘属于自己的定位，以尽可能少的推广费用找到更精准的客户。

Google 的关键字工具可以告诉你所选的关键字的近似搜索量，并告诉你它们的竞争力。关键字的竞争力越强，排在页首需要花费的钱就越多，如图 2-37 所示[①]。

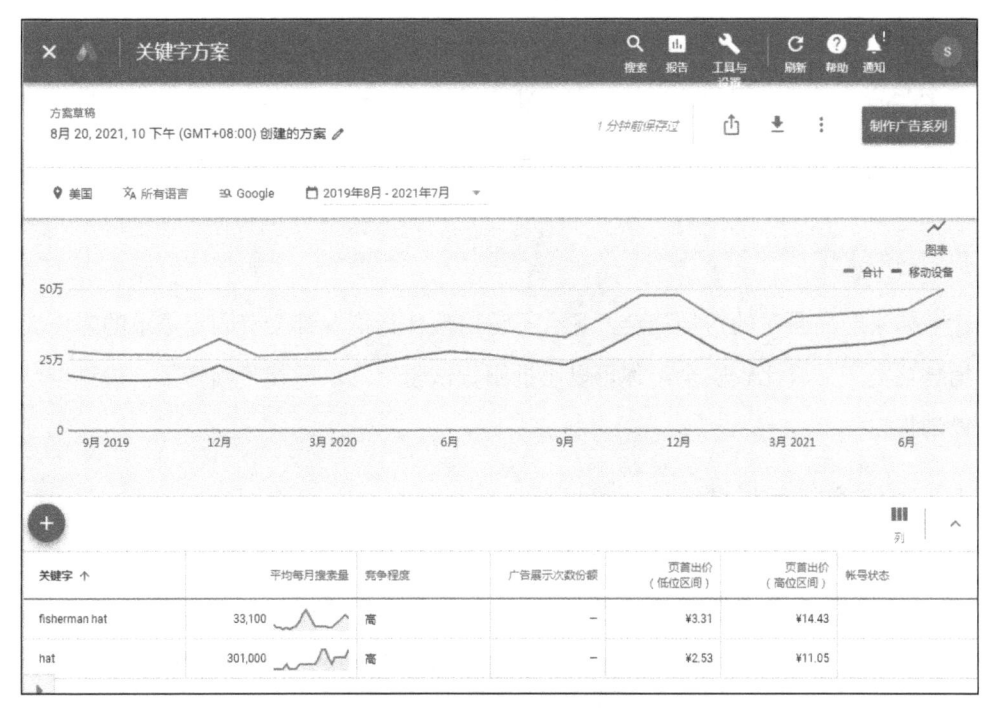

图 2-37 关键字方案页面

你也可以通过亚马逊和 WinningDSer、Oberlo 相互验证。如果在亚马逊和这两个工具上，某个产品的销量都很大，且你的价格没有优势，你也没有新的创意，就不要尝试了。因为先进入者已经将自己的品牌做大做强，基本处于行业领先的地位，如果你销售这种产品进行竞争，那么想要达到一个好的效果会非常费劲。想象一下，你的新产品的评论数还只是个位数，而你的竞争对手的评论数已经为

---

① 关键字和关键词是一个意思，不同的平台叫法不同。本书根据平台的页面仅做局部统一。

3000多了，这样的差距不是短时间内可以解决的，你宣传得再好，客户也可能会买评论数多的产品，就像你在淘宝上买东西一样，对于同样价格的产品，很大概率会选择在销量多的商家处购买。这就会导致你的产品的转化率较低，转化成本居高不下，销量覆盖不了成本。因此，"小白"卖家在选品时要尽量避开大卖家的锋芒，找蓝海小类目。

3. 这个产品是不是一时出现的热点，市场是稳定的还是不断增长的

销售的产品跟着某一时段出现的一个热点走既是机遇也可能是危险的。如果这个产品是突然火起来的产品，你想要跟风销售，那么可以采用一件代发形式。如果想要囤货大力推广销售，就要注意库存，避免因为热度消退而滞销。

跟随市场趋势是有利可赚的，例如，"新型冠状病毒肺炎疫情"带来的个人防护用品的火爆。

如果产品面对的市场稳定，那么不论出现什么情况都会有固定需求的客户。销售这类产品就比较安全，你可以小批囤货试验市场，即使货囤多了，最终也可以销售完。

4. 目标客户是谁

Facebook广告和Google展示类广告都是根据客户群体特征来推广的。你不需要非常准确的客户角色，但应该了解产品面对的客户类型、客户是否有购买产品的能力、是否愿意在线购买等。如果你的产品比较高端，价格比较贵，那么在非洲那些不发达国家推广，购买者是会比较少的。例如，如果销售假发，那么可以在非洲和欧美国家重点推广；如果销售高尔夫相关产品，那么建议在这项运动流行的国家推广。

5. 销售价格怎么样、利润有多少

在选品时一定要认真计算产品利润，否则会陷入低价没钱赚，高价卖不出去的窘境。如果你的产品售价太便宜，就意味着你要售出大量的产品才能获取不错的利润。同时，随着销售量的增加，客户服务需求也会增加，你可能会陷入"非常繁忙却赚钱太少"的境地。另外，销售太贵的产品意味着客户会非常慎重地对

产品进行选择，你会面临更加挑剔的客户，产品的销量也会受到影响。建议产品价格位于 15～75 美元，价格低于 15 美元的产品大概率没有利润，销售高于 75 美元的产品要看个人的资金承受能力。

至于产品的利润率，不能太低，最好在 30%～50%，因为当开始在线销售时，你很快就会发现有很多不在你计划内的各种小费用产生，需要有一个高利润率为缓冲，覆盖产生的小费用。毛利率低于 20% 的产品不建议销售，因为后期你会发现 20% 的毛利率不足以支撑运营成本。你可能会说，薄利多销也是可行的，但是成本低、销量大、利润高且风险低的产品很难找，一般的低价产品扣除运营费用后利润就太低了。

6．产品尺寸和重量是多少

产品尺寸和重量可能会对你的销售产生重大影响，除非有优秀的物流和供应商资源。对于新卖家来说，最好选择体积小、重量轻、不易在运输过程中损坏的产品，这种产品的运输成本相对较低。很多客户期望免费送货，如果产品太重，那么运费加到产品价格里会导致价格过高，对于还没有探索出更好的物流方式的"小白"卖家来说，销量会受到高运费的冲击。

7．产品是易碎、易腐烂、季节性的吗

易碎产品的包装、运输需要特别注意，会增加包装成本。如果出现"暴力"投递的情况，那么客户收到的很可能是已经损坏的产品，容易造成退货。易腐烂产品需要快速运输，运费比较贵。

一个理想的产品要能够在一年里都有相对稳定的销量。销售高度季节性产品有一定的风险，如果你选择销售高度季节性产品，就要慎重考虑库存，避免过季造成的滞销和仓储问题。因此新卖家要尽量选择无季节、无节日特征、全年可售的产品，把选品失误的风险降到最低。

如果你无法判断某些产品是否属于季节性产品，那么可以打开 Google Trend（谷歌趋势），输入产品的主关键字，查看该产品的年度搜索曲线。如果产品的搜索曲线存在较大的波动，就说明该产品的销售有明显的淡季和旺季，该产品属于季节性产品。

8. 产品能解决什么痛点或者有什么独特的优点吗

能解决问题的产品是有优势的。因为肯定有一些客户正在烦恼他所遇到的事情，积极寻求解决方案，这样你就不必大力推销你的产品才能找到他们，他们会主动找到你。例如，文身贴可以使人不用忍受文身的痛苦而达到文身的效果。

9. 是否有任何限制或规定

在推出产品之前，你需要确保产品没有侵权（品牌、包装都不能侵权）。查询是否侵权的相关网站主要有两个：①美国专利商标局官网，点击"patent"选项进行查找。②Google 专利网，在该网站中输入产品的主关键词进行检索，如果搜索到了专利结果，那么这款产品就不适合你销售，因为一旦被投诉，就可能会被封店，甚至你极有可能面临一定数额的赔偿金。

2.6 优质供应链打造

在选好产品后，你就需要获取产品，要么自己生产，要么销售厂家现成的产品。为了保证产品能稳定销售，你需要寻找合适的供应商，不断完善自身的供应链。

为了找到合适的供应商，你需要着重观察以下 4 个方面：产品价格、产品品质、发货速度、合作意向。产品价格肯定需要行业最低或者接近行业最低，但你不能只关注产品价格，毕竟一分钱一分货，过度追求低价而忽略产品品质也不能卖得长久。你需要先自行采购一些厂家的产品，实际感受一下，不仅要感受产品的质感，还要查看包装情况、发货速度，毕竟发货及时性对于做跨境电商是很重要的。你要选择有生产实力的供应商，不论是采购一件产品还是采购大批量产品，都要保证产品可以及时发货。响应及时且可以帮助处理售后问题、进行产品改进的供应商肯定是首选的。好的供应商应该不仅能够提供现有的样品，还能够提供定制服务，这样可以方便你后期打造自己的品牌。

总之，你选定的供应商一定是产品质量好、价格低、发货效率高，并且愿意与你配合的供应商。

当踏出第一步时，你就已经成功了一半。

在线寻找产品不是一件容易的事情。成千上万种产品在网上销售，缩小范围并选择一种或者几种产品不是一个小工程。不要试图寻找绝对完美的产品，没有完美的产品，只有不好、好、非常好的产品。除了不好的产品，好的和非常好的产品可以是你的完美的产品。最重要的是，你要踏出第一步，保持前进，不断寻找、创造优质产品，不断优化市场营销策略、提供优质的客户服务，在不断选品、验证、实践中积累经验。

第 3 章

Shopify 建站准备

为了尽快在 Shopify 上建成商店，在积极选品的同时，你需要提前做一些规划，准备资料，注册账户。

3.1 常规资料准备

3.1.1 双币信用卡和 PayPal

Shopify 通过支持美元扣款的信用卡和 PayPal 来收取使用费用，如图 3-1 所示，而 PayPal 付款需要绑定借记卡或者信用卡。因此，综合以上情况，最好申请一个支持美元扣款的信用卡，并且务必在 Shopify 账户的试用期结束前完成信用卡绑定。请注意，在绑定信用卡时需要使用本地 IP 地址登录。因为如果信用卡签发地、IP 地址不一样，就很可能被 Shopify 判定为欺诈支付，导致账户被查封。另外，要维护好信用卡的信用记录，如果绑定的信用卡在后期的信用记录很差，那么也有被"连坐"的可能性。

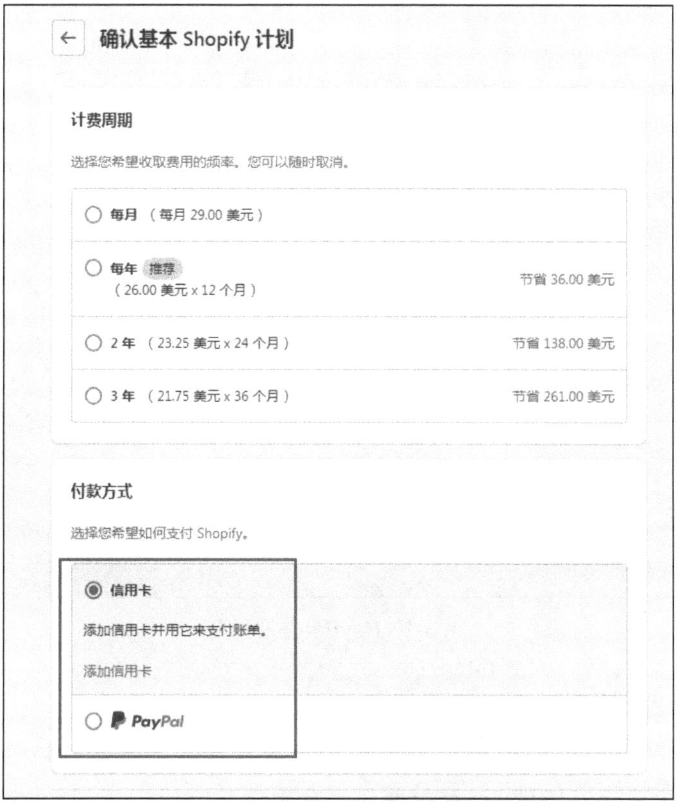

图 3-1　Shopify 计划支付页面

3.1.2　办理营业执照

你可以注册 PayPal 个人账户和企业账户，如图 3-2 所示。个人账户适用于希望在线收款和购物的兼职卖家或非商家用户。企业账户适用于以公司/团体名义运营的商家。此类账户提供了附加功能，如允许向最多 200 名员工授予账户的有限访问权限，以及允许使用客服邮箱地址别名来转发客户问题，从而使其更快得到处理。Shopify 不支持 PayPal 个人账户收款，因此你需要注册企业账户，而且注册企业账户可以更好地赢得买家的信任。注册企业账户需要办理营业执照，你可以使用公司营业执照或者个体工商户执照，推荐使用公司营业执照。

此外，在开通 Facebook 广告账户、Google Ads 账户提交资料时也会要求你上传营业执照。

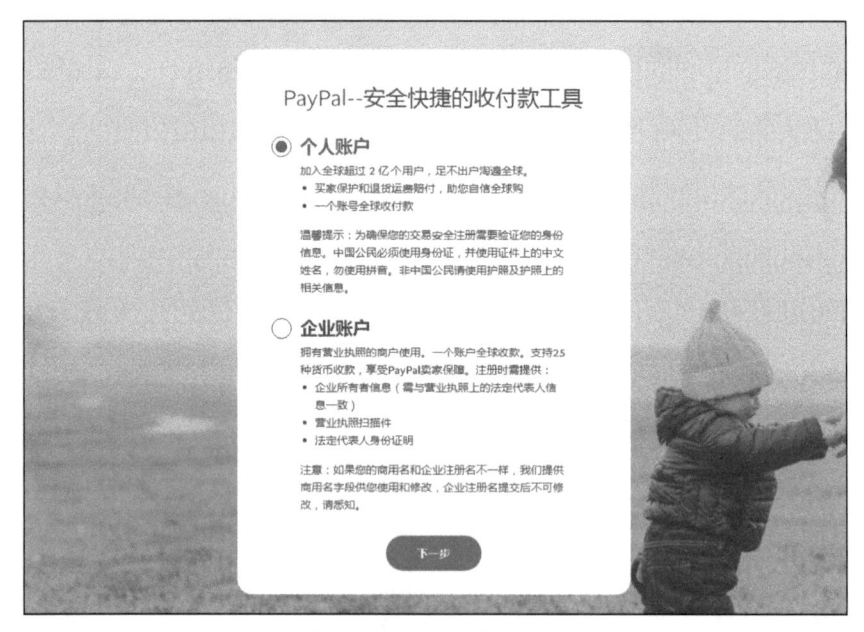

图 3-2　PayPal 注册页面

3.1.3　注册邮箱

注册邮箱最好是 Gmail 邮箱或者企业邮箱。

国外客户相互沟通主要使用邮箱。Shopify 商店的注册和后台的一些功能需要用到邮箱。

为什么注册邮箱最好是 Gmail 邮箱或企业邮箱呢？根据我以往的经验，首先，使用 163、QQ 邮箱等容易被 Shopify 查封，其次通过这类邮箱发送的邮件很容易被判定为垃圾邮件。

Gmail 邮箱是国外最常用的邮箱，而且如果你以后需要开通 Google Ads 账户，就需要有一个 Gmail 邮箱。

使用以域名结尾的邮箱，即企业邮箱有以下几个好处：一是有利于树立商店或者公司的品牌形象；二是通过邮箱的后缀就能知道企业网站的网址，可以增加商店的曝光度；三是方便企业对员工邮箱统一管理。你可以申请网易、阿里巴巴、腾讯等企业邮箱免费版。网易免费企业邮箱如图 3-3 所示。

图 3-3 网易免费企业邮箱

3.2 购买域名

3.2.1 购买域名的注意事项

在使用 Shopify 建站时，Shopify 会免费赠送一个二级域名，形式为：***（商店名称）.myshopify.com。虽然可以使用这个免费的二级域名，但是不建议这样做。从长远来考虑，二级域名不利于 SEO 推广，也不利于品牌形象建设。建议购买形如****.com 的一级域名。尾部是".com"的域名是首选的，其次可以考虑尾部是".co"的域名。如果你只想在特定的国家销售产品，那么可以选择以这个国家的域名缩写为结尾的域名，见表 3-1。例如，在巴西销售，可以考虑尾部是".br"的域名。

表 3-1　部分国家或地区的域名缩写

国家或地区	英文名	域名缩写
阿根廷	Argentina	ar
奥地利	Austria	at
澳大利亚	Australia	au
巴西	Brazil	br
加拿大	Canada	ca
中国	China	cn
哥伦比亚	Colombia	co
哥斯达黎加	Costa Rica	cr
智利	Chile	cl
古巴	Cuba	cu
塞浦路斯	Cyprus	cy
捷克	Czech Republic	cz
德国	Germany	de
西班牙	Spain	es
英国	United Kingdom	uk
韩国	Korea	kr
墨西哥	Mexico	mx
俄罗斯	Russia	ru
美国	United States of America	us

　　域名的选择要尽量做到简单好记、与品牌有关联，且要避免侵权。也要尽量避免在域名里添加数字、"-"或者"_"。对于客户来说，这不好记，易拼错，输入麻烦。品牌名称要有创意，要与销售的产品相关，且不宜过长，最好不超过 3 个单词。为了避免侵权，在注册域名之前最好查一下你的品牌名称是否已经在目标市场注册了或者是否与某一个已经存在的品牌相似。你可以通过美国专利商标局官网查询。另外，你也要注意查看注册的域名是不是被其他人弃用的域名。如果之前这个域名被使用过且有大量不好的记录，后续再启用，就会影响网站自然优化的排名。可以在 Google 中搜索一下域名，看看有没有相关的页面，或者在 Domain History、Archive 等可以查看域名历史信息的工具中查询一下。

3.2.2 域名购买渠道

域名可以通过 Shopify 直接购买，也可以通过阿里云、GoDaddy 等国内外域名供应商购买，如图 3-4 所示。

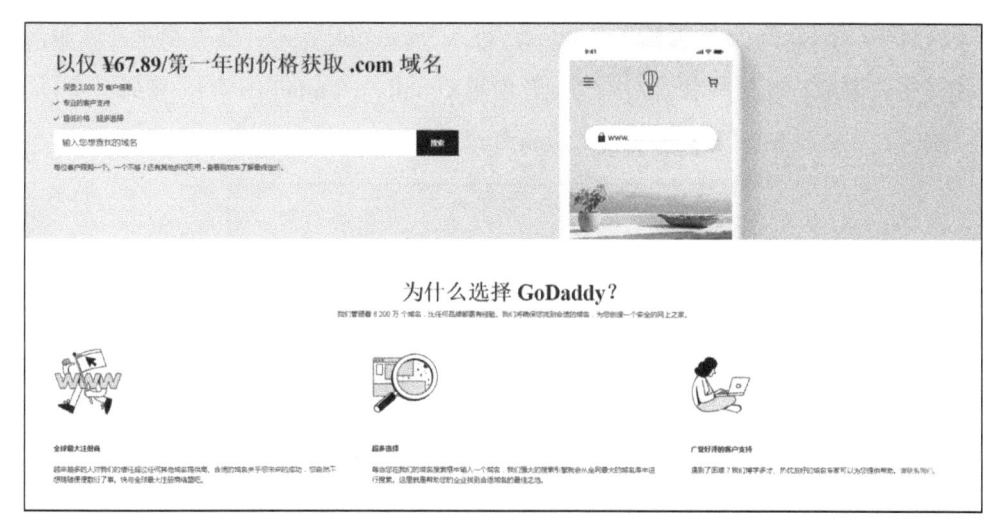

图 3-4 GoDaddy 网站

通过 Shopify 购买的域名价格会比其他渠道稍贵，因为 Shopify 本身不是域名供应商，它相当于中间商，从其他域名供应商那里购买后再卖给你。除了这一点，还存在如果 Shopify 商店被封，绑定的域名也不能再使用的风险。当然，从 Shopify 直接购买域名也有一个好处就是，在域名购买成功后，Shopify 系统会自动对域名进行解析，将其绑定到 Shopify 独立站上，不用再进行任何操作。

综合以上情况，建议直接从域名供应商那里购买，因为价格更低且能避免商店被封后域名不能用于其他方面。在购买域名的过程中，会有很多附加功能可选，例如域名隐私信息保护、SSL（安全套接层）协议等。这些都不用选，直接购买一个裸域名就可以了。

关于购买的域名如何绑定，将在 4.2.5 节中进行解答。

3.3　Facebook账户注册

注册 Facebook 需要使用稳定的 IP 地址。

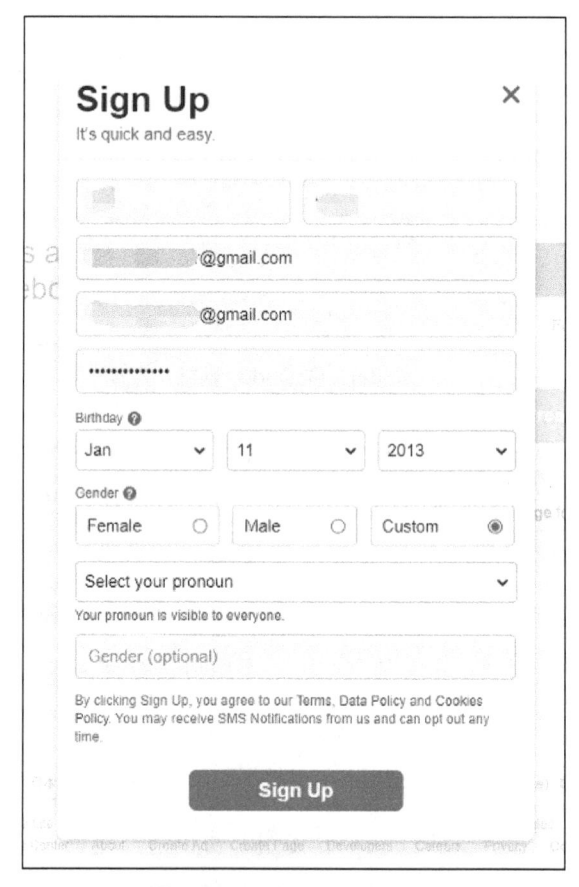

首先，在 Google 中搜索 Facebook，进入 Facebook 官网，在首页进行注册，填写相关信息，包括姓名、邮箱（推荐使用 Gmail、Hotmail 邮箱）、密码、生日、性别等。在确认信息无误后点击"Sign Up"（注册）按钮，如图 3-5 所示。

图 3-5　Facebook 注册页面

其次，输入邮箱或手机收到的验证码，根据页面提示逐步操作，出现如图 3-6 所示的页面，即完成注册。

图 3-6　Facebook 后台首页

在注册完账户后，点击后台首页右上角的图标，如图 3-7 所示，查看个人主页，根据要求完善个人信息，包括个人简介（工作地、学历、联系方式、基本信息等）、头像、封面照片。填写的信息务必是真实的，不要着急发布推销产品的信息，要多发布一些正常的日常生活内容，要经常登录账户，积累在线时长。这些都有利于减小使用 Facebook 时被封号的风险。如何设置个人主页将在 8.2 节详解。

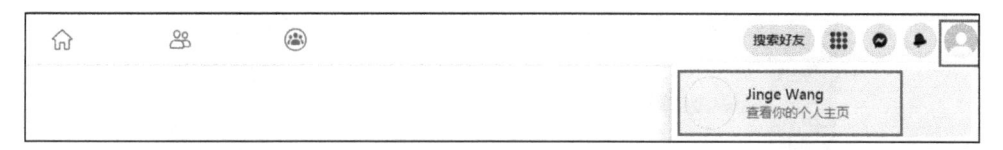

图 3-7　查看个人主页

3.4　Shopify注册

3.4.1　注册流程

万事俱备，就可以开始注册 Shopify 账户了。

第一步，使用本地IP地址打开Shopify官网，点击首页右上角的"Start free trial"（开始免费试用）按钮，如图 3-8 所示。

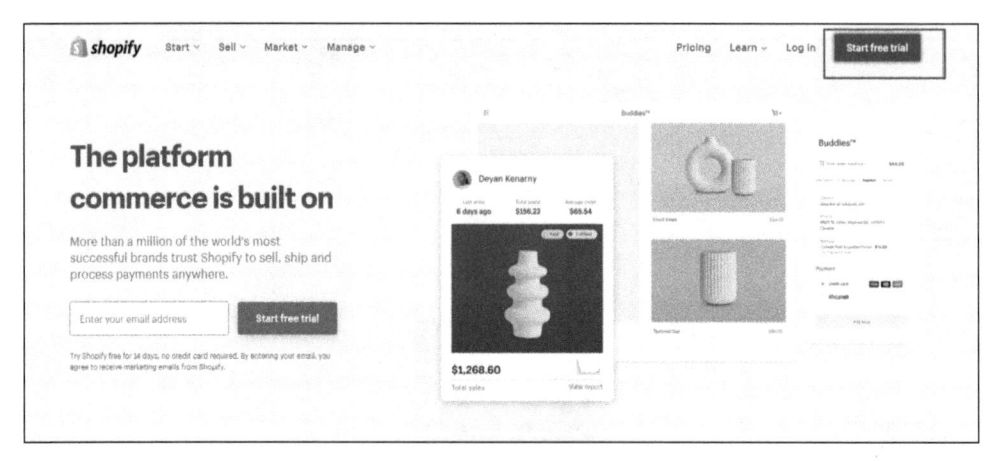

图 3-8　Shopify 首页

第二步，在打开的页面中（如图 3-9 所示），按照提示输入已经注册过的 Gmail 邮箱或者企业邮箱，设定密码，输入商店名称。此处的商店名称可以随意填写，只要不与已经注册过的商店名称重复即可。

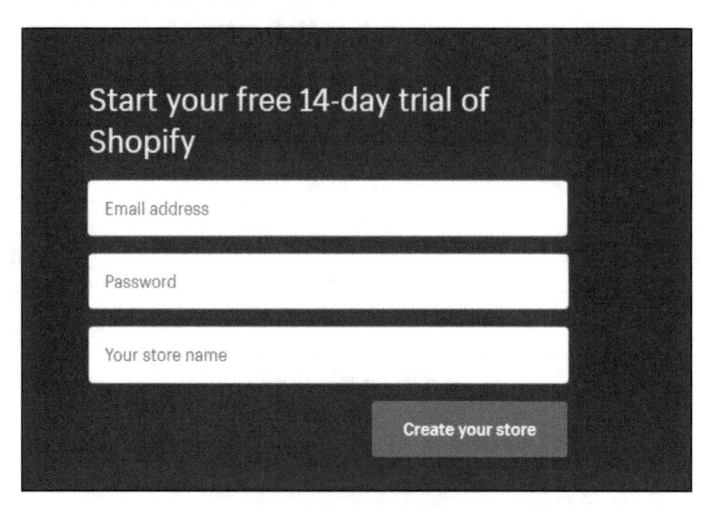

图 3-9　Shopify 注册首页

第三步，点击"Create your store"（创建你的商店）按钮打开更详细的内容填写页面，如图 3-10 所示。这个页面的内容不重要，如实填写即可。在填写完信息后，点击"Enter my store"（进入我的商店）按钮，打开 Shopify 后台首页，如图 3-11 所示。

图 3-10　Shopify 注册详情页

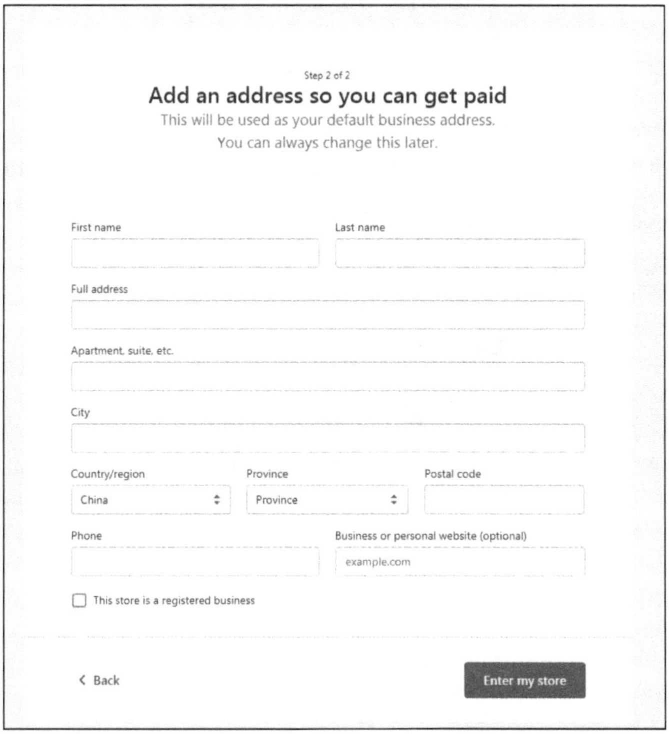

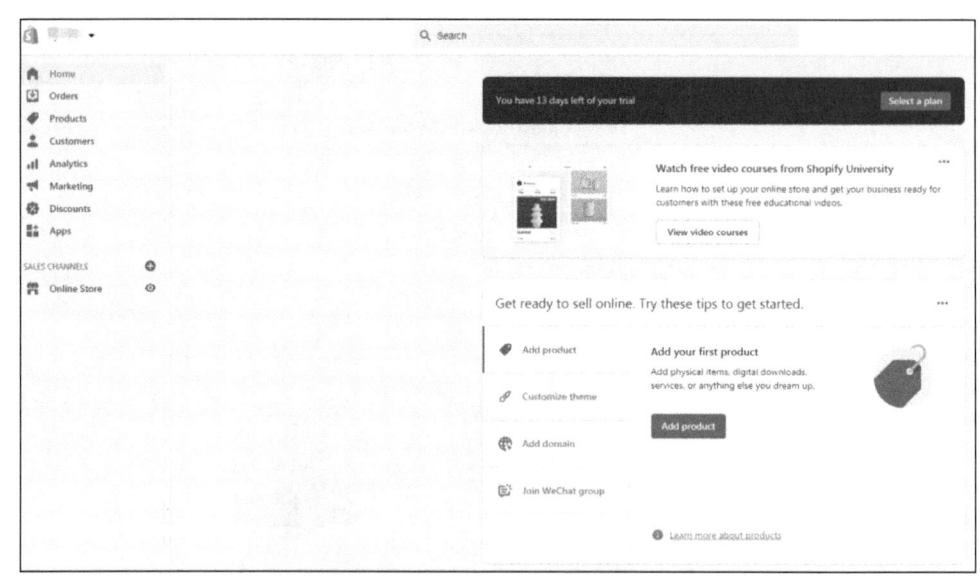

图 3-11　Shopify 后台首页

最后一步，验证邮箱。登录你的注册邮箱，你会发现两封 Shopify 官方发送的邮件，其中一封是以"say hello to + 商店名称"为标题的邮件，内容是注册的 Shopify 商店的网址和登录链接，如图 3-12 所示。另一封是以"Confirm your email address"为标题的邮件。打开邮件，点击"Confirm email"（确认邮件）按钮（如图 3-13 所示），会出现如图 3-14 所示的页面，便完成了邮箱验证。

图 3-12　以"say hello to + 商店名称"为标题的邮件内容

图 3-13　邮箱验证页面

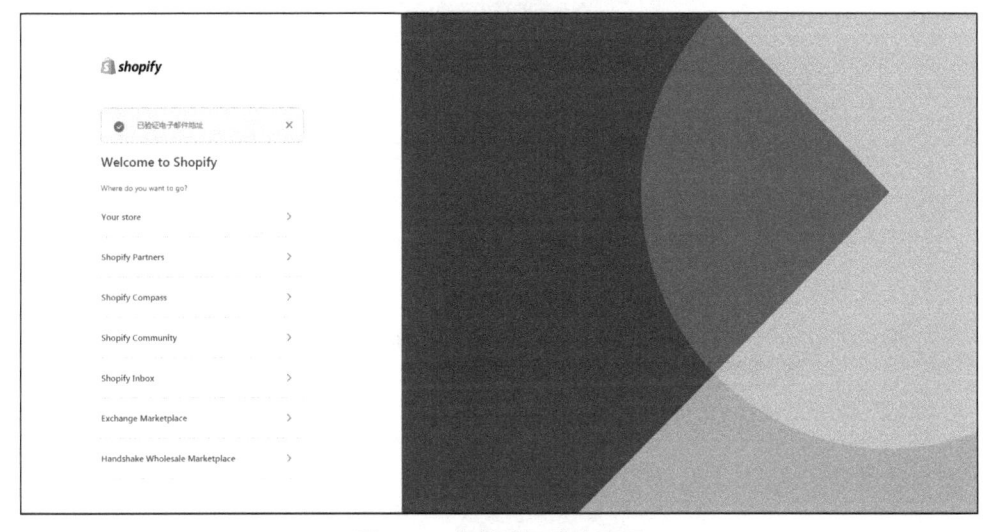

图 3-14　邮箱验证成功页面

3.4.2　Shopify 套餐详解

　　商店注册成功后有 14 天的免费试用时间。14 天后，卖家需要根据自身需求确定付费套餐，支付费用。在商店后台，点击左下角的"Settings"（设置）选项，在"Plan"（计划）这个位置可以查看当前商店处于什么状态，如图 3-15 所示，在刚注册时是处于"Trial"（试验）状态的。点击"Plan"选项，在打开的页面中可以看到套餐情况，如图 3-16 所示。选定一个套餐，点击"Choose plan"（选择

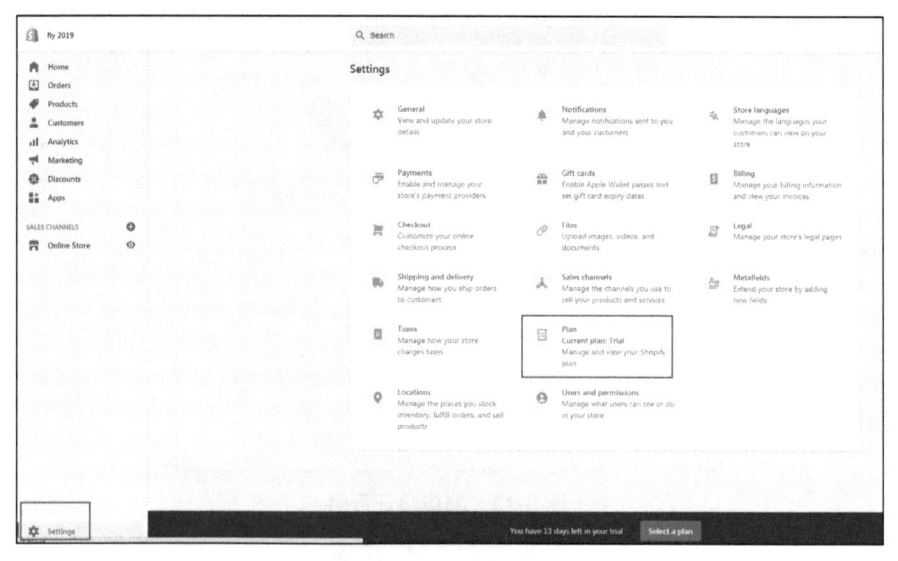

图 3-15 Settings 页面

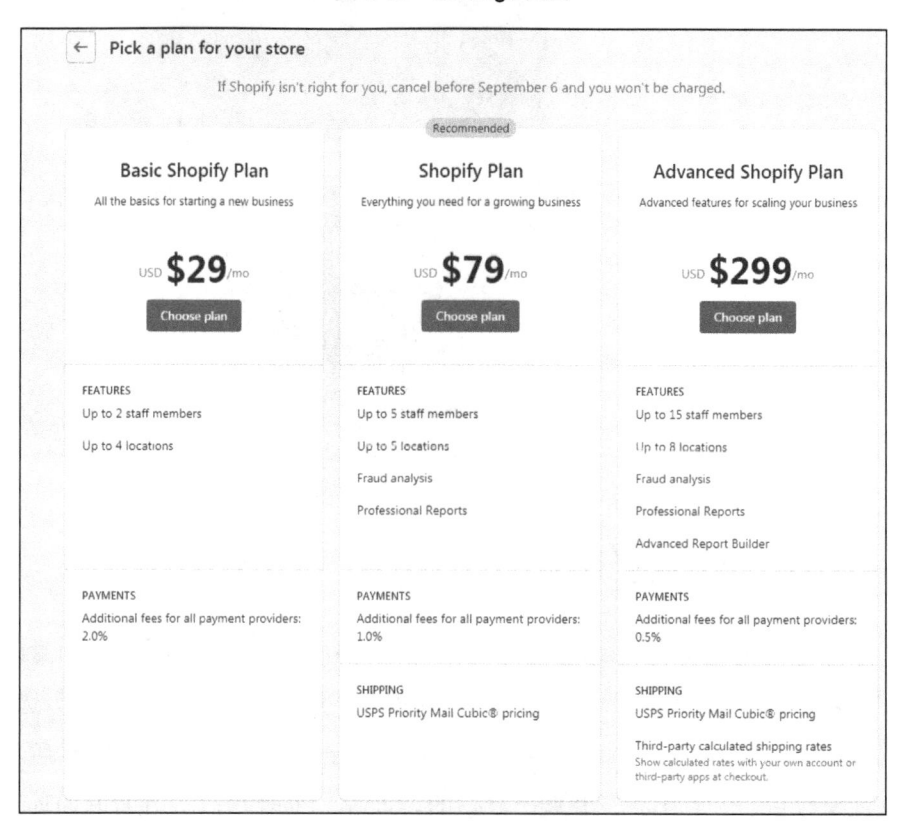

图 3-16 Choose plan 页面

计划）按钮便可以通过 PayPal 或者信用卡支付套餐费用，可以按月支付，也可以按年支付，如图 3-17 所示。在选择使用信用卡付款时，务必使用本地 IP 地址。使用的信用卡发卡行所在地和你的 IP 所在地不能差距过大，也不能使用他人的信用卡付款（与营业执照上法人、注册时登记的姓名不同），否则有可能被 Shopify 认为存在欺诈支付，会被 Shopify 拒绝，甚至封店。

图 3-17 套餐支付页面

也可以在 Shopify 官网上查看更详细的套餐介绍内容，如图 3-18 所示。除了 Basic Shopify Plan（29 美元/月）、Shopify Plan（79 美元/月）、Advanced Shopify Plan（299 美元/月）这 3 个套餐，还有更基础的 Shopify Lite（9 美元/月）、更高级的 Shopify Plus（需要定制，至少 2000 美元/月）。

Shopify Lite 套餐可以通过在现有网站、博客、Facebook 页面等网页上添加购买按钮使买家可以用信用卡付款。该套餐具有可以查看报告、发行礼品卡和拆分账单等功能，但不能建立在线商店。

点击"Show plan features"（展示计划特征）按钮可以看到 Basic Shopify Plan、Shopify Plan、Advanced Shopify Plan 这 3 个套餐的区别，如图 3-19 所示。可以看到 3 个套餐的主要区别在员工账户、库存位置、报告、第三方计算的运费、付款费率等方面。

如果你已经有网站，那么可以先购买 Shopify Lite 套餐试一试；如果你没有网站，那么可以先购买 Basic Shopify Plan 套餐试一试，按月付月租，在熟悉 Shopify 操作并且独立站的销量达到一定的水平后，再考虑升级套餐。

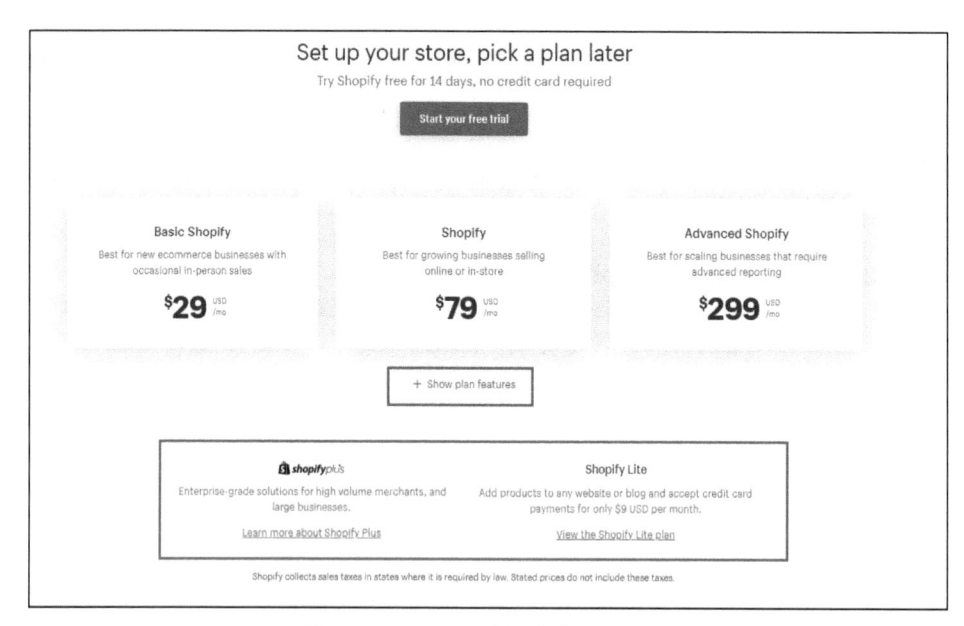

图 3-18　Shopify 官网套餐介绍页面

图 3-19　3 个套餐的区别（部分截图）

第 4 章

Shopify 后台功能

在首次登录 Shopify 后台时，页面显示语言默认为英文，如图 4-1 所示。Shopify 已于 2019 年 4 月上线了中文版，卖家可以点击后台右上角的商店名称，选择

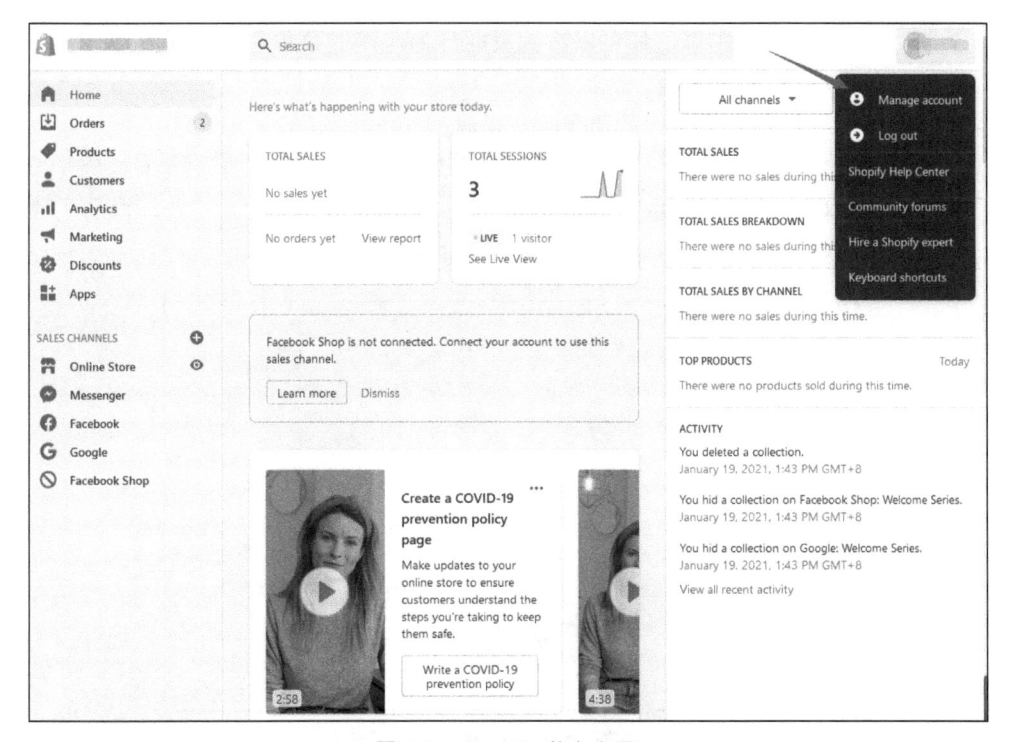

图 4-1　Shopify 英文主页

"Manage account"（管理账户）选项，在新页面的"Language"（语言）文本框中，可以选择全球大多数语言。这里选择简体中文（beta 版），在保存设置后页面显示语言即可切换为简体中文版，如图 4-2 所示。

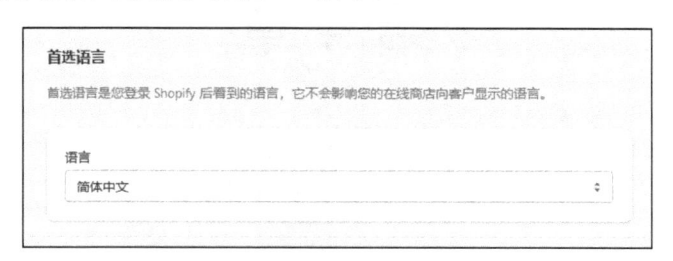

图 4-2　Shopify 设置语言页面

4.1　Shopify后台概览

4.1.1　后台主页介绍

在 Shopify 后台主页，你可以看到页面分为左侧的菜单栏、中间的动态通知栏，以及右侧的商店动态栏。

菜单栏显示的是 Shopify 的所有业务设置，包括 Shopify 的核心业务、应用、销售渠道及设置。"订单"选项右侧的数字表示当前订单数。点击"在线商店"选项右侧的眼睛图标则可以快速打开商店前台页面，如图 4-3 所示。

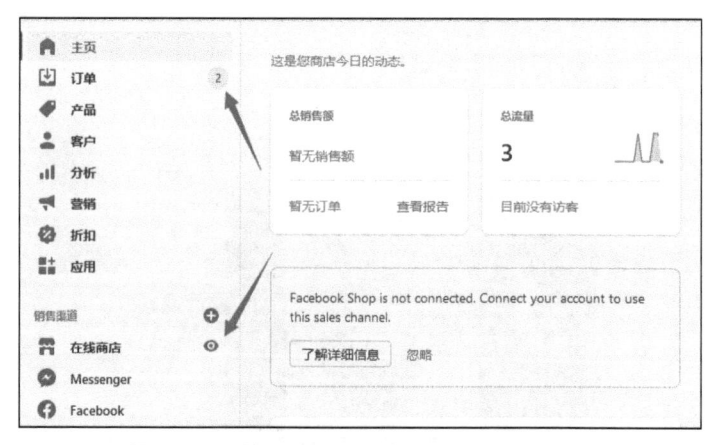

图 4-3　当前订单数和快速打开商店前台页面

中间的动态通知栏最上方显示的是当天的总销售额和总流量，往下分别为商店连接通知、广告账户通知、活动通知、邮件列表订阅用户、14 天内被查看次数最多的产品、被添加到购物车最多的产品、访客来源等。动态通知栏还提供了销售指导、税费设置、官方学习平台等设置通知。

右侧的商店动态栏则提供了各渠道今天、昨天、本周、本月的销售额和热门产品，以及商店近期的销售动态。

总之，Shopify 后台主页提供的信息直观且丰富，随着商店操作、广告对接、应用安装的不同，后台主页显示的内容也会有所不同。

4.1.2 产品

1. 添加产品

点击后台主页的"产品"选项，将弹出"产品"子选项并打开"所有产品"页面。此时，卖家将看到商店的所有产品，并可以进行添加产品、选择产品、编辑产品等操作。如果安装了分享或推广插件，那么还可以直接在"其他操作"下拉菜单里找到相应的操作，如图 4-4 所示。

Shopify 支持产品批量导出和导入。卖家既可以将所有产品导出为 CSV 文件，也可以通过 CSV 文件创建批量导入模板。批量添加产品，通常可以用于已经具备格式化数据的产品模板批量上传或者产品搬家。Shopify 的批量模板较为简单，只要产品信息齐全就可以导入，本节不做过多介绍，主要介绍后台添加产品的步骤。

首先，点击"添加产品"按钮，打开添加产品页面，在此页面中可以设置的内容如下。

（1）标题。标题一般不超过 255 个字符，考虑手机端客户浏览，建议不超过 120 个字符。

（2）描述。Shopify 支持图文、表格、视频等多媒体描述，并且支持 HTML 代码，因此可以在描述中创建丰富的内容。

（3）媒体。Shopify 支持上传文件、从 URL 添加图片或嵌入 YouTube 视频，如图 4-5 所示。添加媒体后可以在描述中进行引用，以免重复添加。

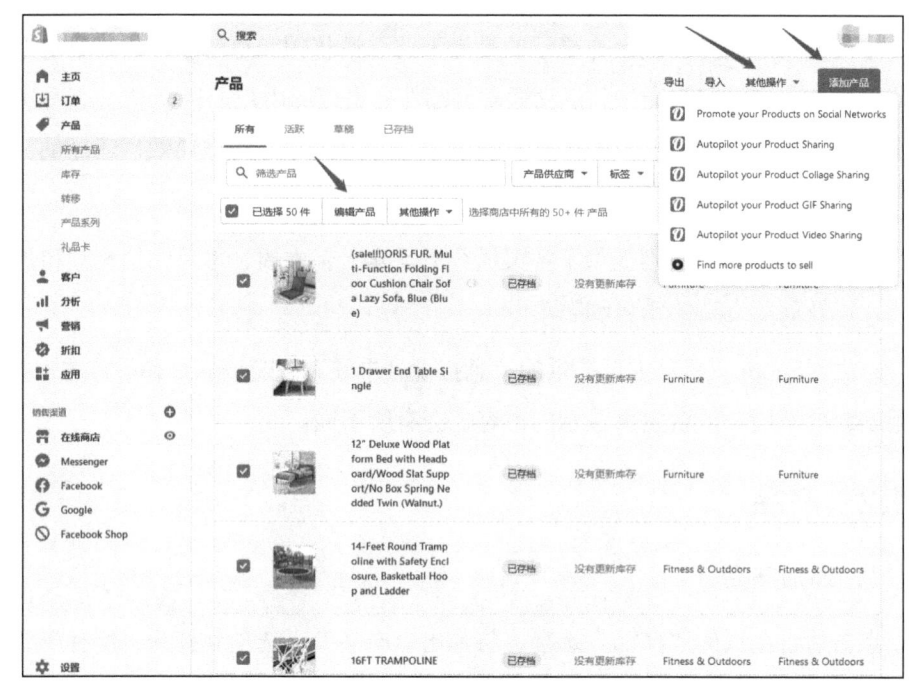

图 4-4　产品列表操作

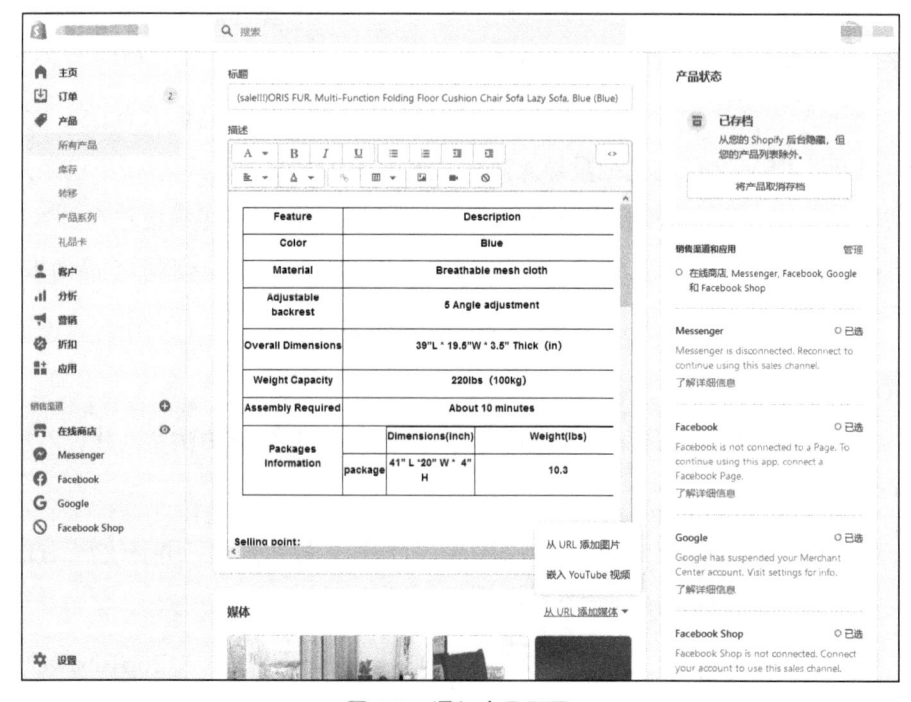

图 4-5　添加产品页面

（4）定价。Shopify 可以设置价格、原价、成本价，以便计算利润。如果推广的地区收税，那么可以勾选"需要收税"复选框。

（5）库存。默认库存管理方为 Shopify，如果卖家添加了第三方应用，那么也可以用其他库存管理方。卖家可以添加 SKU 货号、条码及数量，并且勾选"允许缺货后继续销售"复选框。

（6）发货信息。默认勾选"需要运输"复选框，如果销售的是虚拟产品，或者未通过 Shopify 处理运输状态，则可以不勾选该复选框。在此处可以设置发货重量、发货国家及 HS 代码。

（7）多属性。Shopify 最多支持 3 种选项，每个选项都可以在此处直接用逗号分隔来设置多属性，用于属性的种类与数量为相乘关系，因此通常建议使用不超过两种。在设置多属性后，可以预览每个多属性产品的价格、数量及 SKU。产品多属性设置如图 4-6 所示。属性图片无法在此处单独设置，需在保存产品后，重新编辑产品多属性 SKU 来添加图片。

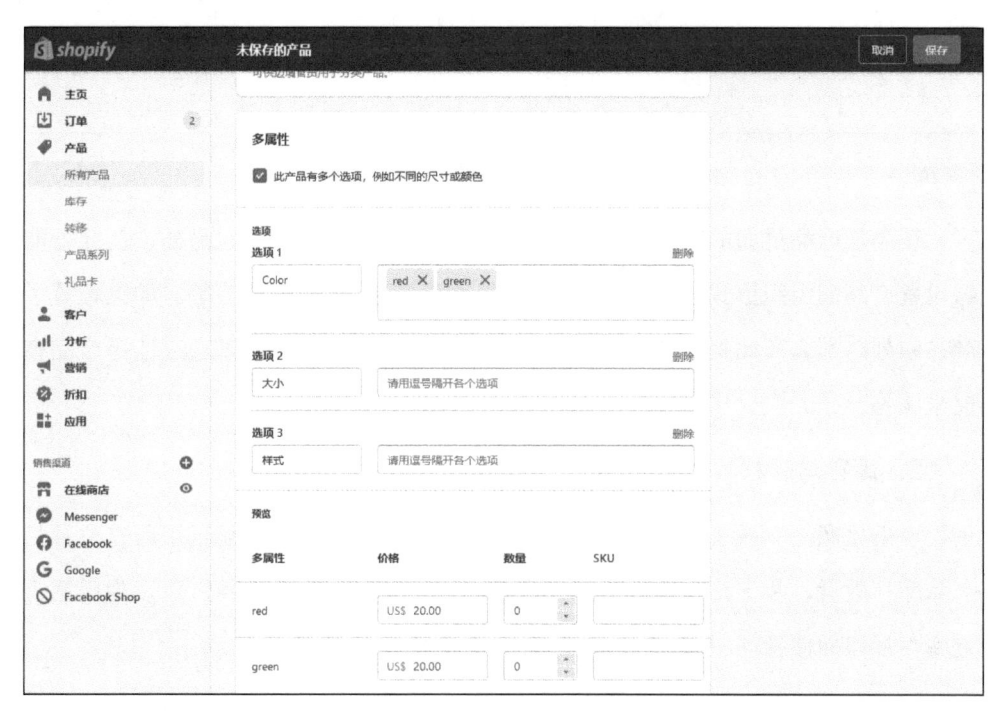

图 4-6　产品多属性设置

（8）搜索引擎优化。在这里可以进行简单的页面标题、描述和内部链接优化，如图4-7所示。

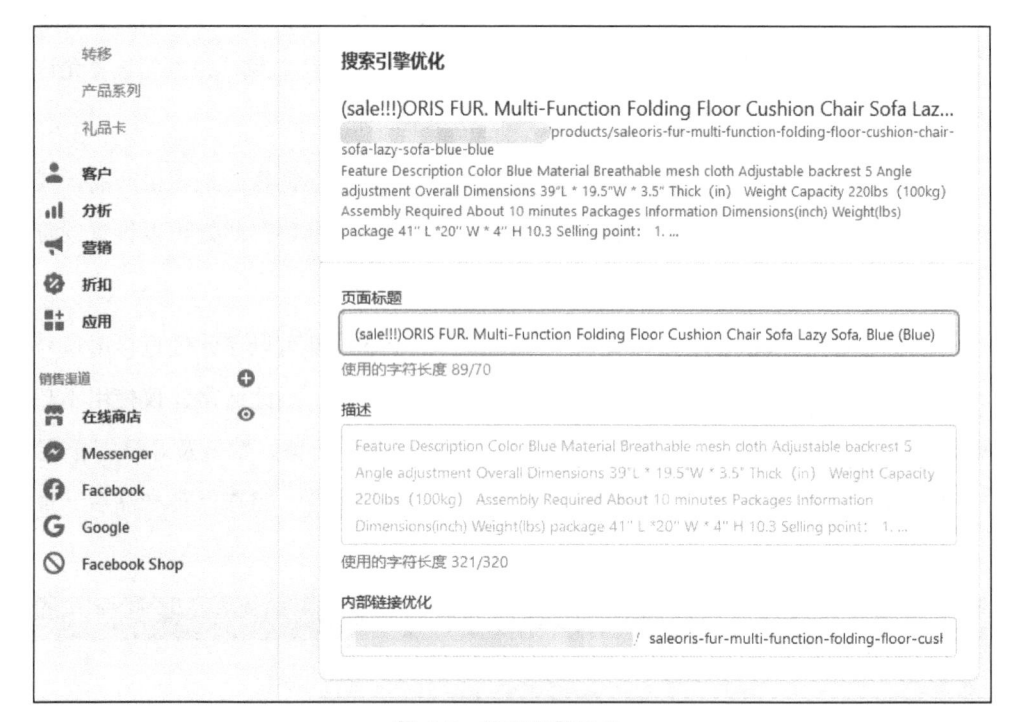

图4-7 搜索引擎优化

在添加产品页面的右侧，可以显示产品状态和销售渠道等。另外，在此处能够设置产品的组织形式，如产品类别、供应商、产品系列、标签等。如果设置了产品系列，那么在此处为产品按照系列进行分类。最后，还可以通过选择产品模板来调整产品的模板样式。

2. 库存与转移

点击"产品"→"库存"选项，打开库存页面。库存页面显示了所有位置的产品库存数量，并支持直接修改库存数量、导出和导入库存文件，以及使用第三方库存管理插件管理库存。

点击"产品"→"转移"选项，可以在添加仓库转移页面中调整库存数量。

通常在进行多仓库管理时，通过此页面调整每个仓库的库存数量。操作很简单，只需要添加要转移的产品，设置产品数量即可，如图 4-8 所示。

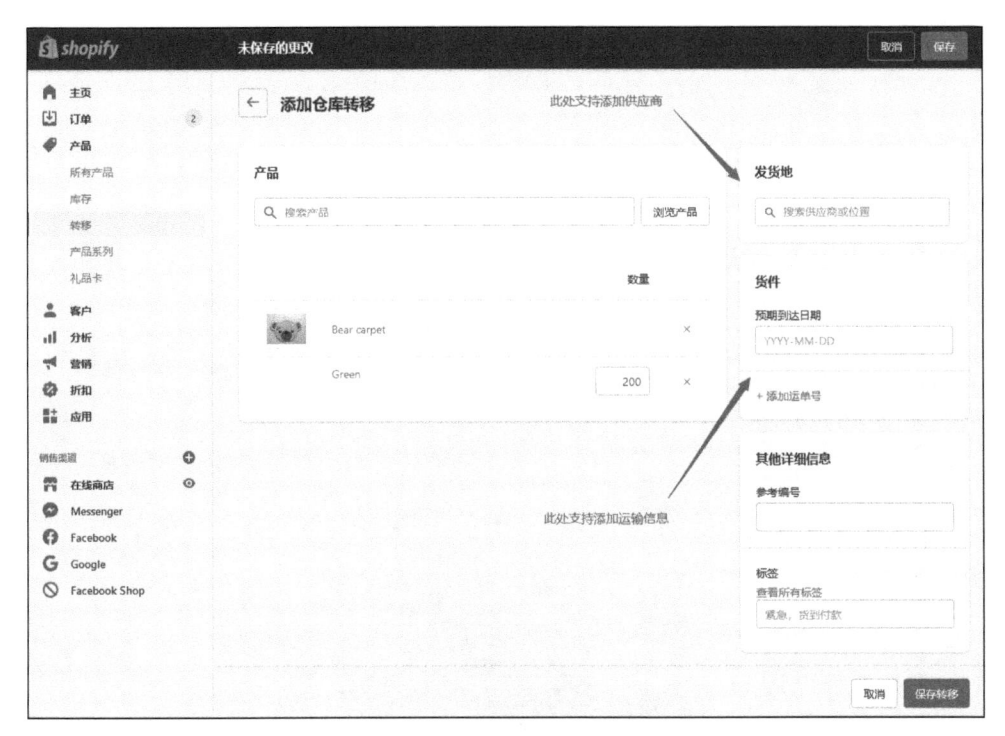

图 4-8　添加仓库转移页面

在添加仓库转移页面中，Shopify 提供了简单的供应商管理及货件处理信息。卖家可以添加供应商和货件运单号、预期到达日期等，以便仓储管理人员进行处理。运单号与国际主流承运商对接，能够方便地了解运输轨迹。

设置要转移的产品并点击"保存转移"→"下一步"按钮后，库存数量将会更新为产品的原库存数量与仓库转移产品的数量之和。

3. 产品系列

产品系列在 Shopify 中的英文是 Collection，而不是 Category，因此产品系列作为 Shopify 独立站的特色，不仅可以表示产品分类，而且可以设置按照产品分类规则制定的产品集，如折扣产品、节日产品等。

如果在"产品系列类型"选区中选择"手动"单选按钮，创建的产品系列就可以视为普通的产品分类。在添加产品系列名称和描述等信息后，在所有产品中选定产品，点击"其他操作"→"添加到产品系列"或者"从产品系列中删除"选项，即可将指定的产品添加到产品系列中或者从产品系列中删除，如图 4-9 所示。

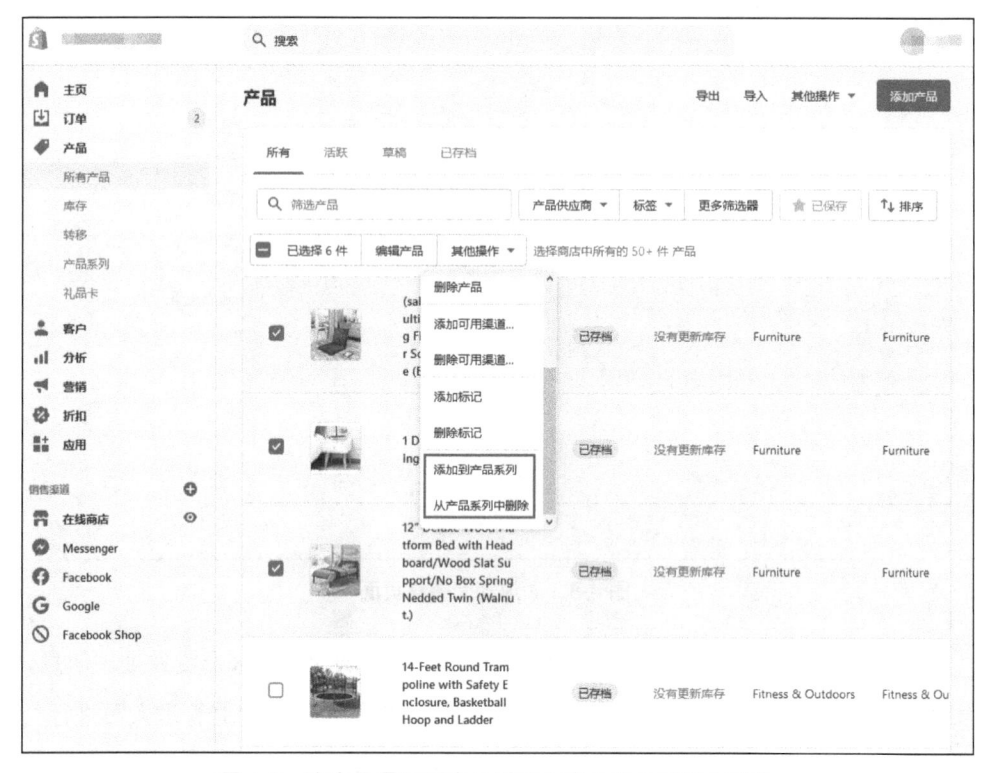

图 4-9　将产品添加到产品系列中或从产品系列中删除

如果在"产品系列类型"选区中选择"自动"单选按钮，那么可以设置条件匹配选项，设置自动产品系列。不仅可以在添加产品时指定产品系列，还可以根据产品名称、产品价格、产品标签、库存、重量等条件自动归类产品。从理论上来说，一个产品可以被自动归类到多个产品系列中，从而获得相应系列的流量。

如图 4-10 所示，可以将标签为 hotsale、产品价格小于 30 美元的产品自动归类到前台名为 Hot Sale 的产品系列中。

图 4-10 产品系列设置

产品在产品系列中默认按字母顺序排序。卖家可以在所有产品中选择按照字母顺序、创建时间、更新时间、库存数量、产品类型等排序。

产品系列也支持搜索引擎优化、添加产品系列图片和更换产品系列模板。

4. 礼品卡设置

Shopify 支持在线销售礼品卡，也支持直接给客户发放礼品卡代码。

在线销售礼品卡相当于将礼品卡作为一个简化的产品进行销售，通常只需要设置礼品卡标题、描述、媒体及面额，同时礼品卡也支持搜索引擎优化，以及设置产品类别、标签、模板等信息。

发放礼品卡则只需要设置礼品卡代码、初始金额和过期日期，然后卖家可以将礼品卡代码通过电子邮件等方式直接发送给客户，如图 4-11 所示，或者直接将礼品卡代码发布到专门为客户提供优惠券代码的 Deal 站。

图 4-11 发放礼品卡设置

5. 订单管理

打开 Shopify 的订单管理页面（如图 4-12 所示），首先显示当前商店的所有订单及订单状态，包括订单编号、日期、客户名称、成交金额、支付状态、发货状态、订单产品、配送方式和标签，在此处可以针对订单进行批量发货、批量入账、批量打印装箱单等操作，也可以导出 CSV 表格进行处理。

图 4-12 订单管理页面

点击单条订单，能够看到订单详情，包括订单产品的名称、价格、SKU、发货位置，以及客户地址、电话等信息。另外，Shopify 还提供了订单的时间线、转化摘要、欺诈分析等信息。从这些信息中不仅可以看出客户处理订单的过程，也有助于识别可能存在风险的订单，如拒付订单、被盗信用卡订单等，如图 4-13 所示。订单详情能够有效地帮助卖家判断订单状况、防范风险及处理订单信息。

图 4-13 订单详情

草稿是在手动创建订单时产生的。在订单管理页面右上方点击"创建订单"按钮,可以手动创建订单。手动创建订单通常用于未在 Shopify 平台成交的订单,便于让客户通过信用卡或其他方式直接付款,然后卖家在 Shopify 处理订单及发货。

弃单为客户下单,但没有完成付款的订单。客户如果放弃结账,那么在购物车中的产品将不会被保存,因此 Shopify 也提供了发送弃单恢复邮件的功能,以便提醒客户重新购买。此外,卖家还应该去订单详情中查看订单的时间线,找到客户的订单处理过程,以便找到弃单原因。卖家也可以使用 Google Analytics 等分析工具,查看客户在网站上的行动轨迹和行为流,以便优化购物流程,减少弃单。

4.1.3 客户、分析、折扣

1. 客户

Shopify 后台集成了简单的客户管理功能。打开客户页面,将列出当前所有客户名称、所在地、订单数及花费金额,如图 4-14 所示。卖家在客户页面中可以进行以下操作。

(1)新建客户。为无法自主注册的客户创建客户名称。

(2)查看回头客。默认显示订单数大于 1 的客户,可以用于回头客维护。

(3)查看弃单。默认查看过去 1 个月内的弃单,可以用于弃单激活。

(4)查看电子邮件订阅者。可以用于邮件营销。

(5)可以对客户进行导出和导入操作。

在通常情况下,卖家要提供让客户满意的服务方式,应尽可能多地了解目标客户希望得到什么样的产品或服务。了解客户需求需要较长时间,在此之前,卖家应提供明确的客户服务策略,举例如下。

(1)提供完善的退换货政策与相对准确的物流服务政策。

(2)为客户提供准确、便捷的在线联系方式。

(3)在商店中提供常见问题页面,解答对产品和业务的疑问。

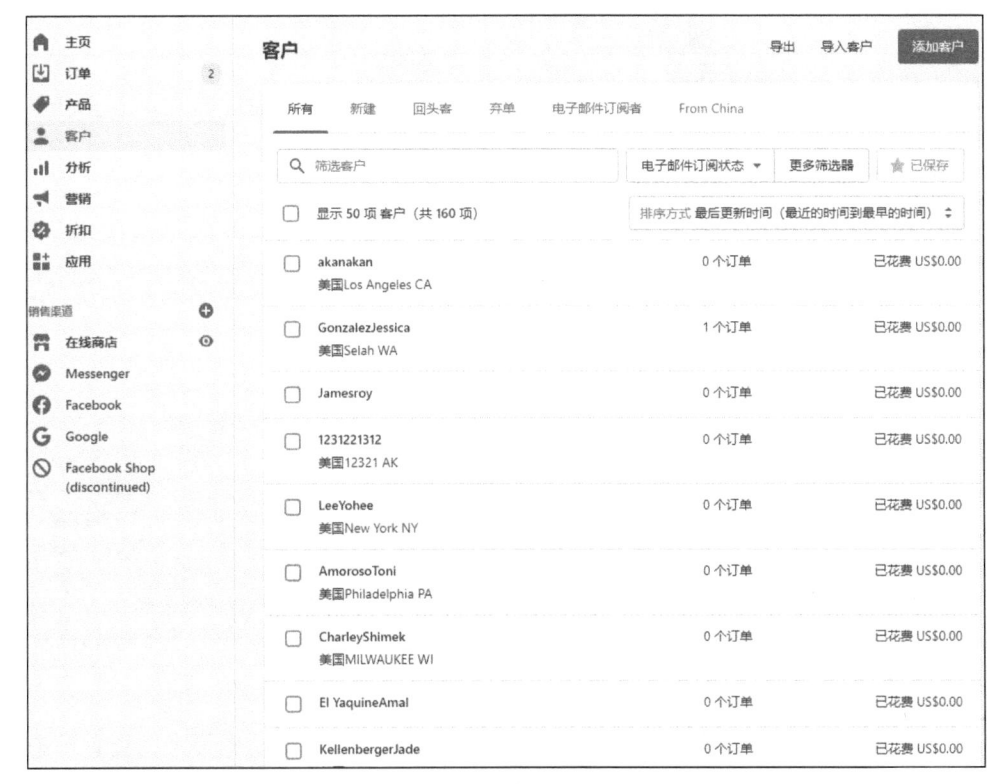

图 4-14 客户页面

（4）为订阅电子邮件的客户及时更新产品及活动信息。

（5）为忠诚度高的客户提供赠品、优惠或更优质的服务。

（6）调查客户对卖家产品或服务的看法，以便进行改进。

2. 分析

在"分析"选项中，Shopify 提供了控制面板、报告和实时视图。其中，在控制面板页面中能够按时间段查看数据概览，包括总销售额、在线商店订单转化率、热销产品、在线商店访客数（按照流量来源计算）、销售额（按照社交渠道计算）、热门访客渠道、网站流量、客单价、在线商店访客数（按照国家和地区计算）、销售额（按照流量推荐来源）、热门页面（按照访客数计算）、客户复购率、总订单数、在线商店访客数（按照设备类型计算）、在线商店访客数（按照社交渠道计算）、营销活动带来的销售额，如图 4-15 所示。

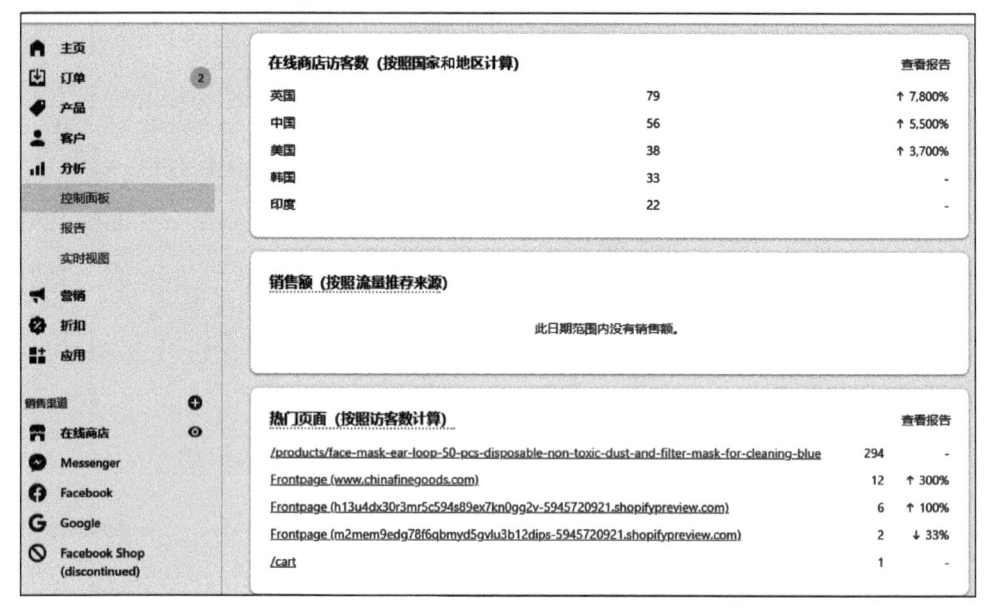

图 4-15 控制面板页面

在报告页面中，可以从流量获取、资金、库存、行为、营销等维度查看过去某个时间段内的相应数据报告。

在实时视图页面中，能够以地图及图表形式显示当前访客数、总销售额、总访问次数、总订单数、页面查看次数、客户行为等数据。

3. 折扣

在折扣页面中，Shopify 提供了折扣码和自动折扣两种折扣形式。点击"创建折扣"按钮，可以选择创建折扣码或者自动折扣，如图 4-16 所示。

点击"折扣码"选项，进入创建折扣码的页面。卖家可以自定义折扣码，也可以点击"生成代码"选项来自动生成折扣码，然后设置折扣码，如图 4-17 所示。

（1）类型。可以选择折扣码的类型，如百分比、固定金额、免运费或买 X 得 Y。

图 4-16 创建折扣

（2）值。在"值"选区中，可以设置折扣额和适用产品。根据折扣码的类型可以选择折扣比例、折扣金额、免运费国家及购买特定产品获得的优惠。当折扣码的类型为百分比或固定金额时可以选择适用的产品。

（3）最低要求。可以设置适用折扣码的最低购买金额或数量。

（4）客户资格。可以选择折扣码针对所有人、特定的客户组或特定客户。

（5）使用限制。可以设置折扣码使用的总次数或每位客户限使用一次。

（6）生效日期。可以设置折扣码的开始日期和结束日期。

当卖家创建自动折扣时，折扣类型没有免运费，并且必须设置最低购买金额或最低产品数量，其他与创建折扣码一致。

卖家可以在折扣页面中将折扣码导出为 CSV 文件，以便查看折扣码的历史记录，不过折扣码仅支持导出，不支持导入。

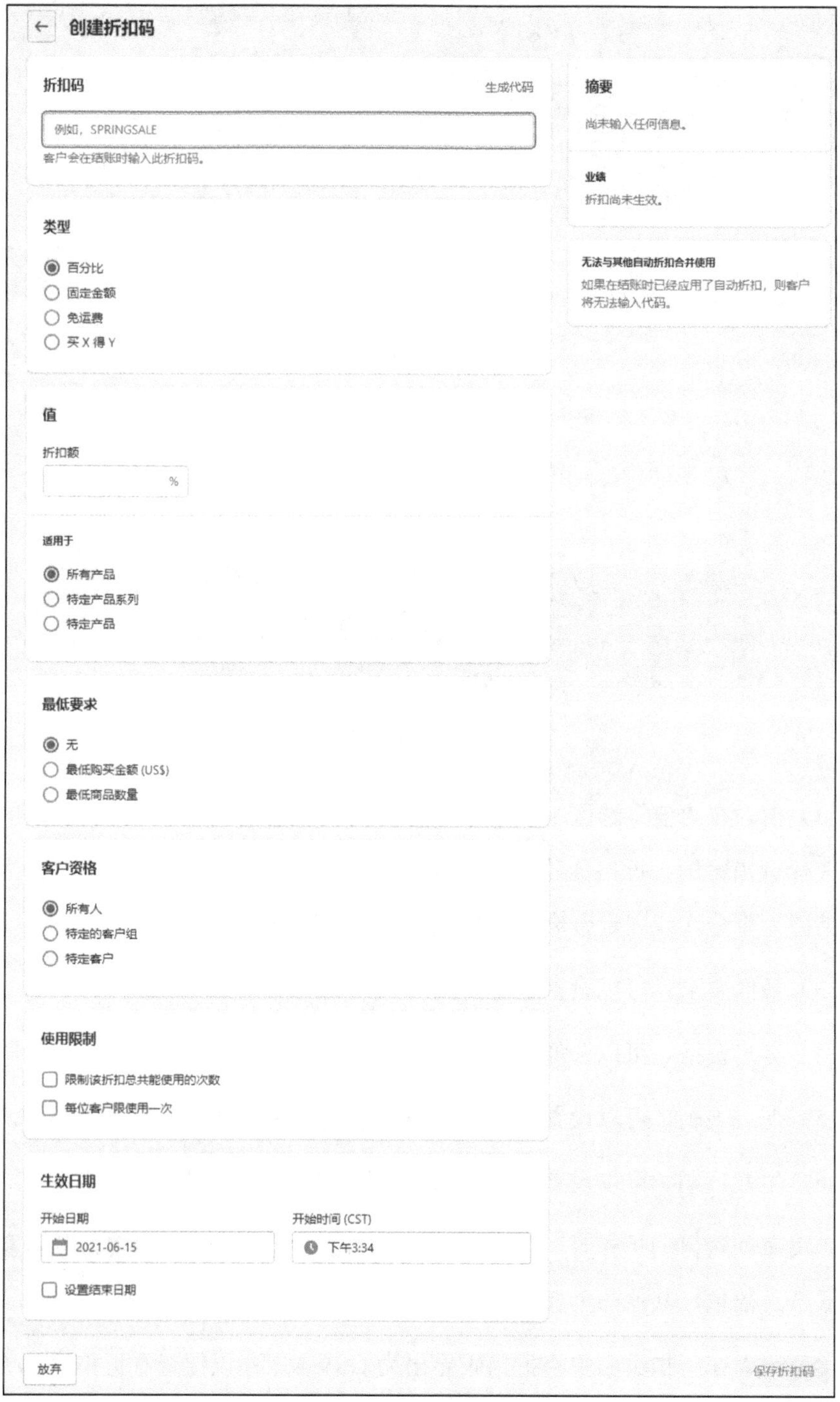
创建折扣码
折扣码
生成代码
例如，SPRINGSALE
客户会在结账时输入此折扣码。
摘要
尚未输入任何信息。
业绩
折扣尚未生效。
无法与其他自动折扣合并使用
如果在结账时已经应用了自动折扣，则客户将无法输入代码。
类型
百分比
固定金额
免运费
买 X 得 Y
值
折扣额
%
适用于
所有产品
特定产品系列
特定产品
最低要求
无
最低购买金额 (US$)
最低商品数量
客户资格
所有人
特定的客户组
特定客户
使用限制
限制该折扣总共能使用的次数
每位客户限使用一次
生效日期
开始日期
2021-06-15
开始时间 (CST)
下午3:34
设置结束日期
放弃
保存折扣码

图 4-17　创建折扣码

卖家还可以结合弃单恢复邮件，对弃单客户自动应用折扣。此时，卖家应首先设置折扣码，并记录折扣码名称，如 Repurchase，然后在 Shopify 后台点击"设置"→"通知"→"订单"→"弃单"选项，在电子邮件正文中，找到以下代码。

```
<td class="button__cell"><a href="{{ url }}" class="button__text">Items in your cart</a></td>
```

复制下面的代码片段。

```
{% if url contains '?' %}{{ url | append: '&discount=ABC' }}{% else %}{{ url | append: '?discount=ABC' }}{% endif %}
```

粘贴该代码片段以替换上述代码中的{{ url }}。

之后，找到以下代码。

```
<td class="link__cell">or <a href="{{ shop.url }}">Visit our store</a></td>
```

复制下面的代码片段。

```
{{ shop.url | append: '/discount/Repurchase' }}
```

粘贴该代码片段以替换上述代码中的 {{ shop.url }}。

此时，代码全文应该如下所示。

```
<tr>
  <td class="actions__cell">
    <table class="button main-action-cell">
      <tr>
        <td class="button__cell"><a href="{% if url contains '?' %}{{ url | append: '&discount=Repurchase' }}{% else %}{{ url | append: '?discount=Repurchase' }}{% endif %}" class="button__text">Items in your cart</a></td>
      </tr>
    </table>
```

```
    {% if shop.url %}
    <table class="link secondary-action-cell">
      <tr>
        <td class="link__cell">or <a href="{{ shop.url | append: '/discount/Repurchase' }}">Visit our store</a></td>
      </tr>
    </table>
    {% endif %}
  </td>
</tr>
```

点击"保存"按钮，此时只要正确设置了上述折扣码，弃单恢复邮件都将被发送给客户，并且客户在结账时会自动应用折扣。

4.2 销售渠道

4.2.1 在线商店模板

Shopify 的初始销售渠道默认为只有在线商店。卖家通过插件和应用可以添加 Messenger、Facebook、Google 等第三方渠道。由于 Shopify 前台的大部分显示内容均由在线商店设置，其中包括模板、博客文章、页面、网站地图、域名与偏好设置，下面逐项介绍。

点击"模板"选项，此时页面显示实时模板、在线商店速度、模板库等。卖家还可以浏览 Shopify 免费模板，通过 Shopify 模板商店查找精选模板。

对于模板库的模板，卖家可以点击"操作"下拉菜单进行预览和发布，发布实时模板后即可切换到所选择的模板。对于实时模板，卖家可以点击"操作"下拉菜单来预览、重命名、复制、下载模板文件、编辑代码与编辑语言，如图 4-18 所示。

可以通过 Liquid 语言编辑 Shopify 的大部分模板代码，从而实现原模板无法实现的功能，也可以通过编辑代码创建新模板。编辑代码是对 Shopify 模板的底层变动,因此如果必须改动代码,建议有前端代码编写经验的人进行相关操作。

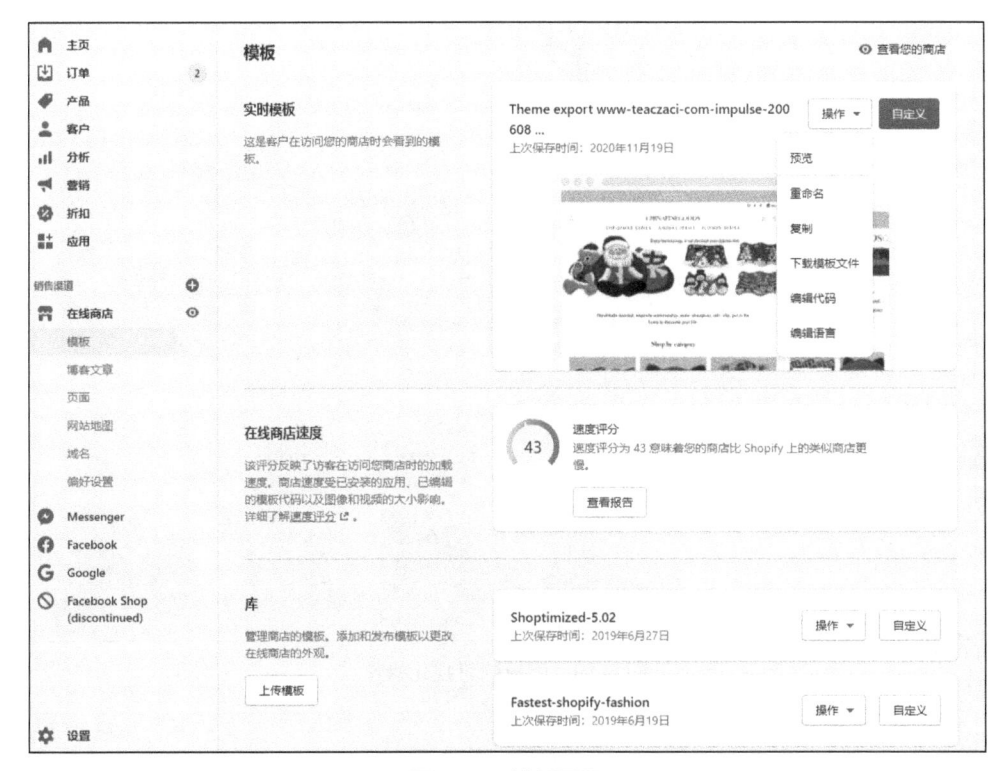

图 4-18 模板页面

在不编辑代码的情况下,卖家依然可以通过自定义功能,实现前台页面的更改。在模板页面点击"自定义"按钮,即可进行模板的可视化操作,如图4-19所示。

模板的可视化操作可以进行大部分前台页面样式的自定义,包括主页头部、Logo、幻灯片、富文本、分类、热门产品、底部及内容等自定义,并可以通过调用网站导航菜单,实现网站导航。

以分类列表自定义为例,卖家可以点击"Shop by category"(此标题也可以自定义)选项,从而调整主页显示的分类,并且针对每个分类,都可以设置产品系列、分类 Title 及焦点,如图 4-20 所示。

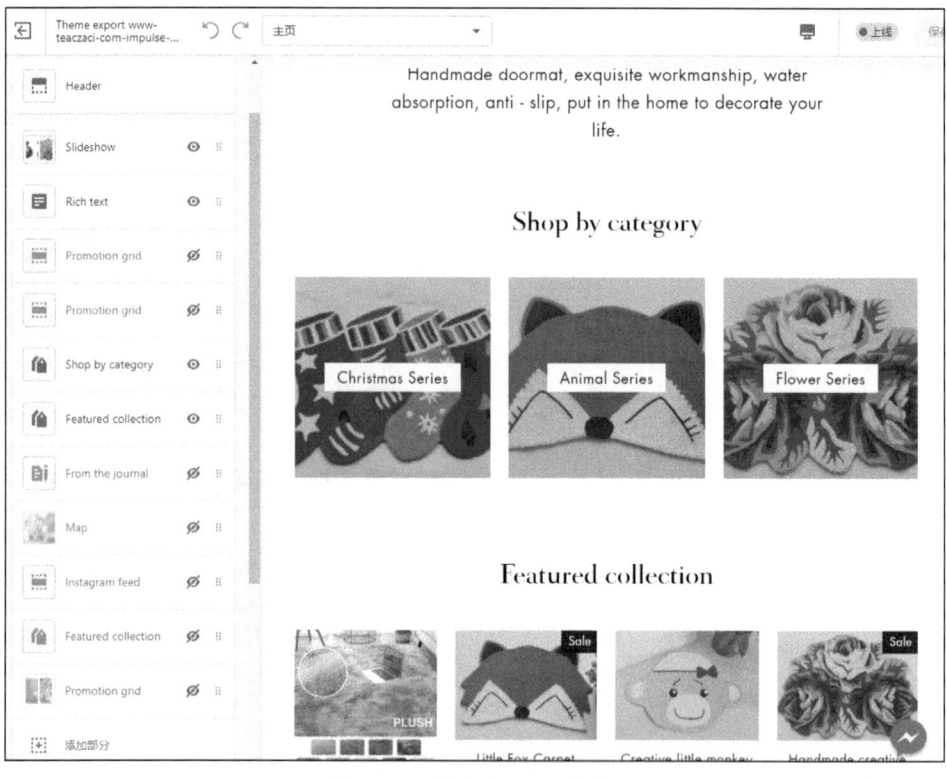

图 4-19　模板的可视化操作

图 4-20　首页分类列表自定义

在模板自定义页面上方，卖家还可以切换到其他页面进行修改，如图 4-21 所示。可以看到，主页、产品页面、产品系列页面、产品系列列表、博客、购物车、结账、礼品卡，甚至 404 页面等几乎所有页面都可以自定义。卖家可以通过自定义页面样式和内容实现商店的个性化。

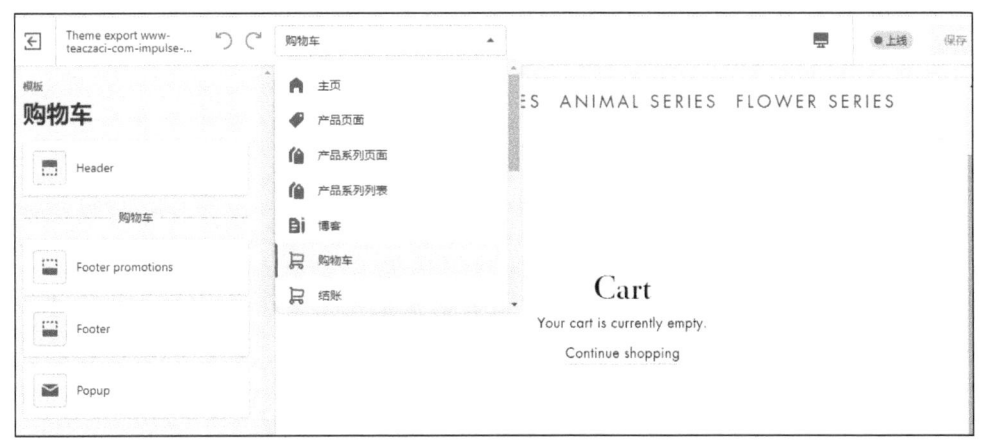

图 4-21　切换模板页面

另外，Shopify 的默认模板不显示动态结账按钮。卖家可以在模板自定义时选择产品页面，再点击产品页面，勾选"Show dynamic checkout button"（显示动态结账按钮）复选框，保存后在产品页面上会显示动态结账按钮。

能够自定义的所有模板页面基本都包含了头部、页面、页脚三个部分。其中，头部通常包含当前商店顶部的内容，如名称、Logo、菜单等；页面包含主体动态内容，如产品、分类列表、详情等；页脚则包含每个页面底部的内容，如底部菜单、联系信息、社交媒体图标等。

点击"模板设置"选项，卖家可以更改模板风格，以实现当前模板的颜色、字体、主题等全局样式修改，如图 4-22 所示。

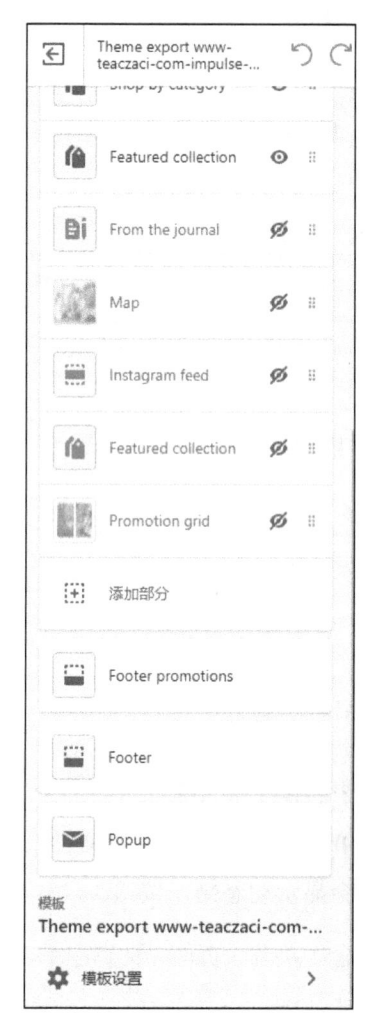

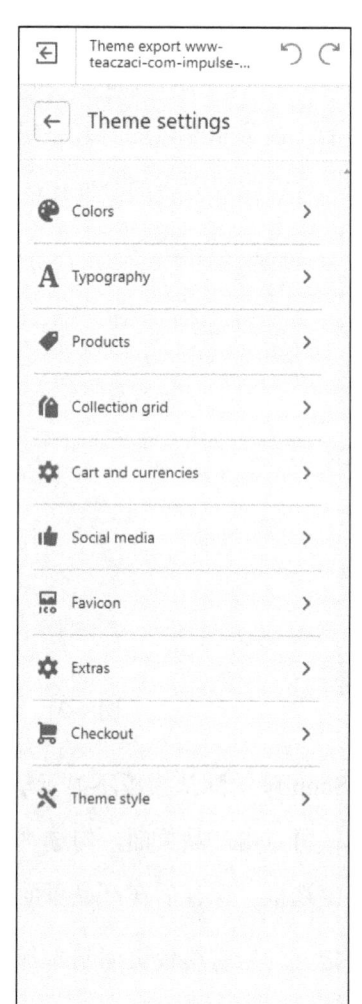

图 4-22　模板设置

4.2.2　博客文章

Shopify 为卖家提供了博客文章模板。卖家可以通过博客文章围绕产品和品牌与客户进行互动，从而提高客户忠诚度。点击"博客文章"选项，即可打开添加博客文章页面。卖家可以通过富文本编辑器，添加文章，设置文章内容格式，添加图片，嵌入视频或插入链接，如图 4-23 所示。

图 4-23 添加博客文章页面

博客文章同时支持摘录及标签,以利于搜索引擎优化。博客文章是传播产品知识和品牌认知度比较好的方式。卖家可以充分利用博客文章吸引自然流量。卖家可以利用一些创意实现受众群体的引入,以下是一些参考标题。

(1)"给老爸的父亲节礼品指南",此处为针对特定受众群体的节日礼品创意。

(2)"给男朋友的情人节礼品指南",此处为针对特定类型的用户礼品指南。

在此类博客文章中,卖家可以将产品图文详情通过故事的方式进行表述。

另外,博客文章默认处于隐藏状态。卖家可以在编辑文章时,在"可见性"选区中选择"可见"单选按钮以便将文章显示到商店中。同时,卖家还可以设置可见性日期以实现博客文章的定时发布。

博客文章支持评论,默认为禁用状态。卖家可以根据需求设置禁用评论、审核后显示和自动发布。

4.2.3 页面

页面与博客文章的编辑形式类似,但在页面中通常放置很少更改的商店单页,如关于我们、联系我们、常见问题、购物条款、隐私条款等,可以以页面的形式添加,如图 4-24 所示。

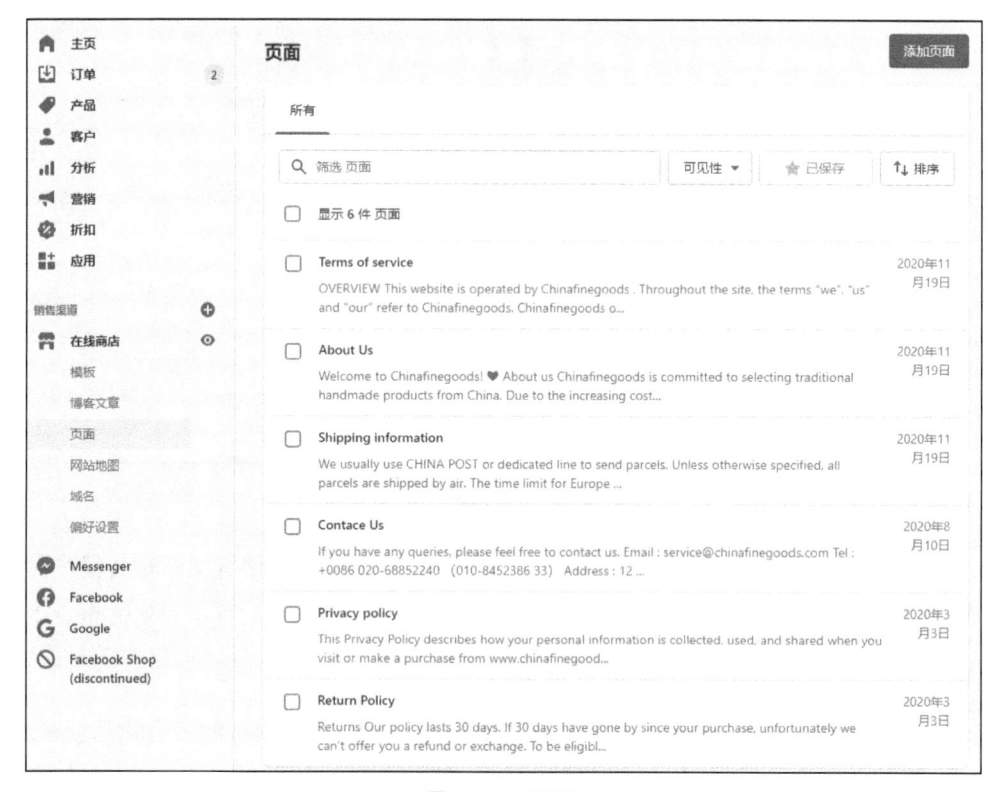

图 4-24 页面

页面内容也是客户经常查看的。以"关于我们"页面为例,卖家可以将商店的品牌故事写入关于我们页面,帮助客户提高对卖家的认知。除了品牌故事,卖家在关于我们页面中可以介绍以下内容。

(1)我们是谁。介绍商店的创始人及团队。

(2)我们销售什么。介绍产品、产品价值及与其他产品的差异化卖点。

(3)我们的服务。能够为客户提供的专业知识、价值和服务。

4.2.4 网站地图

网站地图提供了商店全局可调用的网站导航菜单，并且支持嵌套菜单来显示下拉菜单，如图 4-25 所示。

图 4-25　网站导航页面

点击网站导航页面右上方的"添加菜单"按钮，可以打开添加菜单页面，点击底部的"添加 菜单项"选项，在网页右侧将弹出菜单名称及链接选项，在此处通过选择链接可以把菜单链接到商店的几乎任何页面，而且卖家还可以通过直接输入或粘贴网址，将菜单链接到站外，以实现友情链接的功能，如图 4-26 所示。

图 4-26　添加菜单页面

点击网站导航页面右上方的"查看 URL 重定向"按钮,可以设置 URL 重定向。这项功能一般用于在网站某网页的网址发生变更时,可以将变更前的网址重定向到变更后的网址,以免客户找不到网页,如图 4-27 所示。

图 4-27　URL 重定向页面

在通常情况下,我们可以设置主菜单和底部菜单,并在模板自定义中进行调用。主菜单设置的内容参考如下。

(1)主页。便于客户随时回到主页,如果 Logo 带有主页链接,那么此处可以省去。

(2)产品类别。用于展示产品分类,可以嵌套下拉菜单进行二级分类。

(3)热门活动。用于展示重点推荐的产品和活动。

(4)服务。可以为客户提供售后服务政策查询,也可以设置为会员服务。

(5)关于我们。用于展示商店的介绍、博客、联系方式等。

底部菜单设置的内容参考如下。

(1)关于我们。用于展示商店的介绍、博客、联系方式等。

(2)联系我们。用于展示商店的联系方式,包括邮箱、地址、社交媒体链接等。

(3)服务政策。用于展示商店的服务条款、通知、产品或服务等。

(4)退换货政策。用于展示明确的退换货政策,服务客户。第三方广告商也有对退换货政策的相关审核要求。

(5)物流政策。用于展示明确的物流政策,告知客户物流时效及避免物流风险。第三方广告商也有对物流政策的相关审核要求。

（6）隐私条款。隐私条款是指对所收集的客户信息的使用和处理条款。第三方广告商也有对隐私条款的相关审核要求。

4.2.5 域名

域名用于访问商店前台页面。通常在网站起名的时候就需要确定域名。在Shopify后台既可以连接现有域名，也可以购买新域名。

如果卖家此前已注册过域名，此时就可以选择连接现有域名。

点击"连接现有域名"选项，输入域名，点击"下一步"按钮。如果域名提供商是GoDaddy、Google或1&1 IONOS，那么卖家此时可以点击"自动连接"按钮，并登录服务商账户实现自动连接。

如果卖家的域名提供商是其他（如国内的阿里云、腾讯云等服务商），那么卖家可以登录服务商账户，在域名解析中，编辑域名的A记录，指向Shopify的IP地址23.227.38.32，或编辑CNAME记录指向shops.myshopify.com，如图4-28所示。

主机记录	记录类型	线路类型	记录值	MX优先级	TTL（秒）	最后操作时间	操作
@	NS	默认	f1g1ns1.dnspod.net.	-	86400	2018-08-07 10:09:56	修改 暂停
@	NS	默认	f1g1ns2.dnspod.net.	-	86400	2018-08-07 10:09:56	修改 暂停
@	TXT	默认	facebook-domain-verifica...	-	600	2018-08-07 15:46:43	修改 暂停
@	MX	默认	mx.ym.163.com.	5	600	2018-08-27 15:47:27	修改 暂停
@	TXT	默认	v=spf1 include:spf.163.c...	-	600	2018-08-27 15:51:56	修改 暂停
www	A	默认	23.227.38.32	-	600	2018-08-28 14:35:12	修改 暂停
@	A	默认	23.227.38.32	-	600	2018-08-28 14:35:20	修改 暂停
@	TXT	默认	google-site-verification=...	-	600	2018-09-14 09:08:18	修改 暂停

图4-28 域名A记录解析

需要注意的是，卖家如果不想用根域名或 www 域名访问商店，则可以设置二级域名（如 shop.xxxxxx.com）指向上述地址。

在完成域名解析后，回到 Shopify 的域名页面中点击"验证链接"按钮，此时应该有 3 个已验证的链接，包括 www.xxxxxx.com、xxxxxx.myshopify.com 及 xxxxxx.com，如图 4-29 所示。

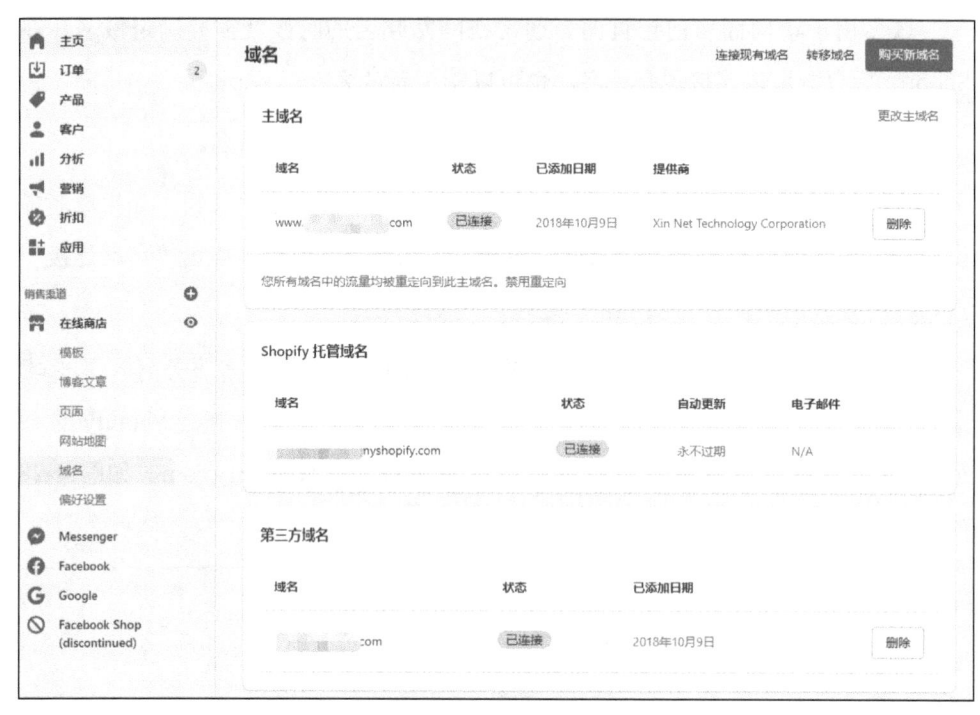

图 4-29　域名验证

4.2.6　偏好设置

偏好设置是网站的全局性设置，在此处可以设置以下内容。

（1）网站标题和元描述。设置准确的网站标题和元描述有助于搜索引擎索引。

（2）社交分享图片。用于设置社交媒体分享商店时显示的图片、标题及描述。

（3）Google Analytics。用于链接 Google Analytics 账户查看完整的网站访问数据。

（4）Facebook Pixel。用于链接 Facebook 广告账户跟踪客户行为及进行再营销。

（5）客户隐私。用于允许客户自行控制其数据，并可以针对部分区域的隐私政策来限制数据跟踪。

（6）密码保护。在网站未开启时可以启用密码以限制他人访问在线商店。

（7）垃圾邮件保护。在评论、登录、创建、密码恢复等操作中启用 Google reCAPTCHA 以保护商店免受垃圾信息干扰。

（8）域名重定向。可以自动定向到指定国家域名，适用于 Shopify 高级套餐。

第 5 章 Shopify 设置

5.1 Shopify 的基础设置

在 Shopify 后台主页左下方点击"设置"选项，即可打开 Shopify 的设置页面。通常新开设的商店要进行相关设置，以完善商店的详细信息、收款方式、结账流程、发货方式、税费、仓库管理、通知、规则等。设置页面也提供了管理商店的文件、销售渠道的方式。卖家还可以在设置页面中邀请员工参与商店管理。

5.1.1 通用设置

点击"设置"→"通用"选项，可以设置商店的通用信息，包括以下内容。

（1）商店详细信息。商店详细信息包括商店名称、商店联系人电子邮箱、发件人邮箱、商店行业等。商店联系人电子邮箱是 Shopify 与卖家联系用的电子邮箱，而发件人邮箱则是卖家与客户联系时可以显示的邮箱。Shopify 已推出 Shopify Email 应用，使卖家可以用域名邮箱与客户进行联系。

（2）商店地址。卖家可以设置公司法人名称、电话及详细地址。如果卖家为客户提供增值税发票，那么该地址将显示在发票上。

（3）标准和格式。在这里设置商店时区、单位制、重量单位及订单 ID 格式。

（4）商店货币。卖家在此处设置商店默认货币，并且在首次销售完成后，该设置将无法修改，只能在收款设置中进行更改。

5.1.2 收款设置

只有卖家设置好收款方式，商店才能完成订单支付流程。Shopify 提供了多种收款方式，由于地区限制，部分收款方式在中国不可用，卖家需要选择可用的收款方式进行收款。

1. PayPal 快速结账

Shopify 在中国支持 PayPal Express 账户收款。卖家可以用企业注册 PayPal Express 账户并将其关联到 Shopify 来接受外币付款，关联后将显示关联账户，如图 5-1 所示，并且卖家可以在产品页面中显示"PayPal 快速结账"按钮。

图 5-1　关联 PayPal

PayPal Express 账户同时支持国外 PayPal 余额支付和外币信用卡支付，支持国际上主要的货币币种。PayPal 的交易手续费费率是 2%，单笔提现手续费为 35 美元。卖家可以利用第三方支付提供商降低提现手续费。

2. 第三方支付提供商

Shopify 支持的第三方支付提供商高达数十家，其中在中国可以使用的有十多家。打开第三方支付提供商列表即可看到当前区域支持的所有提供商及提供商能够支持的支付方式，如图 5-2 所示。

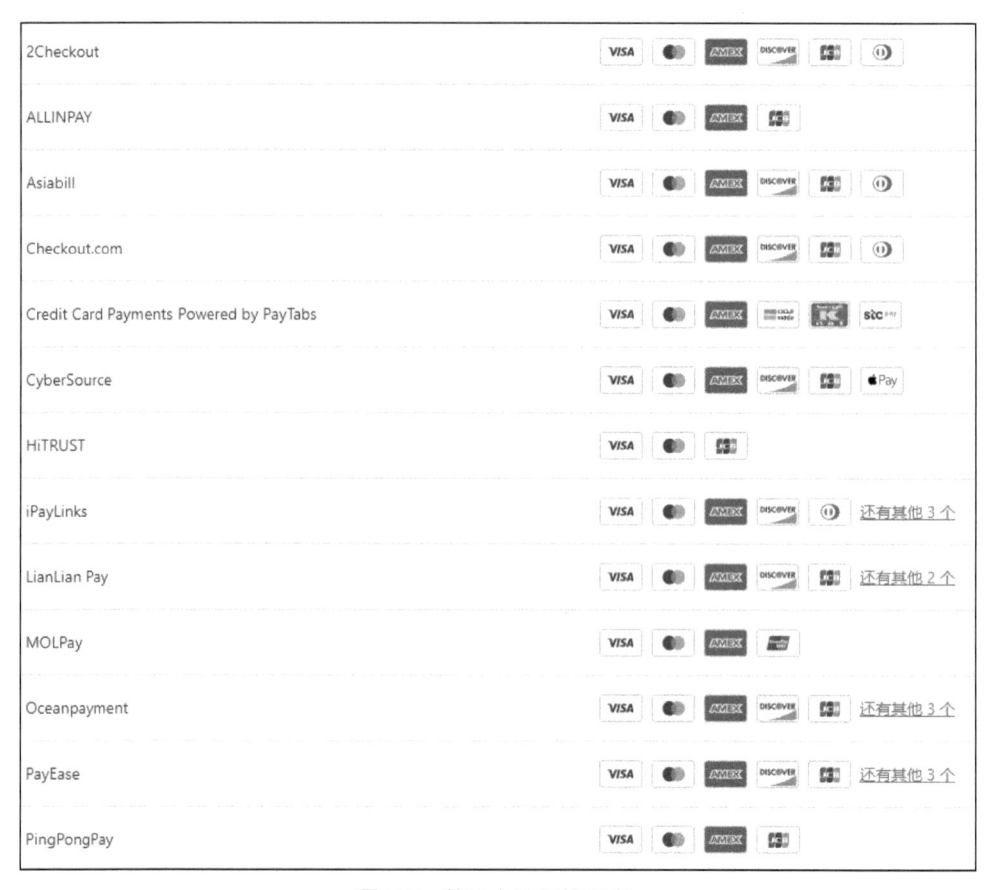

提供商	支持的支付方式
2Checkout	VISA、MasterCard、AMEX、DISCOVER、JCB、Diners
ALLINPAY	VISA、MasterCard、AMEX、JCB
Asiabill	VISA、MasterCard、AMEX、DISCOVER、JCB、Diners
Checkout.com	VISA、MasterCard、AMEX、DISCOVER、JCB、Diners
Credit Card Payments Powered by PayTabs	VISA、MasterCard、AMEX、MADA、STC Pay
CyberSource	VISA、MasterCard、AMEX、DISCOVER、JCB、Apple Pay
HiTRUST	VISA、MasterCard、JCB
iPayLinks	VISA、MasterCard、AMEX、DISCOVER、Diners、还有其他 3 个
LianLian Pay	VISA、MasterCard、AMEX、DISCOVER、JCB、还有其他 2 个
MOLPay	VISA、MasterCard、AMEX、Maestro
Oceanpayment	VISA、MasterCard、AMEX、DISCOVER、JCB、还有其他 3 个
PayEase	VISA、MasterCard、AMEX、DISCOVER、JCB、还有其他 3 个
PingPongPay	VISA、MasterCard、AMEX、JCB

图 5-2 第三方支付提供商

这些第三方支付提供商包括了主流的跨境电商收款平台（如 LianLian Pay、PingPongPay、iPayLinks、PayEase 等）。卖家可以联系这些收款平台，提交相关资料，开设独立站收款账户，并获得 Account ID 和 Secret KEY 与 Shopify 进行对接，在对接完成后，商店即可收款。

3．其他支付方式

Shopify 还支持 20 多种其他支付方式。卖家可以选择替代支付提供商，获取账户和对接秘钥，实现外部支付。

4．手动支付方式

如果客户无法在线付款，或者需要货到付款，或者在线下通过其他渠道进行了付款，那么卖家可以设置手动支付方式，处理在线商店之外进行的订单付款，并在发货前批准订单，以完成订单流程。

5.1.3 结账设置

在结账设置中，卖家可以进行以下设置。

（1）样式。卖家可以自定义结账页面样式，包括修改商店 Logo、更改颜色和字体。事实上，如果卖家点击"自定义结账"按钮，将进入模板的自定义页面。此时，卖家可以将页面切换到结账页面，在结账设置中完成相关样式的修改。

（2）客户账户。卖家可以选择是否要求客户在结账时创建账户。卖家可以选择游客身份结账、必须注册账户结账及客户可选择以什么身份结账。

（3）客户联系方式。卖家可以自定义在客户结账时要求客户留下电话号码和电子邮箱，或者只留下电子邮箱，以更新订单发货信息。Shopify 在美国、加拿大、英国等区域上线了 Shop 应用，以便客户通过 App 跟踪其订单。

（4）表单选项。卖家可以自定义对客户的信息要求，如是否要求全名、是否要求填写公司名称、地址与电话号码是否必填等。

（5）小费。卖家可以勾选"小费"选项。此功能类似于国内的打赏，是客户对卖家的额外支持。

（6）订单处理流程。卖家可以更改商店对结账和订单活动的处理方式，包括客户结账时的地址、支付订单后是否自动发货及订单是否存档等，如图 5-3 所示。卖家还可以通过自定义脚本，显示结账页面的自定义项。

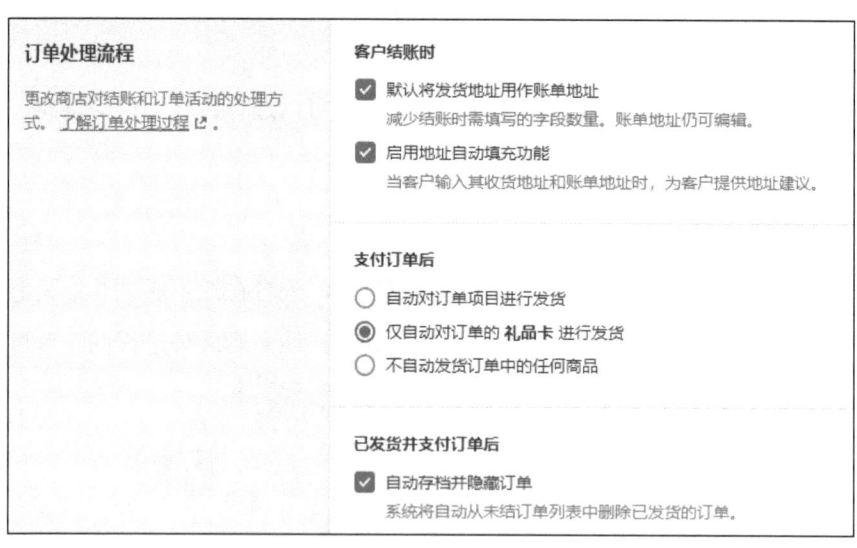

图 5-3 订单处理流程

（7）电子邮件营销。卖家可以设置在结账时是否要求客户接收营销电子邮件。

（8）弃单。卖家可以勾选"自动发弃单营销邮件"复选框，设置发送给哪些弃单客户，并选择在 1 小时、6 小时、10 小时或 24 小时后开始发送。

（9）结账页面语言。默认为英语，卖家可以修改结账页面显示的语言。

5.1.4　发货、配送与税费设置

1. 配送方式与运费

在发货和配送设置中，卖家首先需要设置的是结账时的配送方式，包括发货时的一般运费费率、不同地点的发货费率。

在设置一般运费费率时，卖家除了设置固定运费，还可以设置不同发货地址、不同收货地址的运费，如图 5-4 所示，即设置世界部分区域的运费规则，以重量和价格区间设置不同的运费费率。

卖家也可以设置多个发货地点来自定义运费。如果卖家激活多地发货，那么还可以设置到店取货，允许本地客户到发货地自行取货。

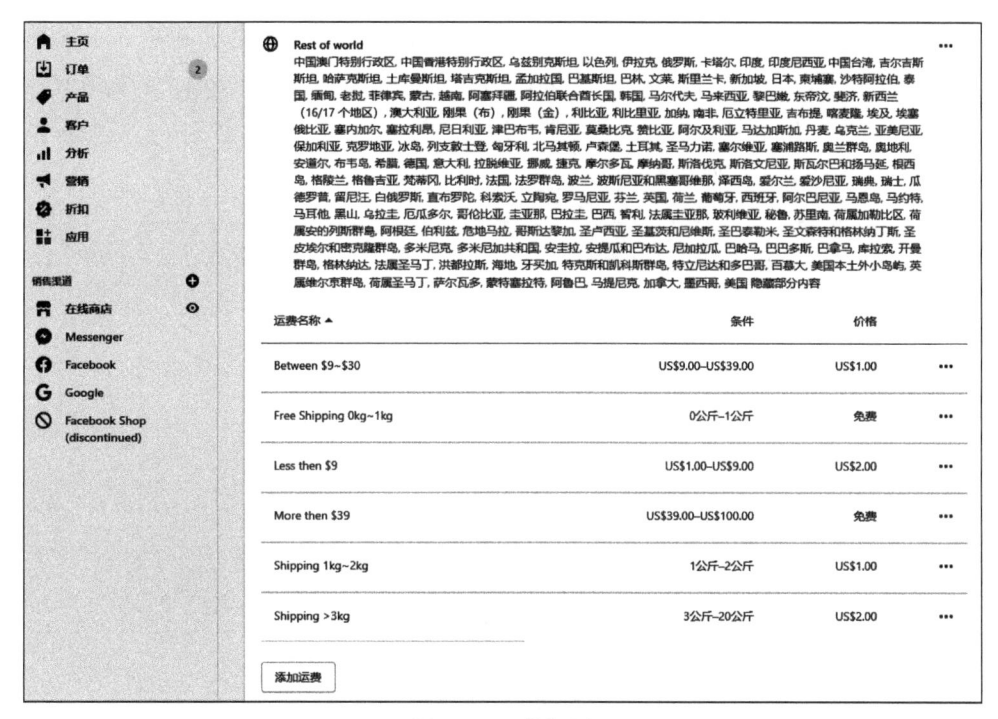

图 5-4　运费规则

2．包裹和装箱单

多数运输服务商都需要卖家提供包裹尺寸、重量及装箱单。运输服务商通常根据包裹重量和尺寸确定运费。卖家可以设置包装盒，以确认包裹尺寸和重量，如图 5-5 所示。

图 5-5　包裹设置

卖家一般在包裹内还需要提供装箱单。Shopify 提供了可生成 PDF 的装箱单模板。卖家可以通过 HTML、CSS 和 Liquid 变量修改并预览装箱单。装箱单默认显示卖家的商店名称、客户地址、账单地址、订单时间、产品名称、产品数量及卖家联系方式等，如图 5-6 所示。

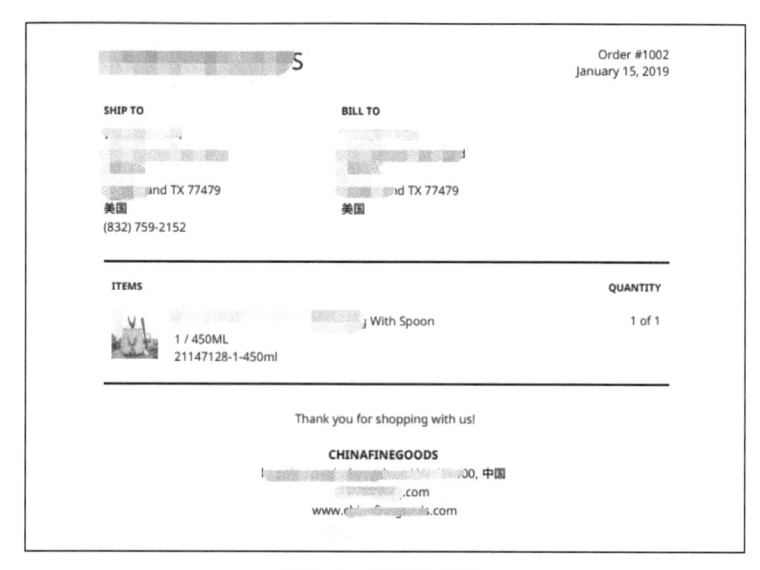

图 5-6　装箱单预览

3．连接承运商账户集成发货

如果卖家使用的 Shopify 注册主体位于美国或者加拿大，那么可以在 Shopify 后台连接承运商账户。在连接承运商账户后，商店可以在结账页面向客户显示承运商费率。

连接承运商账户的条件如下：

（1）商店的注册主体位于美国（支持 USPS、FedEx、UPS 账户）或加拿大（支持加拿大邮政账户），位于其他国家不行。

（2）Shopify 的订阅套餐为 Advanced Shopify 或 Shopify Plus 套餐。如果卖家使用的是 Basic Shopify 套餐，那么需要改为年付，并联系 Shopify 免费添加"第三方计算的运费"功能。

4．税区、税费设置与税收计算

如果卖家在发货设置中添加了发货支持的目的国家和地区，那么点击"设置"

→"税费"选项后,将会在税区中看到这些国家和地区,并可以单独设置每个国家和地区的税率。Shopify 不会为卖家申报和缴纳任何税费,因此卖家需要在当地税务机关注册税号,以便缴纳消费税或增值税(VAT)。

因为每个国家的税收起征点、税率和纳税方式都不一样(例如,在美国的部分州无须交税),所以卖家需要单独针对征收销售税的州添加销售税 ID。销往欧盟国家的产品几乎都要缴纳增值税。以英国为例,在税区中找到英国,点击"设置"→"收取增值税"按钮,添加英国增值税号,点击"收取 增值税"按钮即可,如图 5-7 所示。

图 5-7　添加英国增值税号

5. 多地点库存

点击"设置"→"地点"选项,可以管理存放库存的位置。打开地点页面后,点击"添加地点"选项,然后添加卖家在不同地区的仓库地址,如果在当地有库存,那么可以勾选"发货此地点的在线订单"复选框,如图 5-8 所示。

卖家可以将产品放在多个销售目的国家,以便提高发货速度。以欧美发达国家为例,从本地海外仓发货通常比从中国发货快一周甚至更长时间,发货速度快有助于提升客户体验。

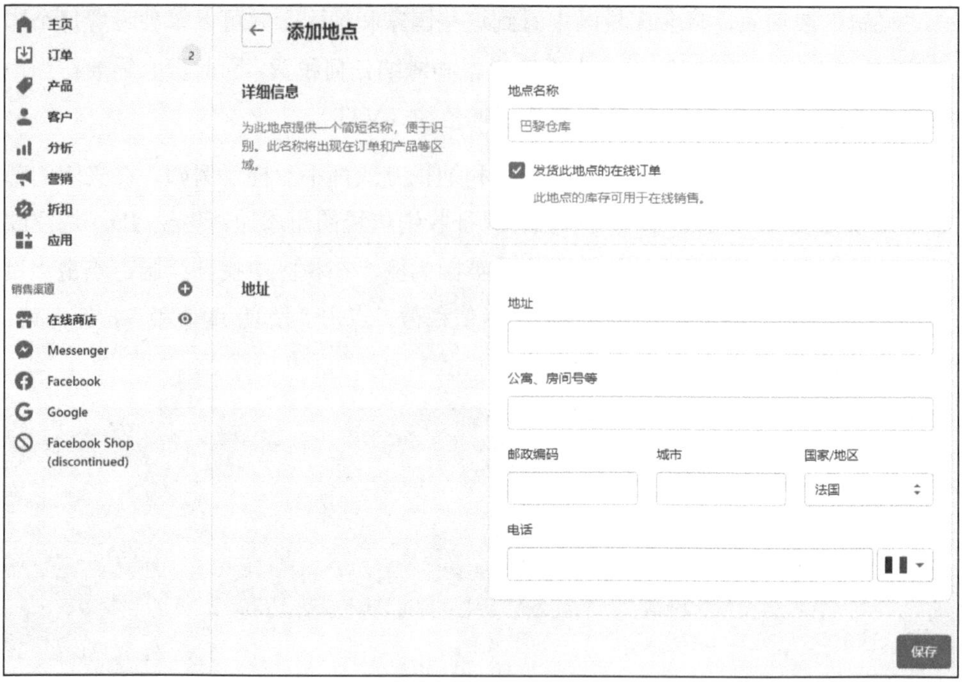

图 5-8　库存地点设置

5.2　其他设置

5.2.1　通知设置

Shopify 在通知页面中设置了大量的客户通知模板，包括订单、发货、本地配送、到店取货、客户、电子邮件营销、退货、员工通知等模板。当客户和卖家进行相关操作时，Shopify 将自动发送相关通知。卖家也可以修改或者添加自定义模板。修改或添加自定义模板需要大量使用 Liquid 变量。

以新订单通知为例，点击"设置"→"通知"选项，把页面下拉到"模板"选区，点击"新订单"选项，打开模板进行编辑，在模板中的{% endif %}上，添加以下代码。

```
You can review details of this order in your shop admin at
{{ shop.url }}/admin/orders/{{ id }}.
```

保存后，在新订单通知中，将添加指向订单页面的链接提示，便于客户和员工预览订单中的产品。

值得注意的是，部分通知除了支持电子邮件发送，还支持短信发送。

5.2.2 礼品卡设置

在礼品卡页面中，卖家可以修改礼品卡的有效期。各国家和地区对于礼品卡的到期日期有不同的法律规定。京东和 Amazon 的礼品卡的有效期都是 3 年。

卖家还可以启用 Apple Wallet Passes，以便为客户提供 iOS 设备可用的电子礼品卡。电子礼品卡将显示商店信息、礼品卡余额及二维码。同时，卖家还可以设置电子礼品卡的标题、颜色、文本、Logo 和 Banner，如图 5-9 所示。

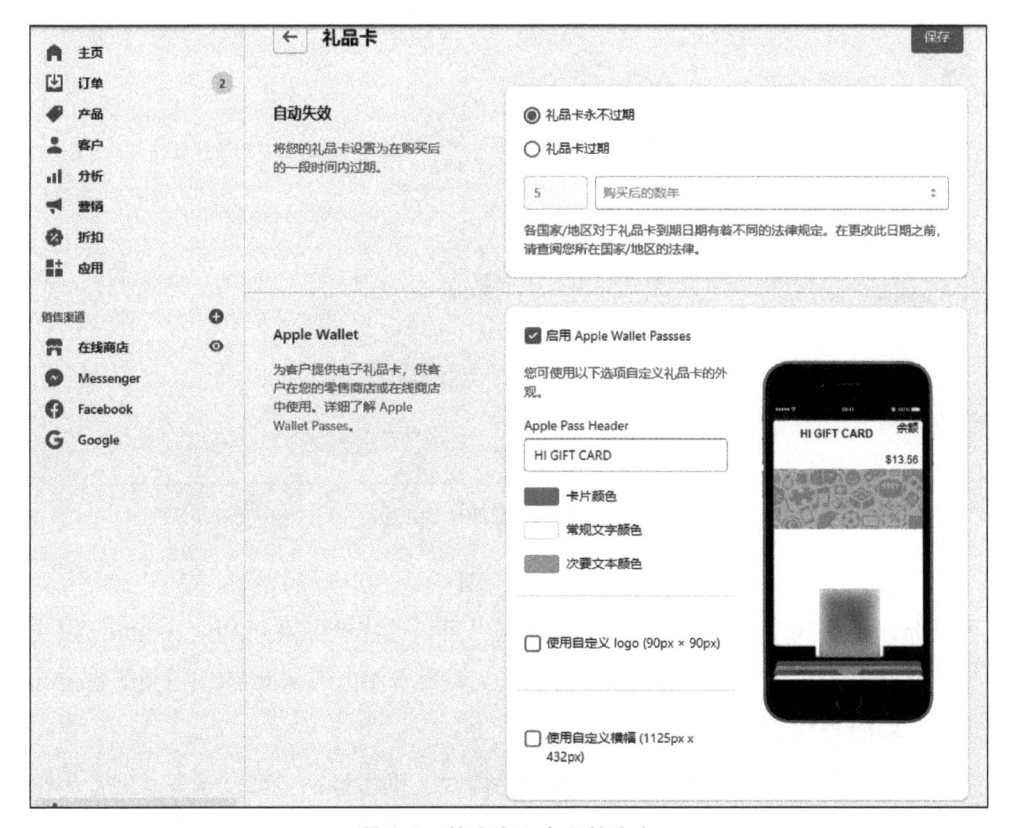

图 5-9 礼品卡和电子礼品卡

5.2.3 文件设置

Shopify 的文件页面中提供了一个简单的全局文件管理器。卖家可以在文件页面中上传图片、视频、文档等文件，以便在商店中进行使用。另外，所有从产品、博客等页面中上传过的图片、视频和文档，也可以在文件页面中集中管理。

5.2.4 销售渠道管理设置

销售渠道管理可以把商店的产品集成到其他渠道进行销售。卖家可以直接添加 Shopify 支持的销售渠道，如 POS、Buy Button、Shopify Chat、Handshake。以 Buy Button 为例，卖家点击"添加销售渠道"按钮，在打开的页面中点击"Buy Button"（购买按钮）→"添加"按钮，Shopify 将提示创建 Buy Button，如图 5-10 所示。

图 5-10 添加 Buy Button

点击"创建 Buy Button"按钮后选择创建 Buy Button 的类型。对于一件产品，可以选择产品 Buy Button。对于产品系列，可以选择产品系列 Buy Button。以选择产品 Buy Button 为例，选择对应的产品，将打开 Buy Button 的按钮类型自定义页面，如图 5-11 所示。

在自定义页面的左侧可以设置按钮的样式、操作等，也可以设置结账行为窗口。自定义页面的右侧为实时预览图。在设置完成后，点击页面右上方的"下一步"按钮，Shopify 即可生成 Buy Button 的按钮代码，如图 5-12 所示。

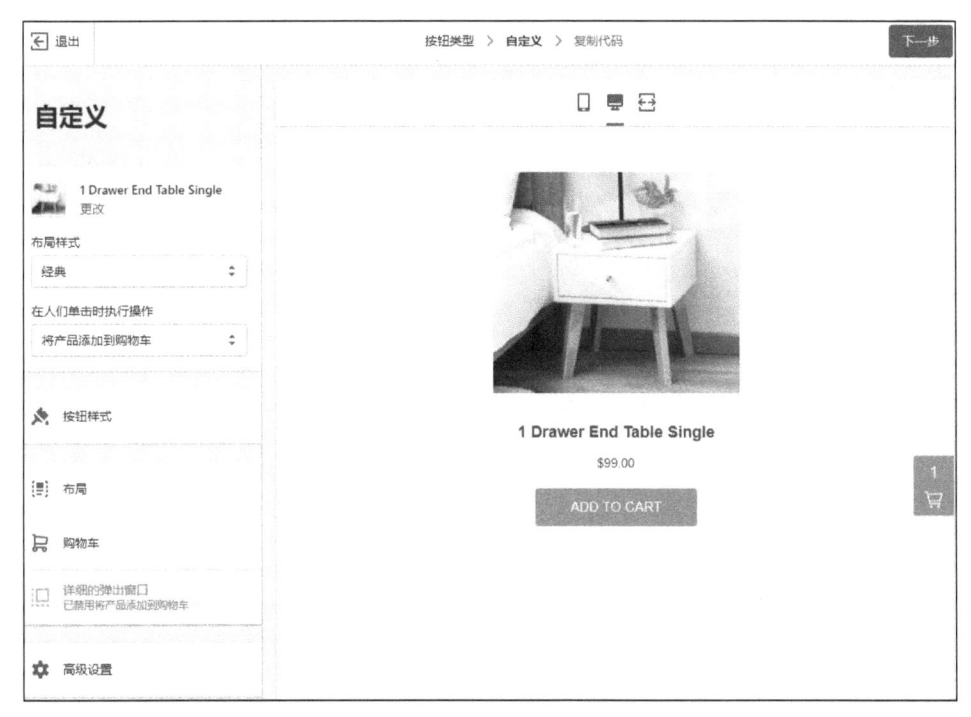

图 5-11　Buy Button 的按钮类型自定义页面

图 5-12　Buy Button 的按钮代码

卖家可以复制代码，将代码应用到其他网站或博客中，以便为其他网站或博客提供购买按钮，实现销售渠道的扩展。

卖家还可以从应用商店中添加支持的应用来扩展销售渠道，如 Facebook、Google、Messenger 等。

5.2.5 套餐设置

Shopify 的套餐主要有 Basic Shopify、Standard Shopify、Advanced Shopify 套餐，几乎都支持全天候客服、应用生态系统、SSL 证书、多币种、礼品卡等，仅在支持的员工数量、仓库地点数量、专业报告、付款费率等服务上有所差异，如图 5-13 所示。

图 5-13 Shopify 套餐

5.2.6 用户和权限设置

卖家在"用户和权限"选项中可以转让商店所有权、添加员工或批准合作者，并能够管理第三方登录。

1. 转让所有权

点击"转让所有权"按钮，输入新店主的电子邮箱、姓名和商店密码，点击"转让商店所有权"按钮即可向新店主发送邮件。新店主在激活账户后将获得商店所有权，同时原店主的所有权将被删除。

2. 添加员工

点击"添加员工"按钮，输入员工的姓名和电子邮箱，并设置员工可以使用的权限。卖家可以设置给予员工操作商店的权限，其中不包括付款信息、订阅套餐等。详细权限如图 5-14 所示。保存设置后，员工的电子邮箱将收到激活账户的邮件。员工在设置密码并激活账户后即可使用员工账户登录商店进行相关操作。

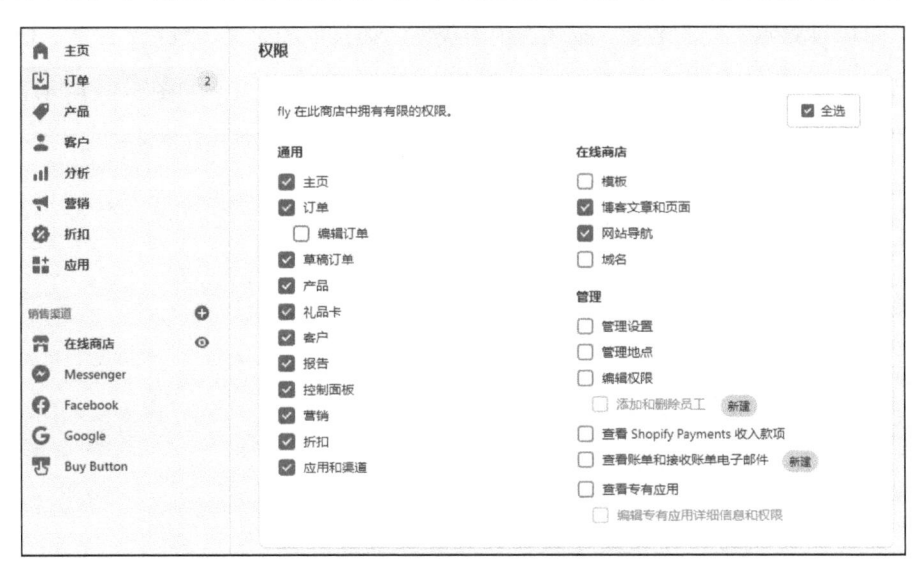

图 5-14　员工权限设置

5.2.7　商店语言、账单和规则设置

（1）卖家在商店语言页面中可以设置商店的默认语言。默认语言为在线商店模板的显示语言和通知语言。卖家也可以添加 50 多种语言与国际客户进行联系，还可以设置账户的后台语言。

（2）卖家在账单页面中可以设置支付账单的方式、添加和更换付款方式及查看账单详情。

（3）卖家在商店规则页面中可以创建规则页面。Shopify 默认提供了退款政策、隐私政策、服务政策、物流政策的模板。卖家可以修改并使用这些模板，以便满足各国法律法规和推广平台的政策要求。

5.2.8　商店元字段设置

点击"设置"→"Metafields"选项，即可进行元字段设置。元字段设置用于在商店原有字段不能满足需求时，可以添加自定义字段来扩展商店的产品、多属性定义。根据页面跳转顺序点击"元字段链接"→"产品链接"→"添加定义"选项，可以设置元字段的名称、描述、内容类型（如日期和时间、颜色、度量、URL等），用于补充原有产品属性，以满足产品的专门化信息需求，如图 5-15 所示。

图 5-15　添加产品元字段定义

至此，Shopify 商店的基础设置已经全部完成。卖家就可以使用 Shopify 后台的各项功能，在之后的站内优化、插件应用、站外引流中不再受到基本操作的困扰。

第 6 章 网站优化

独立站获取流量的方式包括搜索引擎优化、搜索引擎营销、社交媒体推广等。对于卖家来说，获取流量的工作基本上可以分为网站优化和网站推广。网站优化是搜索引擎优化（Search Engine Optimization，SEO）的一个重要组成部分，通过合理布局网站架构、为用户创造优质内容等方式获得搜索引擎的自然排名，从而获得更多的品牌曝光和自然流量。

卖家需要对 Shopify 站点进行网站优化，以满足用户需求，而搜索引擎就是网站的用户之一，并且搜索引擎还可以帮助其他用户发现卖家的网站和内容，因此卖家需要通过 SEO 来帮助搜索引擎了解网站内容，以便提高网站在搜索引擎上的排名。搜索引擎也在不断更新算法策略，以下排名要素均以 Google 为例。

6.1 网站设计

6.1.1 扁平式网站结构

扁平式网站结构适合小型网站。从网址层面来看，它的所有网页都在网站根目录下，结构层次少，搜索引擎的索引效率高，主页对页面的传递权重大。

扁平式网站结构存在网址的语义不太明显的缺点。另外，随着网站数据量的增加，扁平式网站结构的网页将变得难以组织。因此，扁平式网站结构适合网页较少的小型网站。产品数量比较少的独立站，可以采用扁平式网站结构。扁平式网站结构如图 6-1 所示。

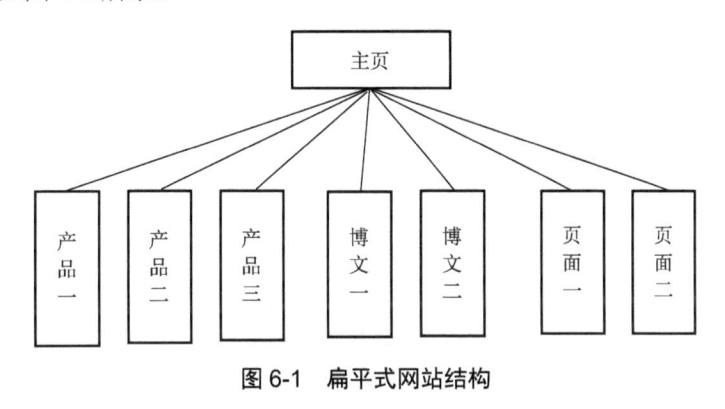

图 6-1 扁平式网站结构

从图 6-1 中可以看出，扁平式网站结构具有以下特点：主页链接向所有页面，结构层次少；产品、博客、页面层级没有区分；如果网址没有特别定义，那么从网址上难以区分页面内容。

对于 Shopify 来说，默认模板不支持扁平式网站结构。卖家需要调整模板导航或代码以实现该结构。

6.1.2 树形网站结构

树形网站结构适合大中型网站，它的网站根目录下以分类或栏目的形式设置子目录。如果网站结构更庞大，那么还可以设置子分类，在分类或栏目下再放置属于该分类或栏目的页面。树形网站结构清晰，管理容易，网址的语义识别度较高，虽然主页对页面的传递权重不如扁平式网站结构，但由于内链较多，权重传递也比较容易。

树形网站结构也不宜设置太深的目录结构层次，否则容易导致搜索引擎收录效率降低、网站结构混乱、链接复杂等问题。树形网站结构如图 6-2 所示。

图6-2 树形网站结构

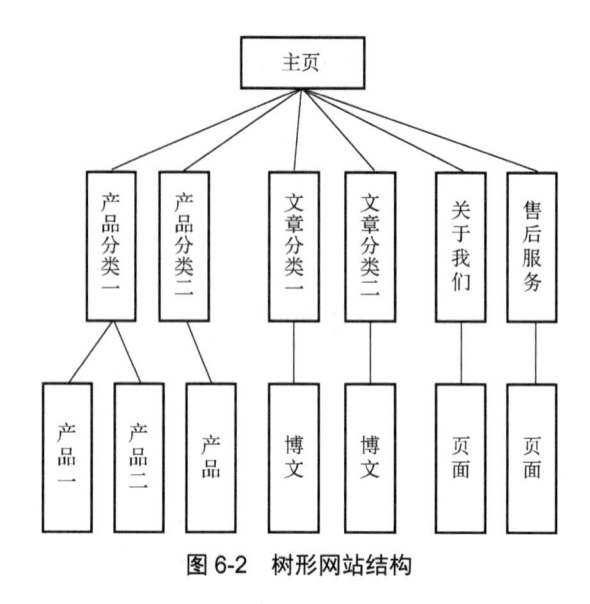

从图6-2中可以看出，树形网站结构具有以下特点。

（1）主页链接向所有分类主页。

（2）主页一般不直接链接向分类主页下的子页面。

① 所有分类主页链接向其他分类主页（图中未画）。

② 分类主页都链接向网站主页和分类主页下的子页面。

③ 子页面与同一个分类主页下的其他子页面平级，可以互相链接，以便提升用户体验。

随着网站结构的发展，也出现了一些混合网站结构，比如树形结构的网站在需要特别推广某些产品的时候，直接把产品链接设置为主页链接，与导航栏目平级以提高权重传递，通常电商网站在发布新品的时候采用此种方式用于重点推广。

在某些情况下，产品页面可以用适当的关键词链接向其他分类的产品页面，用于关联推广或者热门产品推广。

对于Shopify来说，默认模板几乎都支持树形网站结构。卖家设置好产品系列和导航即可实现树形网站结构或混合网站结构。

6.1.3 网站索引与体验

Google Search Console 是 Google 官方提供的搜索控制台工具，用于帮助网站站长衡量网站流量和排名情况，并解决相关问题，从而提升网站排名，如图 6-3 所示。

图 6-3 Google Search Console

打开 Google Search Console，若首次使用则需要先添加资源，通过网域或网址前缀验证网站所有权，如图 6-4 所示。

通过验证的网站，在设置页面中将可以查看 Google 过去的抓取统计信息，以及 Google 抓取工具，如图 6-5 所示。

图 6-4　添加 Google Search Console 资源

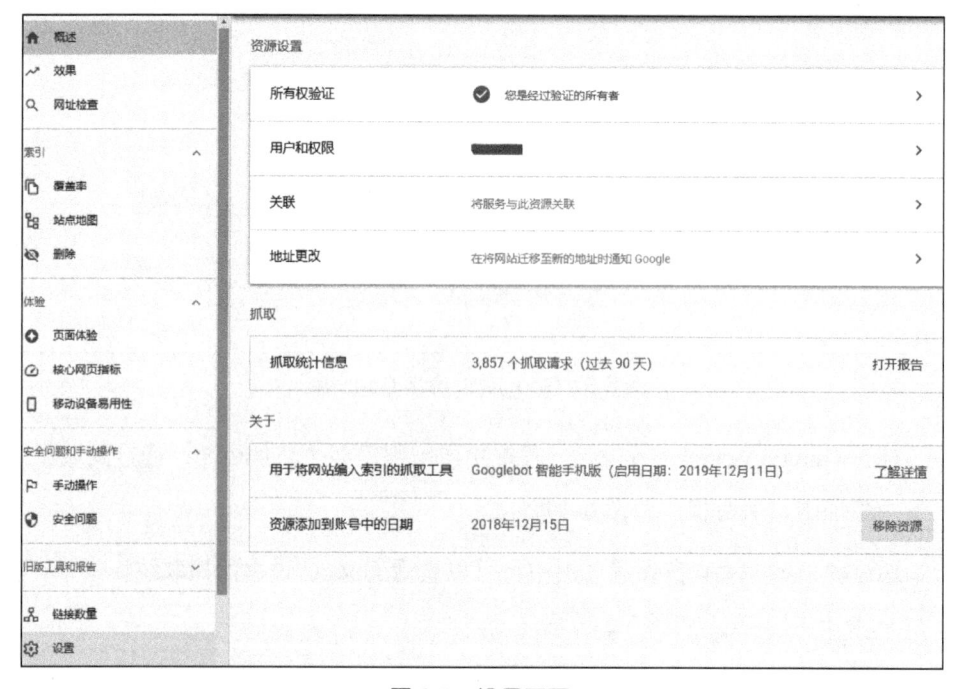

图 6-5　设置页面

在概述页面中，卖家可以看到网站的覆盖率、体验及增强功能，可以根据页面体验对网站进行优化，如图 6-6 所示。

图 6-6　概述页面

在效果页面中，卖家可以看到网站的总点击次数、总曝光次数、平均点击率、平均排名等信息，并能够查看热门关键词的查询数、网页、国家/地区、设备等信息，如图 6-7 所示。卖家可以根据相关信息进行调整。

Google Search Console 的"索引"选项包含"覆盖率""站点地图""删除" 3 个子选项。其中，覆盖率页面可以显示所有已知网页的错误、收到警告的有效网页、有效网页和已排除网页，如图 6-8 所示。卖家可以根据相关信息进行优化。

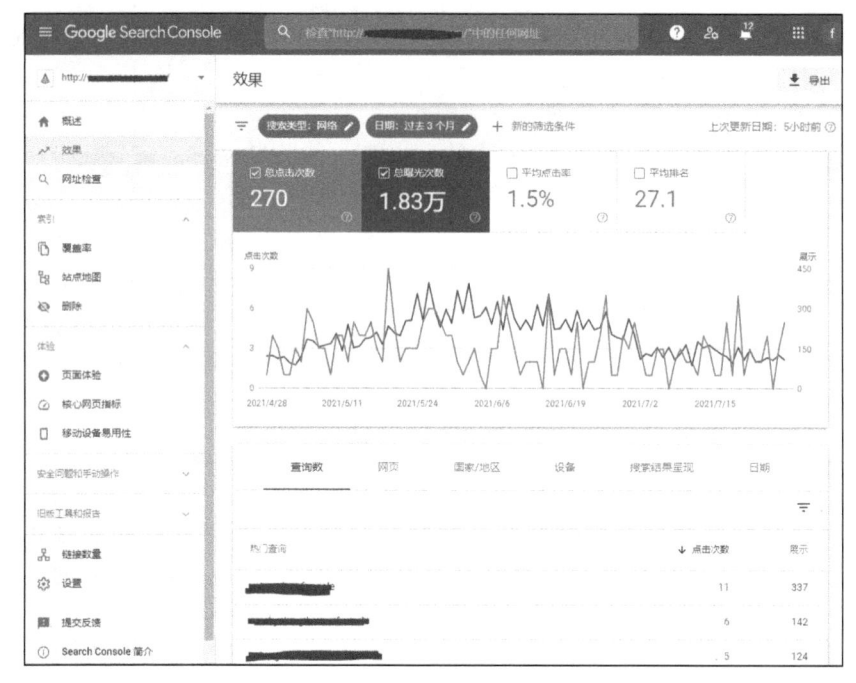

图 6-7 效果页面

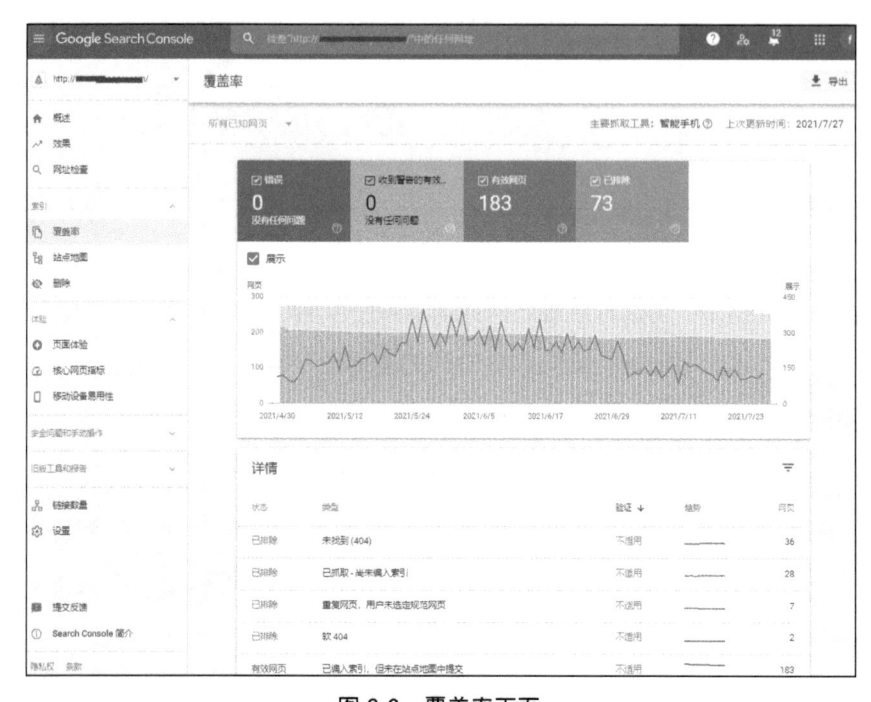

图 6-8 覆盖率页面

在站点地图页面中，卖家可以提交 XML 格式的站点地图，以便告诉 Google 应该索引的网页，如图 6-9 所示。

图 6-9　站点地图页面

在删除页面中，卖家可以要求 Google 移除卖家禁止索引的内容，如图 6-10 所示。

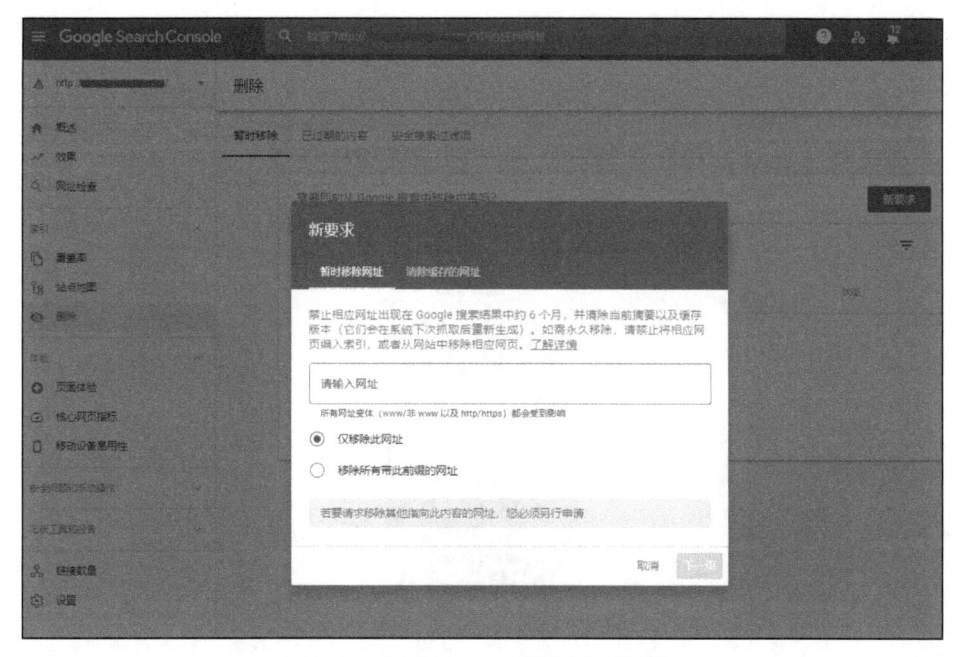

图 6-10　要求 Google 移除索引的网址

6.1.4 响应式网站设计

响应式网站设计是根据用户设备显示的参数进行自动响应和调整的网站设计方式，具体包括弹性网格、布局、图片、媒体等自动排列，用一套代码实现根据用户设备的系统、显示分辨率、屏幕方向等不同，实时响应并向用户显示最佳的网页布局。

响应式网站设计是为了适应移动互联网时代不同大小的移动设备或浏览器显示而诞生的技术。与国内搜索引擎提倡移动端和桌面端网站分离不同，Google 建议网站使用响应式网站设计。Shopify 的大部分模板均支持响应式网站设计，图 6-11～图 6-13 所示为网站在不同设备上的显示效果。

卖家可以使用 Google Search Console 提供的移动设备适合性测试工具来测试网站是否适配移动设备。打开移动设备适合性测试工具，输入要测试的网址或代码，点击测试网址，将显示网页是否适合在移动设备上浏览，如图 6-14 所示。

点击"体验"→"移动设备易用性"选项，页面将显示移动设备可能存在的适配问题。卖家可以根据问题状态和类型加以改善，如图 6-15 所示。

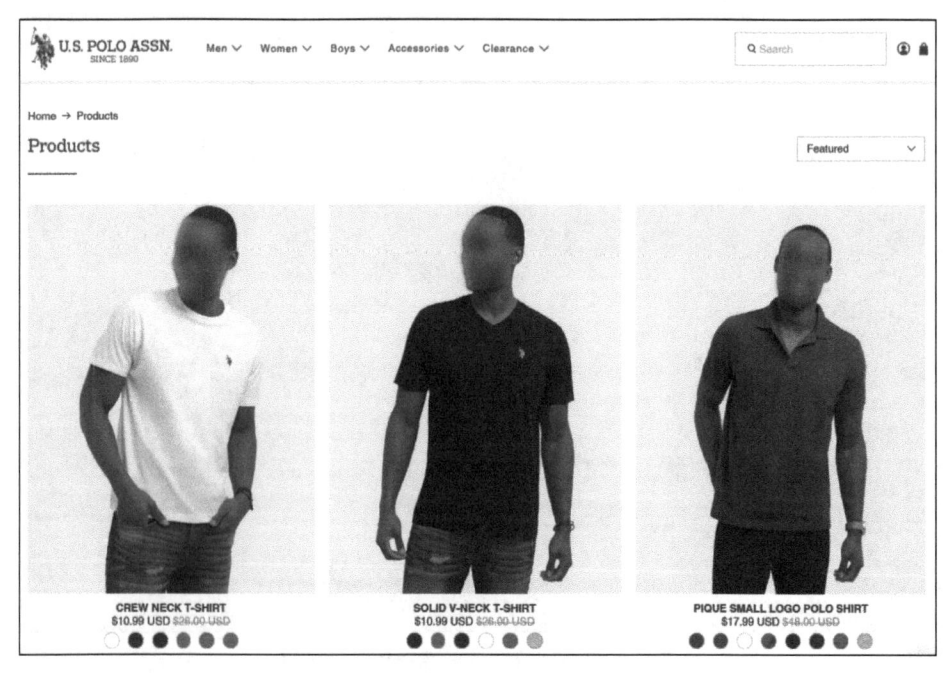

图 6-11 网站在 PC 设备上的显示效果

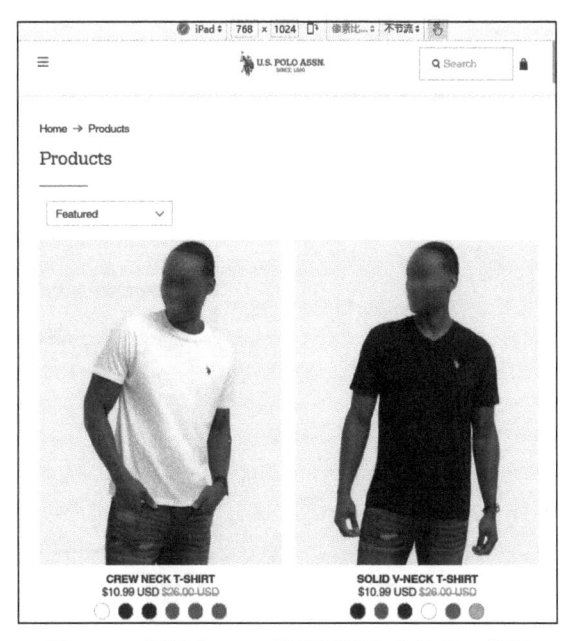

图 6-12 网站在 iPad 等平板设备上的显示效果

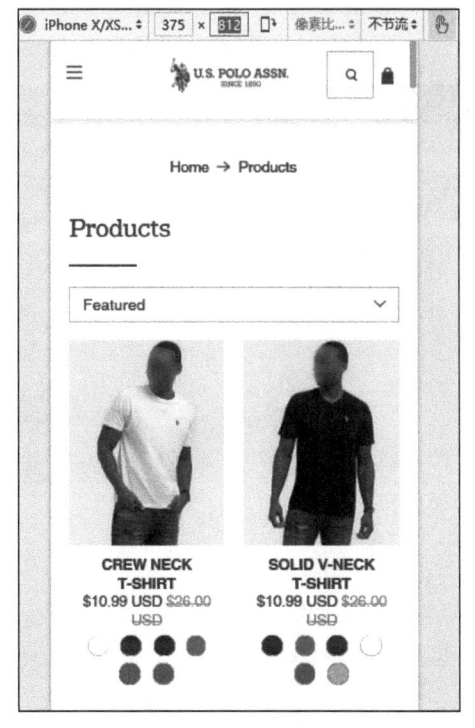

图 6-13 网站在手机等移动设备上的显示效果

图 6-14　移动设备适合性测试

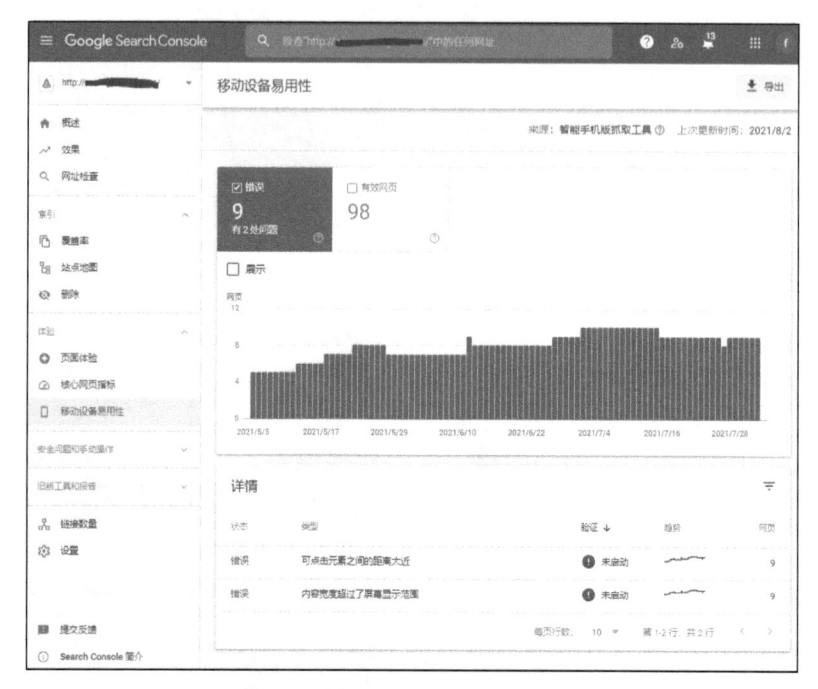

图 6-15　移动设备易用性问题详情

6.2 关键词的选择与研究

6.2.1 关键词的选择

在 Google 等服务商的信息中,"关键词"往往被翻译成"关键字"。下面在使用关键字的时候,指代的均为服务商的翻译内容,即我们所说的"关键词"。

卖家应该选择与产品密切相关并有人搜索的关键字,通过 Google 搜索关键字可以获得一些相关关键字。如果卖家想要获得更详细的关键字数据,那么可以借助 Google Ads 中的关键字规划师工具来分析用户搜索关键字的多样性,从而发现新的机会和商业价值,并扩展长尾词。

Google Ads 是 Google 的竞价广告工具,支持搜索广告、展示广告、视频广告、购物广告等广告类型。卖家在站外推广的时候可能会经常使用该广告工具。在打广告之前,卖家可以先用它来发现新关键字,打开 Google Ads 网站,点击"工具与设置"→"规划"→"关键字规划师"选项,如图 6-16 所示。

图 6-16 "工具与设置"下拉菜单

然后，会出现两个选项，一个是发现新关键字，另一个是预测关键字流量。点击"发现新关键字"选项，输入与业务最相关的产品或服务的关键字，如图 6-17 所示，在此处可以输入 10 个关键字。需要注意的是，如果默认语言是中文，默认位置是中国，那么卖家需要根据推广目的地将其修改为指定语言和国家。

图 6-17　发现新关键字

此处以 handbag 为关键字、语言为英语、位置为全球为例，输入关键字并指定语言和国家后，点击"获取结果"按钮，即可查询到与 handbag 相关的关键字及搜索量等数据，如图 6-18 所示。

如果卖家开启 Google 付费广告，那么搜索量数据可以精确到十位，并且还可以显示地理位置信息，如图 6-19 所示。

关键字搜索结果页面右侧的优化关键字，可用于筛选品牌、零售商、性别、颜色等信息。卖家可以根据需要选择显示的关键字，比如排除知名品牌，以免使用的关键字侵犯他人的知识产权。

图 6-18 Google 关键字规划师的搜索结果

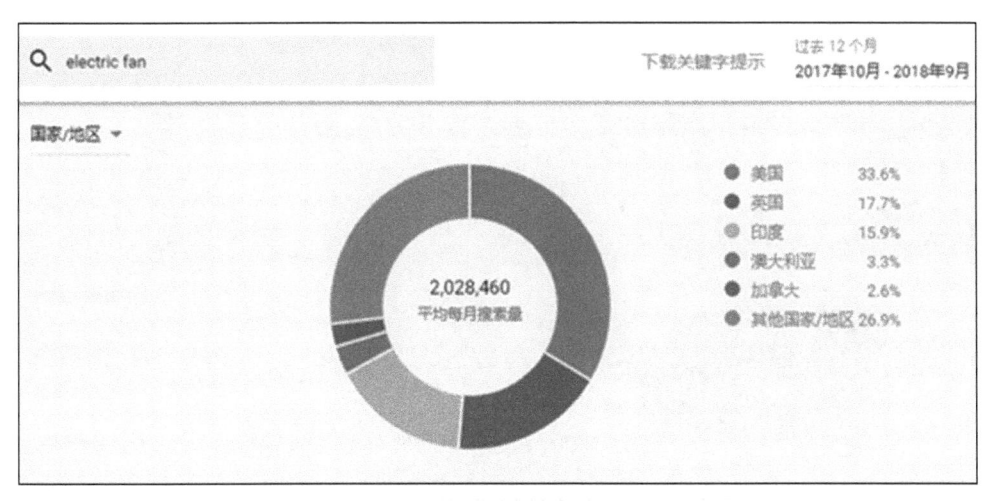

图 6-19 Google 关键字规划师的地理位置信息

卖家可以根据产品定位来选择搜索次数多、竞争程度低的关键字，以降低优化难度。同时，选择的关键字不可太宽泛。精准的关键字流量往往能够符合客户需求，从而带来更好的排名和转化效果。

6.2.2 关键字趋势分析

通过 Google Trends，卖家可以了解关键字在全球的搜索热度。还以 handbag 为例，打开 Google Trends，输入 handbag 进行搜索，此时默认显示的是在美国过去 12 个月的搜索热度，并显示按照区域、主题、相关查询的排行，如图 6-20 所示。

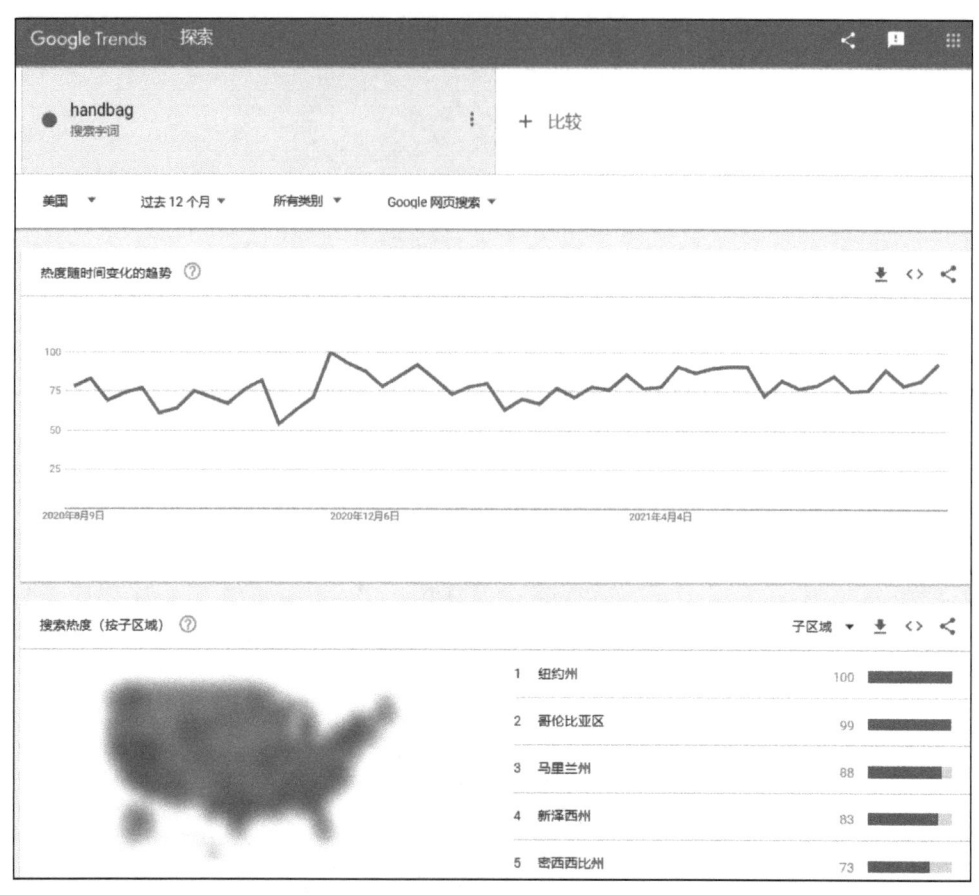

图 6-20　Google Trends

在搜索字词中，卖家最多可以添加五个关键字进行比较。另外，由于 Shopify 可以在全球售卖，卖家可以修改搜索区域为全球，以便发现全球潜在市场。添加

backpack 关键字，并设置搜索区域为全球，再次搜索，此时搜索结果中将显示两个关键字热度随时间变化的趋势，并且在按区域比较细分数据中，页面会显示搜索热度排行前列的国家，明显可以看到 backpack 在绝大多数国家的搜索热度都远远高于 handbag，结果如图 6-21 所示。

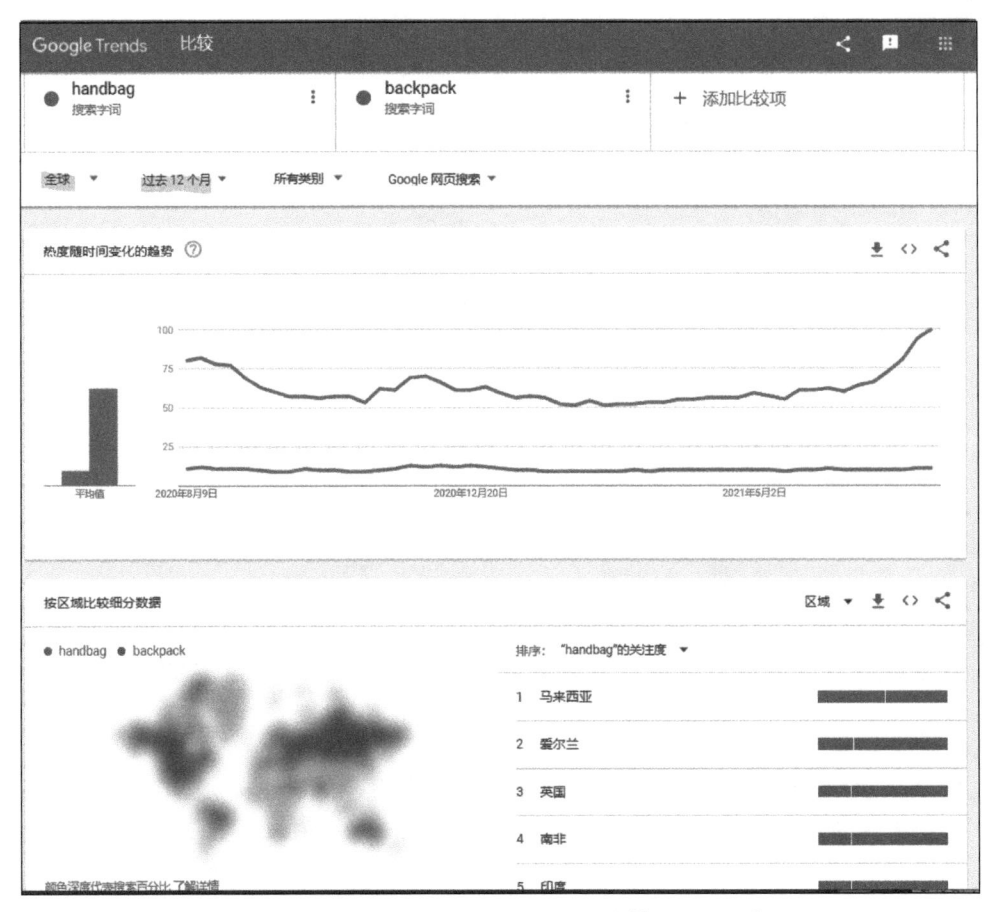

图 6-21　Google Trends 比较

把页面下拉，卖家还可以查看所比较的每个关键字在全球按区域显示的搜索热度与搜索量大幅上升的相关关键字。通过该图示和相关查询，卖家就容易定位潜在市场及热门关键字，如图 6-22 所示。

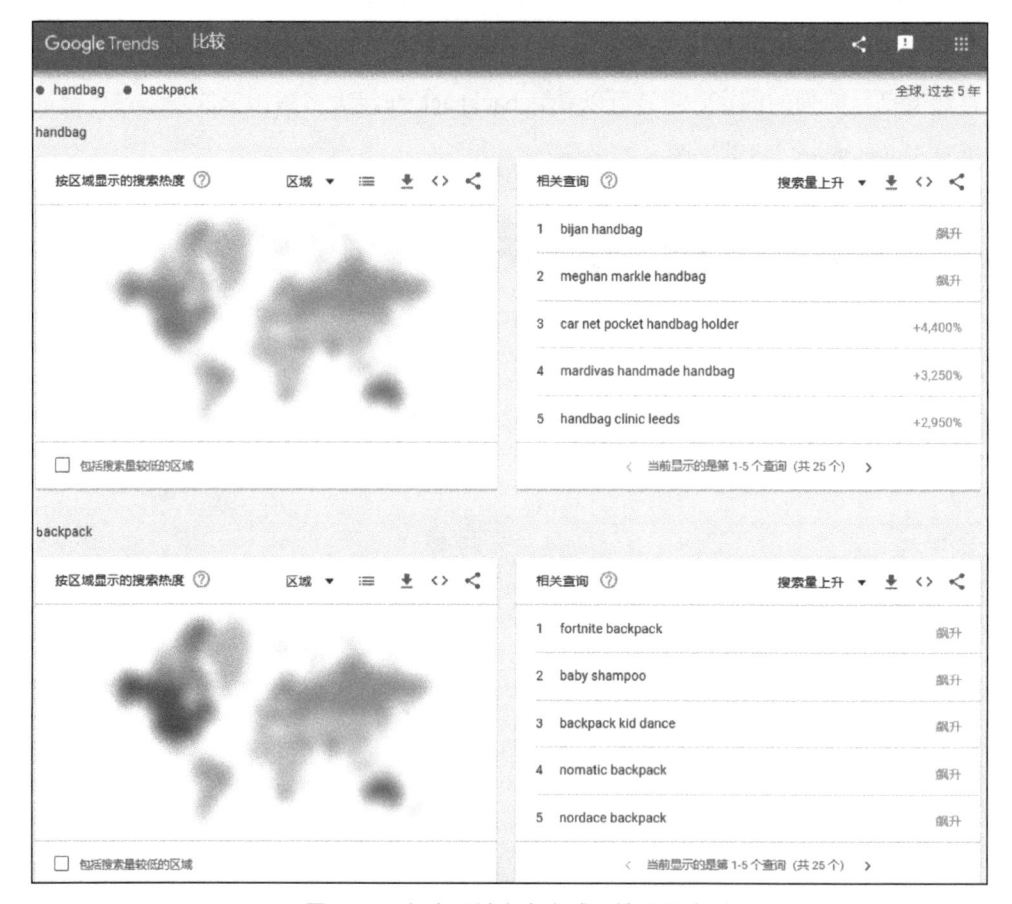

图 6-22　每个关键字在全球的搜索热度

Google Trends 支持的数据可以追溯到 2004 年。卖家可以设置时间为过去 5 年或者 2004 年至今，以便查看关键字的历史变化，并发现对应产品的关键字的搜索热度随时间变化的趋势，如图 6-23 所示。

从图 6-23 中可以看到，在每年的 8 月，关键字 backpack 的搜索热度都有一个飙升的趋势，初步判断是开学季带来的需求。卖家如果销售相关产品，就可以在开学季到来之前，准备相关产品并进行推广。

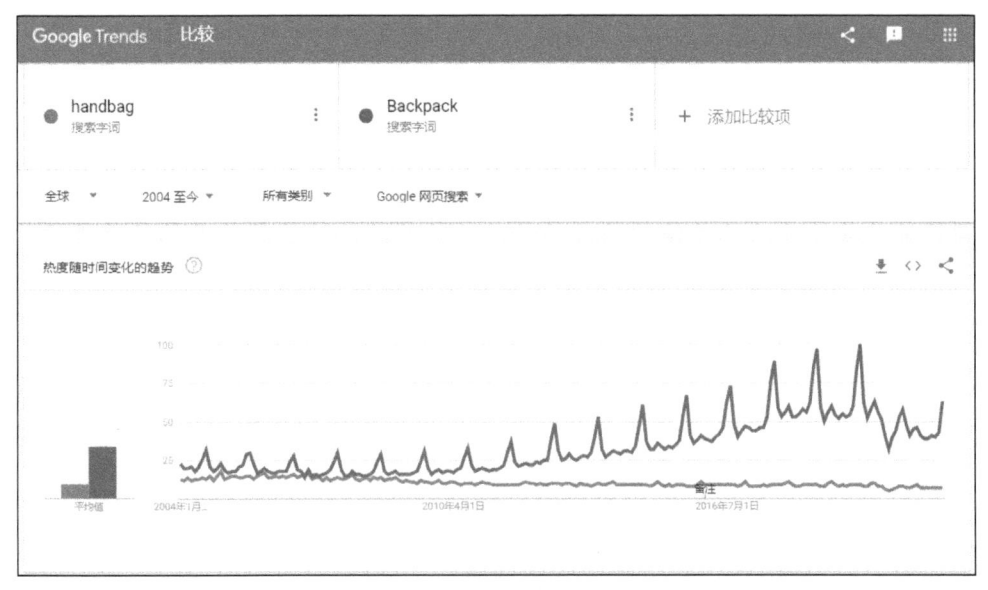

图 6-23 关键字从 2004 年至今的搜索热度随时间变化的趋势

6.2.3 关键字优化竞争程度分析

在关键字规划师的搜索结果中，卖家可以看到付费推广的竞争程度，那么如何判断关键字优化竞争程度呢？

一般来说，关键字优化竞争与以下因素有关。

（1）搜索结果数量。搜索结果数量越多，说明提供相关内容的网站越多，通常竞争就越大。

（2）intitle 结果数量。在搜索"intitle:关键字"获得的结果中，可以看到直接竞争者数量（标题包含关键字的就是直接竞争者）。

（3）广告结果数量。通常广告结果数量越多，优化越困难。

（4）关键字广告出价。通常关键字广告出价越高，竞争越大。

（5）内页排名数量。一般来说，内页是一个网站中权重较低的页面，在关键字搜索结果中，主页越多，内页越少，竞争就越大。

（6）竞争对手情况。如果所处的行业已经被属于头部企业的竞争对手占据，那么优化就非常困难。

6.3　网站导航与网页优化

6.3.1　网站导航优化

网站导航即网站栏目，目标是厘清网站内容结构，引导用户在网站内容页面之间跳转，让用户快速找到对应的内容。另外，网站导航也给搜索引擎提供了网站各个页面的入口，从而让搜索引擎更容易抓取页面内容。

网站导航在网站中的显示位置一般为网站上方和网站底部，导航名称应该使用文字，以便更容易被搜索引擎识别并传递权重。采用图片、动画、JS 代码等形式的网站导航一般都不利于搜索引擎抓取。

网站导航在网站中的权重比较高，所以一般使用类目关键词，并且导航 URL 同样可以使用关键词。如果关键词为多个单词，那么应该使用"-"作为连接符实现网址的描述性及 SEO 的友好性。除了使用类目关键词，卖家也可以利用导航的权重，把主推产品作为导航，以迅速提高主推产品的排名。

卖家在内容页面中还可以设置面包屑导航，帮助用户识别当前页面在网站中的位置。面包屑导航的形式为 Home > Category >Pages，一般显示在页面左上方的导航下，面包屑导航能够有效地降低跳出率，增加网站内部链接次数，提高用户体验。

Shopify 的默认模板不带有面包屑导航，卖家可以在 Liquid 模板中添加，打开模板代码，在 Theme 子目录中创建 breadcrumbs.liquid 文件，编辑 breadcrumbs.liquid 代码如下：

```
{% unless template == 'index' or template == 'cart' or template == 'list-collections' %}
  <nav class="breadcrumb" role="navigation" aria-label="breadcrumbs">
    <a href="/" title="Home">Home</a>
```

```
{% if template contains 'page' %}
  <span aria-hidden="true">&rsaquo;</span>
  <span>{{ page.title }}</span>
{% elsif template contains 'product' %}
{% if collection.url %}
  <span aria-hidden="true">&rsaquo;</span>
  {{ collection.title | link_to: collection.url }}
{% endif %}
<span aria-hidden="true">&rsaquo;</span>
<span>{{ product.title }}</span>
{% elsif template contains 'collection' and collection.handle %}
  <span aria-hidden="true">&rsaquo;</span>
  {% if current_tags %}
    {% capture url %}/collections/{{ collection.handle }}{% endcapture %}
    {{ collection.title | link_to: url }}
    <span aria-hidden="true">&rsaquo;</span>
    <span>{{ current_tags | join: " + " }}</span>
  {% else %}
    <span>{{ collection.title }}</span>
  {% endif %}
{% elsif template == 'blog' %}
  <span aria-hidden="true">&rsaquo;</span>
  {% if current_tags %}
    {{ blog.title | link_to: blog.url }}
    <span aria-hidden="true">&rsaquo;</span>
    <span>{{ current_tags | join: " + " }}</span>
  {% else %}
    <span>{{ blog.title }}</span>
  {% endif %}
{% elsif template == 'article' %}
  <span aria-hidden="true">&rsaquo;</span>
  {{ blog.title | link_to: blog.url }}
  <span aria-hidden="true">&rsaquo;</span>
```

```
      <span>{{ article.title }}</span>
    {% else %}
      <span aria-hidden="true">&rsaquo;</span>
      <span>{{ page_title }}</span>
    {% endif %}
  </nav>
{% endunless %}
```

在编辑完后保存。然后，在模板代码中需要调用面包屑导航的代码位置，使用{% include 'breadcrumbs' %}引用该代码。使用效果如图 6-24 所示。

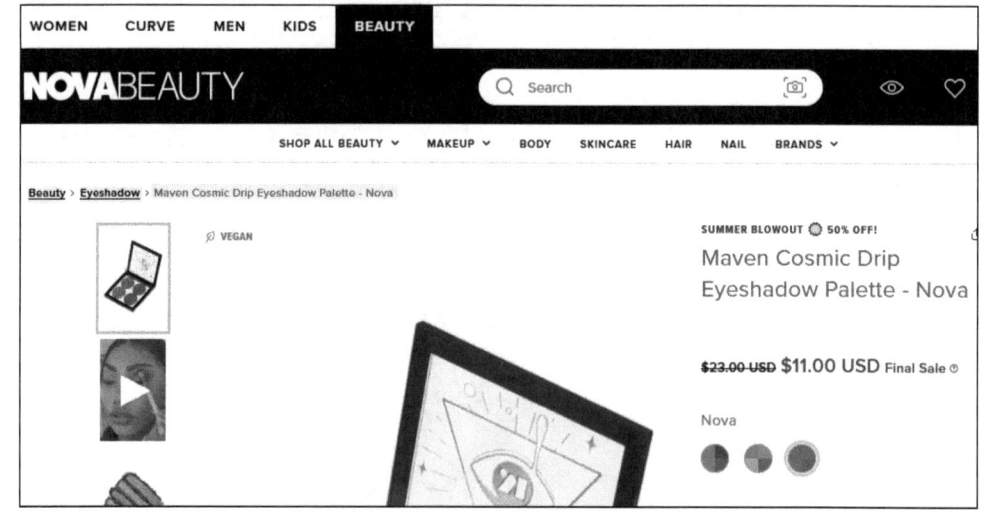

图 6-24　面包屑导航的使用效果

另外，Shopify 支持在产品中添加标签。卖家可以灵活地运用产品标签，通过标签实现多种导航方式，从而有效地提高页面浏览量，降低页面跳出率。

6.3.2　网页优化

除了各种静态条款性页面，Shopify 网站所显示的网页主要是产品页面和博客页面，因此网页优化的主要方向就是产品文案优化和博客优化。产品文案优化在 6.4 节专门介绍，本节以博客优化为例，网页优化包括以下要点。

1．网页内容的时效性

网页应该选择时效性较强的内容，比如新品上市、热门话题、重大节日活动等。这些内容可以有效地提高网站转化率。

2．网页内容的持续性

网页应该持续、有规律地更新。这不仅可以让用户认为网站是活跃的，也能让搜索引擎索引更加及时。

3．网页内容的相关性

网页内容更新应该与网站的主题及所属导航相关，如卖家销售运动服饰类产品，那么更新应选择运动类内容。

4．网页内容的有效性

卖家应该为用户提供有效的页面。无价值、无意义的页面更新得再多也是没用的。如果用户觉得网页有用，能够浏览网页并通过网页选择产品，那么这样的网页就是有价值的。

5．网页中的关键词布局

卖家可以在网页中适当布局关键词，以便搜索引擎更容易索引网页，另外可以使用关键词图文链接直接指向产品，实现从浏览网页到购买产品的转化，不过网页中的关键词不宜堆砌。

6.4 产品文案优化

产品文案是 Shopify 独立站对客户呈现的重要内容之一。卖家应该根据客户的购物需求和目标市场的特点，有针对性地进行产品文案内容的梳理。在产品文案的写作中，美国广告人刘易斯提出了具有代表性的消费心理模式，总结了消费者购买产品的心理过程，即 Attention（注意）—Interest（兴趣）—Desire（欲望）

—Memory（记忆）—Action（行动），简称为 AIDMA 法则。卖家可以使用 AIDMA 法则来写产品文案。

6.4.1 产品文案设计

（1）Attention。在产品文案的开头，卖家可以通过焦点图、目标客户群体设计、品牌介绍等内容来引起客户的注意。

（2）Interest。卖家可以使用场景图、产品细节描述、第三方评价等来激发客户兴趣。

（3）Desire。卖家可以对购买产品的好处和客户的痛点进行设计（如购买产品有什么好处、能解决什么痛点），并搭配对应的客户评价。

（4）Memory。卖家可以强化非使用价值，如品牌价值、拥有后的感觉、带来的价值、购买的理由等。

（5）Action。卖家可以发出购买号召，可以使用节日促销、优惠、秒杀等方式告诉客户为什么立刻就需要买，替客户做决定。

（6）其他。购物须知，告诉客户运费、发货时效、物流方式、售后服务等细节，打消客户的顾虑，并推荐关联产品。

关于产品文案设计，笔者做了以下总结，见表 6-1。

表 6-1 产品文案

目的	内容
引起注意	焦点图（引发兴趣）
	目标客户群体设计，即给谁用
	品牌介绍（也可放到最后）
激发兴趣	场景图（激发潜在需求）
	为什么购买（好处设计）
	为什么购买（解决痛点设计）

续表

目的	内容
唤起消费欲望	产品详情（逐步信任）
	同类型产品比较（价格、价值）
	客户评价
	第三方评价（产生信任）
加强记忆	强化非使用价值，增加信任
	拥有后的感觉
	给客户购买的理由（带来的价值）
	给掏钱的人购买的理由（送恋人、父母、领导、朋友）
促进行动	发出购买号召（为什么购买？为什么立刻购买？）
	优惠、折扣、限时、绝无仅有
其他	购物须知（运费、发货时效、物流方式、售后服务等）
	关联产品推荐

产品非使用价值的文案设计包括与提升职业形象是否有关系、与提升个人形象是否有关系、用作礼物是否有面子、对家庭成员是否有帮助、对亲朋好友是否有帮助、对工作伙伴是否有帮助、产品和使用者的性格关系、是否有升值和收藏价值、能表达什么感情和情意、特殊点是什么。

6.4.2 产品文案传播

产品文案应该便于分享和传播。卖家可以通过社交媒体接触国外的"网红"、KOL、机构、媒体等内容创造者和传播者，对传播者进行分层管理，构建内容生态，确保内容产出的数量和质量。对于卖家来说，便于采取的方式如下。

（1）使用 Fiverr 应用寻找国外营销机构和人员，进行产品文案的产出和传播。

（2）使用 Tomonson 网站寻找国外的"网红"，进行产品文案的传播。

（3）使用 Shopify 应用市场的 Affiliate 应用管理联盟营销。

（4）使用 Facebook、Instagram 等社交媒体主页进行 DTC 传播。

（5）使用 Google Ads、Facebook Ads 等付费营销工具。

6.5 用户行为与反向链接

Google 一直致力于改善用户的搜索体验。通过用户的搜索记录和行为来判断网站需要优化的环节是非常有意义的。卖家可以使用 Google Analytics 来记录用户的基本信息和浏览行为。

在首次登录 Google Analytics 时，需要添加媒体资源，点击"管理"→"创建账号"→"创建媒体资源"按钮，如图 6-25 所示[①]。

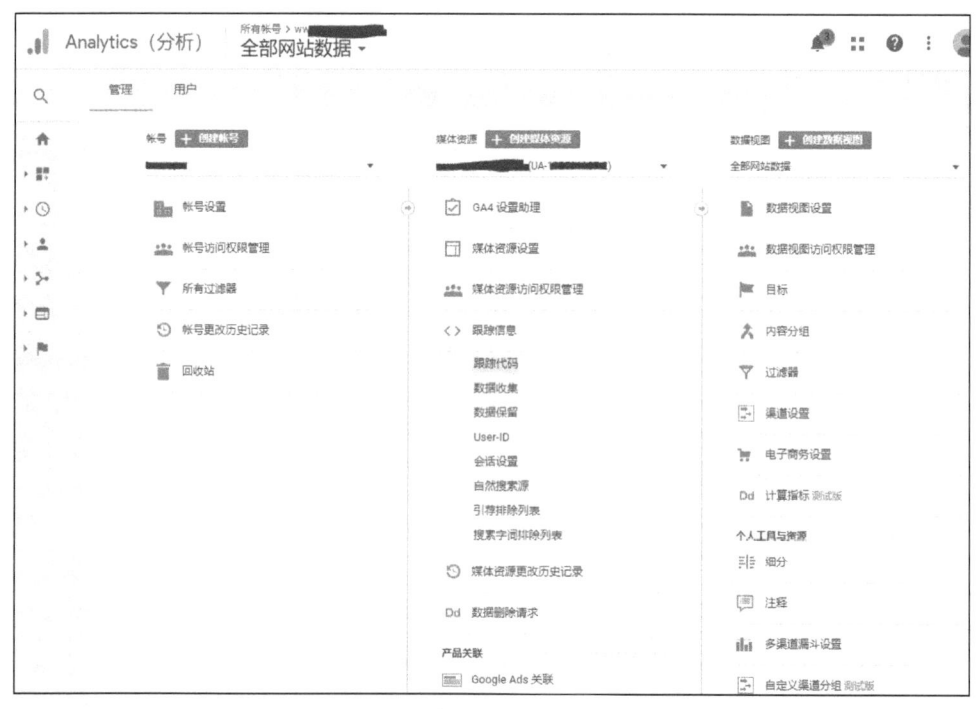

图 6-25 创建账号和媒体资源

在创建好媒体资源后，点击"跟踪信息"→"跟踪代码"选项，获得跟踪 ID 及代码，如图 6-26 所示。

---

① 网站截图中"帐号"的正确写法应为"账号"。

图 6-26　跟踪 ID 及代码

跟踪代码也支持 Google 跟踪代码管理器添加。如果卖家熟悉模板代码，那么使用 Google 跟踪代码管理器可以更方便地管理各类跟踪代码，包括且不限于 Google Analytics、Google Ads、Facebook Pixel 等代码。在添加 Google 跟踪代码管理器后，卖家只需要在 Google 跟踪代码管理器中添加各种变量、跟踪代码及触发器即可，如图 6-27 所示。

Shopify 后台的偏好设置默认支持 Google Analytics 账户，只有 Shopify Plus 版本支持 Google 跟踪代码管理器连接。如果卖家使用的套餐低于 Shopify Plus 版本，那么需要手动修改 Liquid 文件和模板代码，而且即使修改完也无法完整支持 Google 跟踪代码管理器。因此在此处不再详细介绍 Google 跟踪代码管理器，直接将跟踪 ID 填入 Shopify 后台销售渠道的偏好设置中，如图 6-28 所示。

图 6-27 使用跟踪代码管理器管理各类跟踪代码

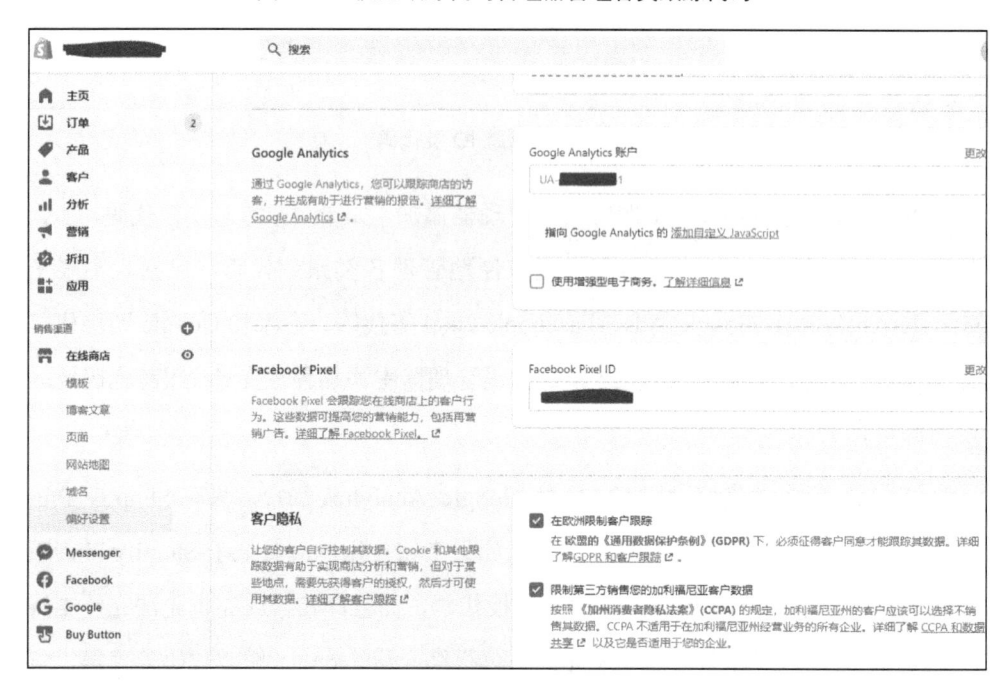

图 6-28 在 Shopify 后台添加 Google Analytics 的跟踪 ID

在添加跟踪 ID 后，Google Analytics 就可以跟踪 Shopify 的网站访问信息，如图 6-29 所示。

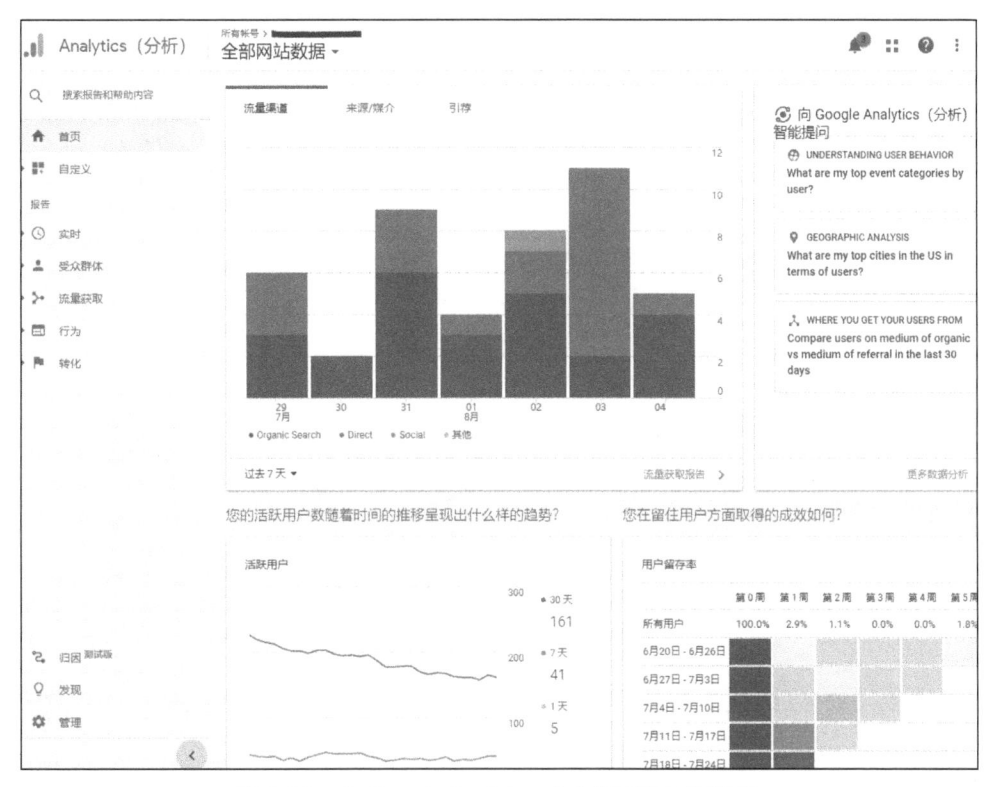

图 6-29 在 Google Analytics 中查看网站访问信息

6.5.1 受众群体概览

在 Google Analytics 的受众群体概览页面中，卖家可以查看网页浏览量、受众特征、语言等信息，如图 6-30 所示。

卖家可以通过"受众群体"选项查看受众群体的详情，可以查看的信息包括受众特征、兴趣、地理位置等，以便根据需要调整网站。

6.5.2 流量获取概览

在 Google Analytics 的流量获取概览页面中，卖家可以查看网站的流量来源（热门渠道）。流量来源默认分为 Organic Search（自然搜索）、Direct（直接访问）、Social（社交媒体）、Referral（引荐流量），如图 6-31 所示。

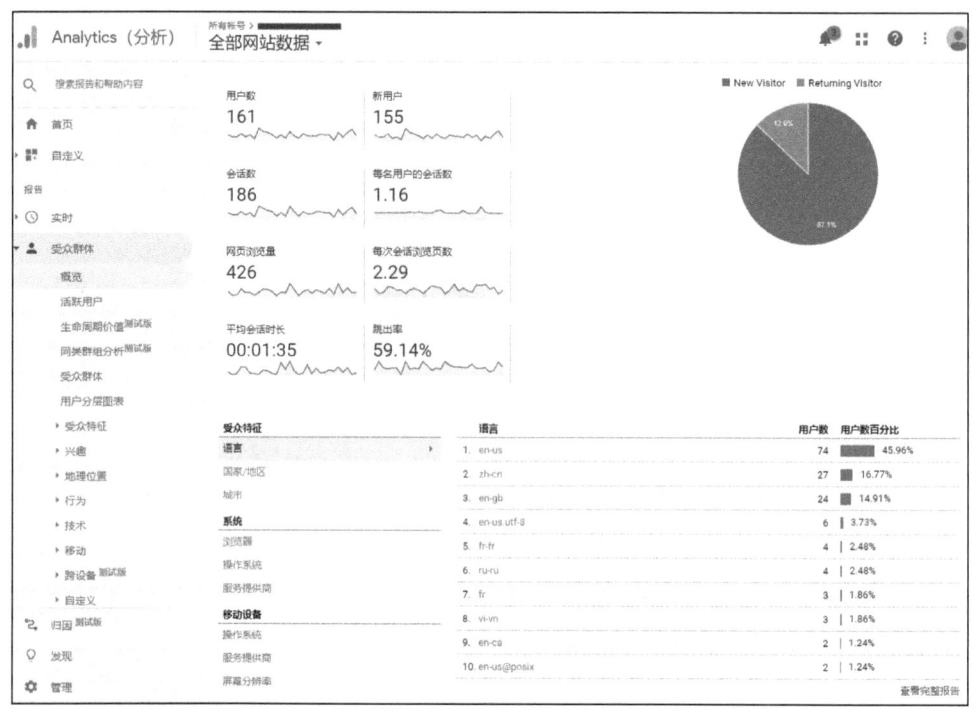

图 6-30 受众群体概览页面

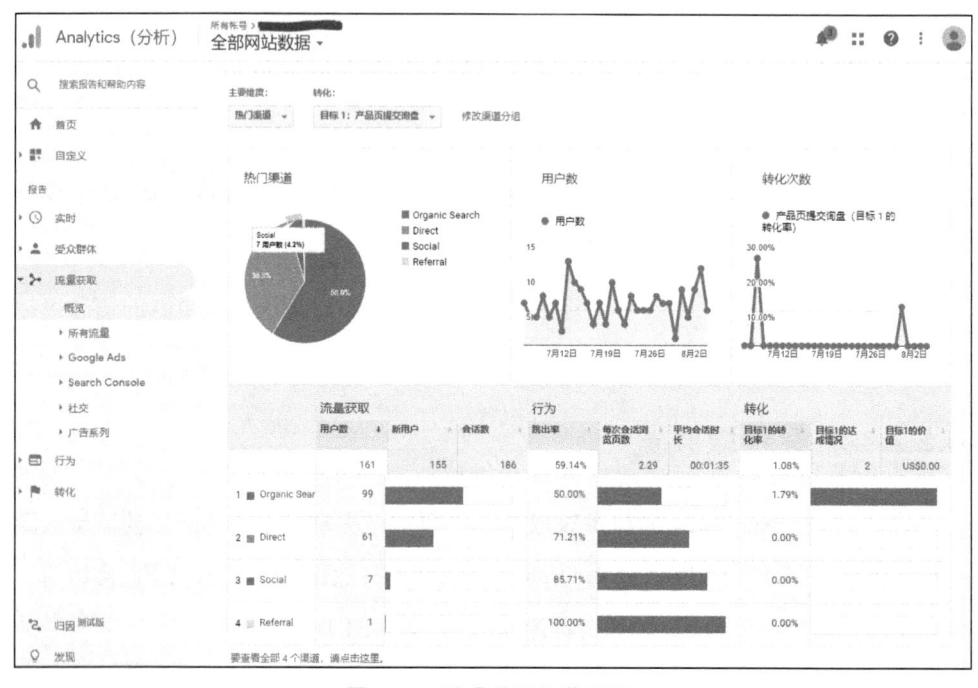

图 6-31 流量获取概览页面

如果卖家使用了 Google Ads，那么还可以在 Google Analytics 的左侧菜单中关联 Google Ads 账户，从而查看广告系列和关键字带来的流量。

6.5.3　行为概览

在 Google Analytics 的行为概览页面中，卖家可以查看全部网站数据，如网页浏览量、平均页面停留时间、跳出率等，如图 6-32 所示。

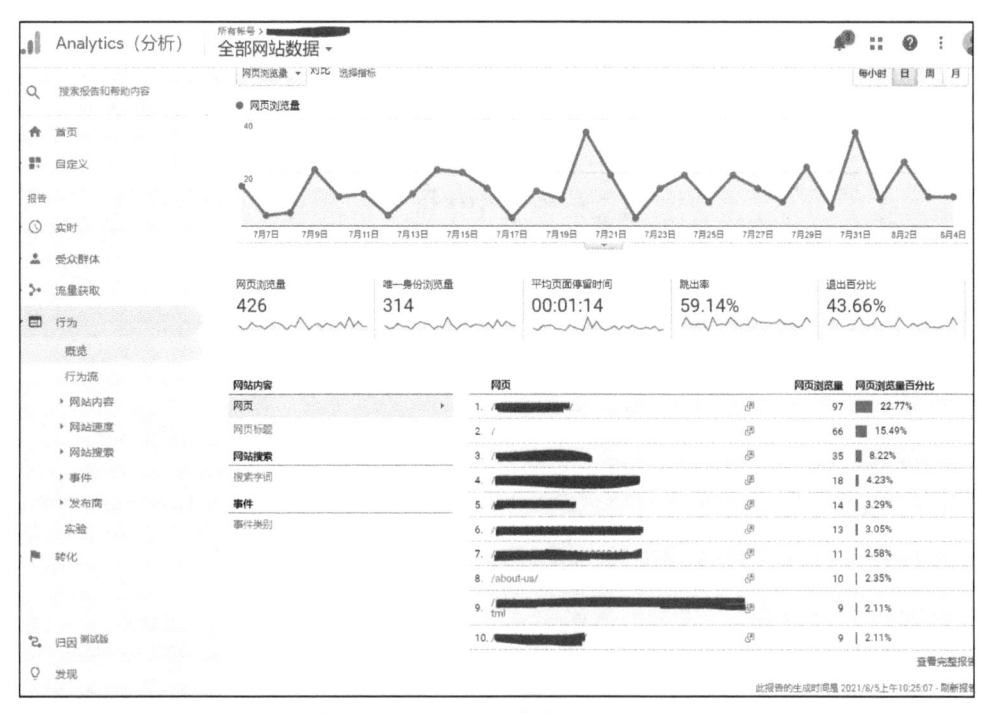

图 6-32　行为概览页面

在行为流页面中，卖家可以看到用户在网站中的行为轨迹，即从初始浏览到最终跳出的所有浏览页面，如图 6-33 所示。

在网站内容页面中，卖家可以看到所有页面的网页浏览量、平均页面停留时间和跳出率等信息，如图 6-34 所示。卖家可以根据这些信息对网站进行优化。

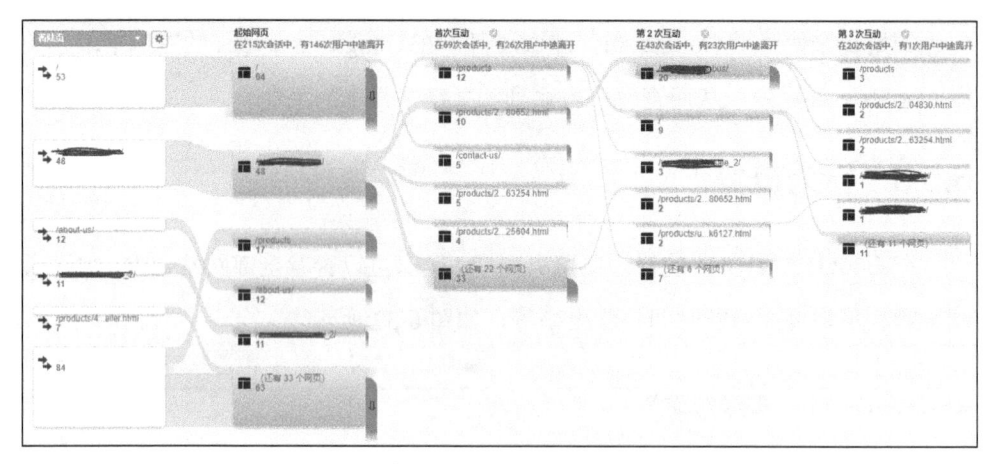

图 6-33 行为流页面

网页	网页浏览量	唯一身份浏览量	平均页面停留时间	进入次数	跳出率	退出百分比	网页价值
	519 占总数的百分比 100.00% (519)	377 占总数的百分比 100.00% (377)	00:01:16 平均浏览次数: 00:01:16 (0.00%)	215 占总数的百分比 100.00% (215)	63.26% 平均浏览次数: 63.26% (0.00%)	41.43% 平均浏览次数: 41.43% (0.00%)	US$0.00 占总数的百分比 0.00% (US$0.00)
1. ▓▓▓	87 (16.76%)	52 (13.79%)	00:01:37	48 (22.33%)	29.17%	41.38%	US$0.00 (0.00%)
2. /	71 (13.68%)	57 (15.12%)	00:02:51	53 (24.65%)	73.58%	67.61%	US$0.00 (0.00%)
3. /products/20200518180652.html	18 (3.47%)	15 (3.98%)	00:01:20	2 (0.93%)	100.00%	38.89%	US$0.00 (0.00%)
4. ▓▓▓	17 (3.28%)	11 (2.92%)	00:00:37	11 (5.12%)	27.27%	35.29%	US$0.00 (0.00%)
5. /about-us/	16 (3.08%)	15 (3.98%)	00:03:05	12 (5.58%)	58.33%	56.25%	US$0.00 (0.00%)
6. /news/	15 (2.89%)	2 (0.53%)	00:00:08	0 (0.00%)	0.00%	0.00%	US$0.00 (0.00%)
7. /products/20190124204830.html	11 (2.12%)	9 (2.39%)	00:00:25	4 (1.86%)	50.00%	18.18%	US$0.00 (0.00%)
8. /products/20190126125604.html	11 (2.12%)	10 (2.65%)	00:02:07	4 (1.86%)	100.00%	54.55%	US$0.00 (0.00%)
9. /products/20200518163254.html	11 (2.12%)	9 (2.39%)	00:00:55	2 (0.93%)	0.00%	0.00%	US$0.00 (0.00%)
10. ▓▓▓	11 (2.12%)	5 (1.33%)	00:00:21	2 (0.93%)	0.00%	9.09%	US$0.00 (0.00%)

图 6-34 网站内容页面

6.5.4 社交媒体引用

Shopify 的模板支持用户在社交媒体中分享网站和产品时展示页面配图，其中产品页面、产品系列页面和博客文章页面均能自动显示配图。如果页面没有配图，那么卖家可以在偏好设置页面中添加社交分享图片，如图 6-35 所示。

图 6-35　添加社交分享图片

如果卖家没有手动上传社交分享图片，那么 Shopify 将默认使用网站 Logo。如果卖家没有指定网站 Logo，那么 Shopify 会应用背景颜色填充所需显示的区域。

6.5.5　反向链接

反向链接是指网页与网页之间的相互链接，包括内链和外链。

内链是同一域名的网站内容页面之间的链接。卖家通过栏目、标签、网页关键词链接等可以增加内链。

外链是指从其他网站中导入到我们的网站的链接。外链的最初形式是网址导航。卖家可以通过在其他网站中添加自己网站的友情链接、发布带有关键词链接的内容等形式增加外链。添加外链一直是网站优化时最重要的一个过程，作用一般体现为提高网站权重、增加网站流量、提高关键词排名等，发布的途径包括友情链接、B2B 页面、博客文章、博客评论、社区留言、社交媒体链接等。

反向链接的主要作用有以下几个。

（1）提高搜索引擎的索引效率。

（2）传递网站中不同网页的权重。

（3）提高链接的关键词排名。

（4）提高客户访问网站的体验。

（5）增加网页被点击的机会，增加访问量。

使用反向链接时的注意事项有以下几个。

（1）反向链接的数量通常越多越好，但质量高于数量。

（2）反向链接页面的权重越高，反向链接的质量越高。

（3）反向链接页面本身越重要、越相关，反向链接的质量越高。

（4）反向链接的文字及前后临近文字越相关，反向链接的质量越高。

（5）反向链接在页面中的位置越重要，反向链接的质量越高。

（6）反向链接所处的页面中导出链接越少，反向链接的质量越高。

（7）客户点击反向链接后在网站的停留时间越长，反向链接的效果越好。

（8）反向链接的流量越高，反向链接的效果越好。

（9）来自 gov、edu、org 等域名的高权重网站的反向链接质量较高。

（10）反向链接的数量应保持稳步增加。

6.6 其他优化与优化工具

6.6.1 网站访问速度与安全性

网站访问速度一般与服务器性能、响应速度、位置、带宽、网站代码、网站内容多少及安全性等因素有关。一般可以进行以下优化。

（1）选择配置适中的服务器。Shopify 本身提供服务器，卖家无须考虑配置。

（2）优化服务器响应速度。除非安装过多的应用，Shopify 的响应速度是足够快的。

（3）优化服务器位置。Shopify 在全球都部署了服务器节点，以欧美为主。

（4）优化服务器的带宽。Shopify 的带宽足够，并且有 CDN（Content Delivery

Network，内容分发网络）加速，一般也无须考虑。

（5）优化网站代码。除非安装过多的应用，Shopify 网站的代码效率也是比较高的。

（6）优化网站内容。卖家可以通过压缩网站图片等方式加快访问速度。

（7）优化网站的交易安全性。Shopify 默认提供 SSL 安全证书。

卖家可以使用 Google 网页性能优化工具 PageSpeed Insights 来检测网站内容及代码所需优化的情况。打开 PageSpeed Insights，输入要检测的网址，如图 6-36 所示。

在点击"分析"按钮后，该工具将自动定向到要检测的网址，并进行移动设备和桌面设备的性能优化分析。分析结果将分为网站的表现评分、优化建议、诊断结果及已通过的审核。从整体结果中来看，Shopify 的部分模板存在优化空间。

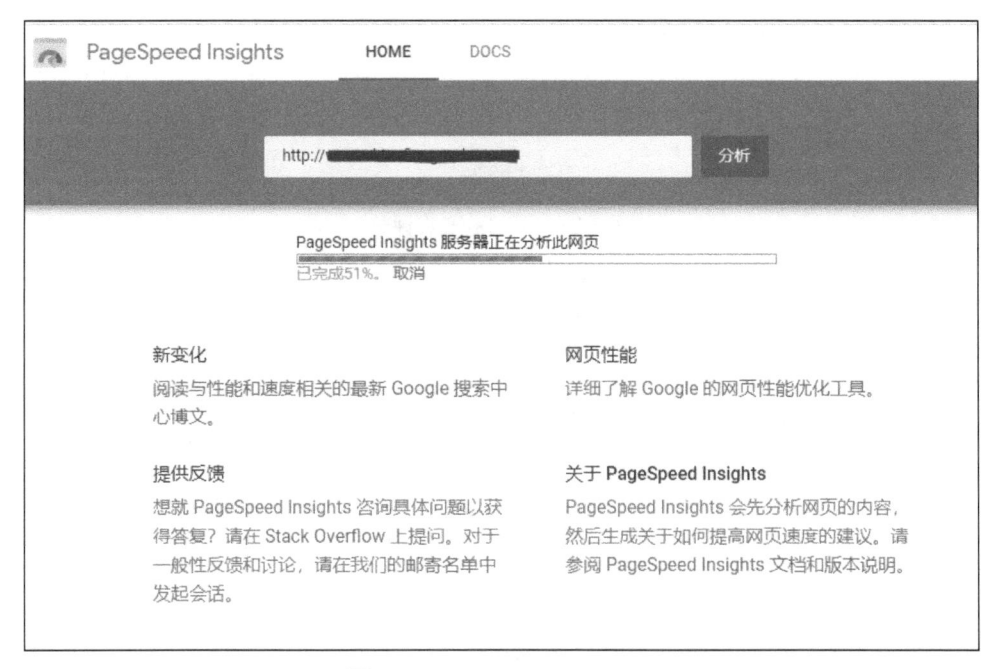

图 6-36　PageSpeed Insights

表现评分为综合分数，其中 90～100 分为优秀，50～89 分为一般，0～49 分为差。卖家可以通过表现评分了解网站的性能表现，如图 6-37 所示。

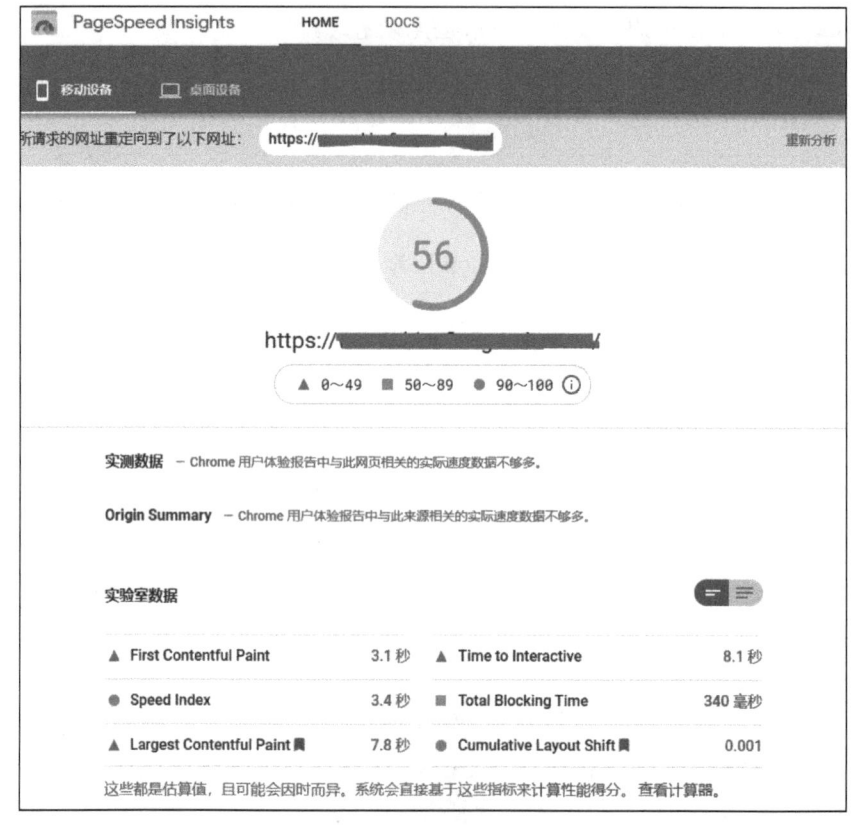

图 6-37　网站的表现评分

优化建议可以帮助网站提高网页加载速度，如图 6-38 所示。

图 6-38　网站的优化建议

诊断结果显示了网页可以执行的性能优化。卖家可以根据相关诊断进行网页优化，如图 6-39 所示。

网 站 优 化 / 第 6 章

```
诊断结果 — 详细了解您的应用的性能。这些数字不会直接影响性能得分。

▲ 确保文本在网页字体加载期间保持可见状态
▲ 降低第三方代码的影响 — 第三方代码将主线程阻止了 330 毫秒
▲ 未使用被动式监听器来提高滚动性能
▲ 图片元素没有明确的 width 和 height
■ 采用高效的缓存策略提供静态资源 — 找到了 8 项资源
■ 最大限度地减少主线程工作 — 2.6 秒
■ 缩短 JavaScript 执行用时 — 1.4 秒
● 避免链接关键请求 — 找到了 5 条请求链
● User Timing 标记和测量结果 — 2 项 User Timing 结果
● 请保持较低的请求数量和较小的传输大小 — 48 项请求・858 KiB
● 最大内容渲染时间元素 — 发现了 1 个元素
● 请避免出现大幅度的布局偏移 — 发现了 2 个元素
● 应避免出现长时间运行的主线程任务 — 发现了 12 项长时间运行的任务
```

图 6-39 网站的诊断结果

已通过的审核显示的是当前网页已经采取过的优化措施，如图 6-40 所示。

```
已通过的审核 (17)

● 推迟加载屏幕外图片 — 有望节省 2 KiB
● 缩减 CSS
● 对图片进行高效编码
● 采用新一代格式提供图片
● 启用文本压缩
● 预先连接到必要的来源
● 初始服务器响应时间较短 — 根文档花费了 160 毫秒
● 避免多次网页重定向 — 有望节省 630 毫秒
● 预加载关键请求
● 使用视频格式提供动画内容
● 请移除 JavaScript 软件包中的重复模块
● 应避免向新型浏览器提供旧版 JavaScript — 有望节省 12 KiB
● 避免网络负载过大 — 总大小为 858 KiB
● 避免 DOM 规模过大 — 483 个元素
● 使用 Facade 延迟加载第三方资源
● 请勿使用 document.write()
● 避免使用未合成的动画
```

图 6-40 已通过的审核

135

卖家可以使用网站全球加载速度检测工具 GeoPeeker 和站长工具 ChinaZ 的"国际测速"选项卡来测试网站在全球的加载速度。

GeoPeeker 显示了网站在新加坡、巴西、美国弗吉尼亚州、美国加利福尼亚州、爱尔兰、澳大利亚等区域的加载速度，如图 6-41 所示。

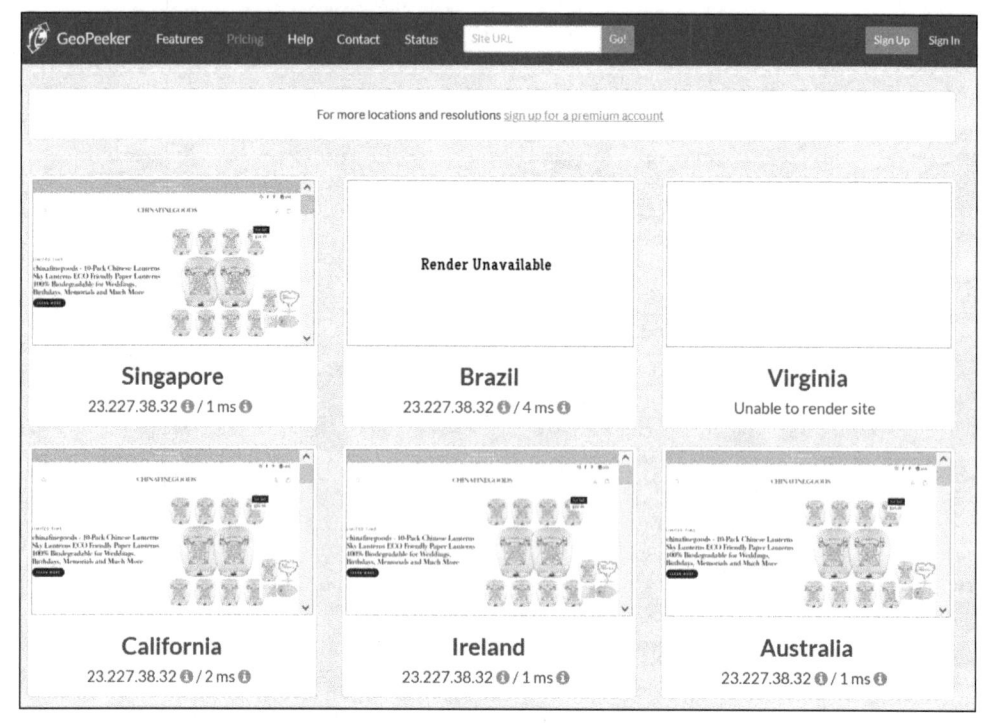

图 6-41　GeoPeeker 全球加载速度检测

站长工具 ChinaZ 的"国际测速"选项卡则能够显示全球数十个节点的总耗时、解析时间、连接时间等信息，如图 6-42 所示。

从全球测速结果来看，Shopify 的全球加载速度是足够快的。

图 6-42 站长工具 ChinaZ 的"国际测速"选项卡

6.6.2 错误页面设置与页面转向

页面的错误一般分为服务器错误和网页错误。以 5 开头的错误代码代表服务器错误,以 4 开头的错误代码代表网页错误。对于卖家来说,一般无须担心 Shopify 的服务器错误。对于网页错误,401、402、403 错误一般是权限设置导致的访问错误,404 错误是卖家可以处理的常见错误。

404 错误指的是当网页不存在时反馈给访客的错误。Shopify 模板默认提供了 404 页面显示,并提供了回到主页的导航,如图 6-43 所示。

图 6-43　Shopify 的 404 页面显示

这类错误一般是在产品下架、内容删除后，访客仍通过搜索引擎、外链等访问页面导致的。卖家可以通过检测工具 Xenu 或者站长工具 ChinaZ 的死链检测来检测网站的所有链接，如图 6-44 所示。

图 6-44　站长工具的死链检测

对于检测到的死链接，卖家应该及时处理，并提交给 Google，让其不再索引。

第 7 章

常用的应用介绍

Shopify App Store 提供了高达数千个应用，并且应用的数量还在不断增加。这些应用能够帮助卖家选品、设计商店、提高商店运营效率、提高营销转化效果、跟踪货物的配送质量和客户服务质量等。本章将介绍商店常用的应用。

7.1 基础功能应用

7.1.1 多渠道社交登录应用

社交登录应用便于客户在 Shopify 购物时，直接使用 Facebook、Google 等国外常用的账户登录商店，类似于国内的微信登录、QQ 登录，省去了注册账户的过程，能有效地提高客户留存率。在 Shopify App Store 中搜索 Social Login（社交登录），可以找到多款社交登录应用，本节以 One Click Social Login 为例。

在搜索结果中点击"One Click Social Login"选项，在打开的新页面中将显示该应用的介绍及费用。卖家可以看到该应用集成了 Facebook、Twitter、Google、LinkedIn、Amazon、Steam、Microsoft、Yahoo！等国外十多种常用的账户。One Click Social Login 的定价分为基本计划、标准计划和专业计划，如图 7-1 所示。

图 7-1　One Click Social Login 的定价

如果仅用于社交登录，那么卖家只需要选择基本计划。如果还需要客户图表和分析或者通过 CSS（Cascading Style Sheets，层叠样式表）为社交登录按钮添加更多自定义样式，那么卖家可以选择标准计划或专业计划。点击"Add App"（添加应用）按钮添加应用，默认将选择基本计划，如图 7-2 所示。

图 7-2　添加该应用

点击"批准订阅"按钮后，就添加好了该应用。然后，在商店的注册和登录页面中将出现社交媒体登录选项，如图 7-3 所示。

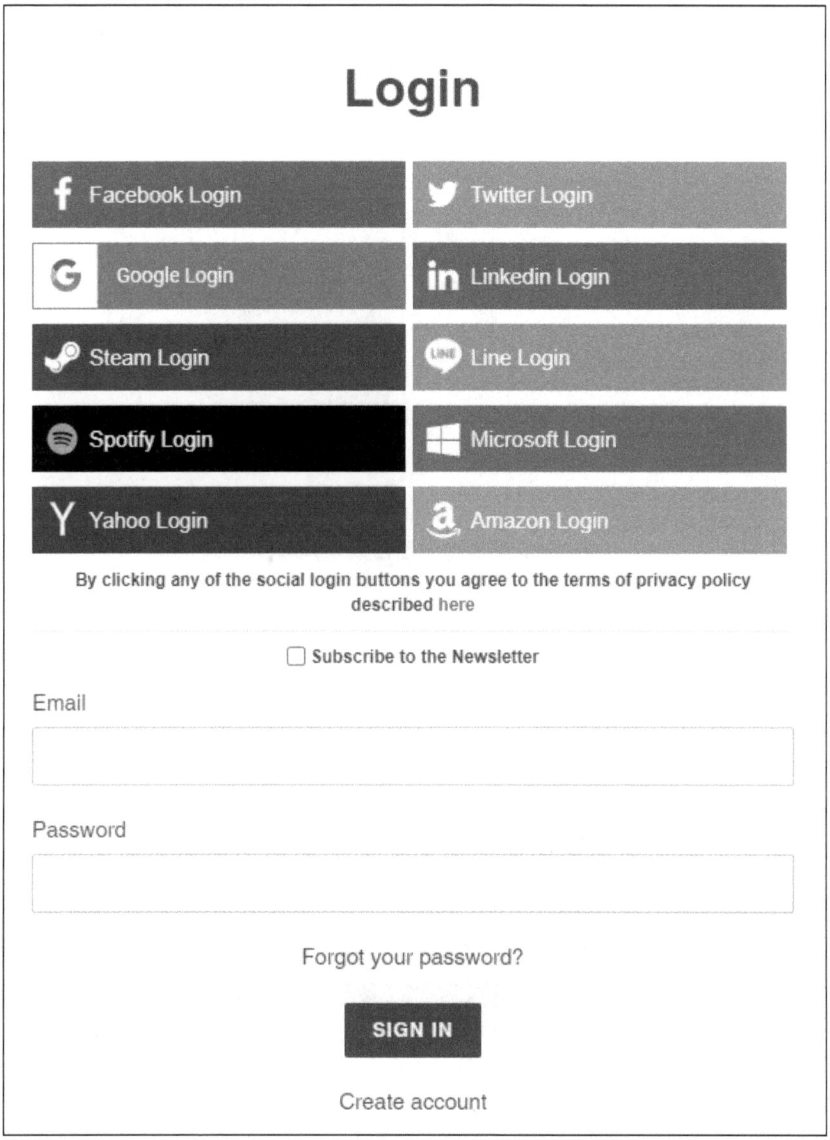

常用的应用介绍 / 第 7 章

图 7-3 社交媒体登录选项

卖家如果选择了标准计划或专业计划，那么点击该应用还可以设置登录窗口的字体和样式（如图 7-4 所示）与查看通过各社交媒体登录网站的客户数量等，如图 7-5 所示。

图 7-4　设置登录窗口的字体和样式

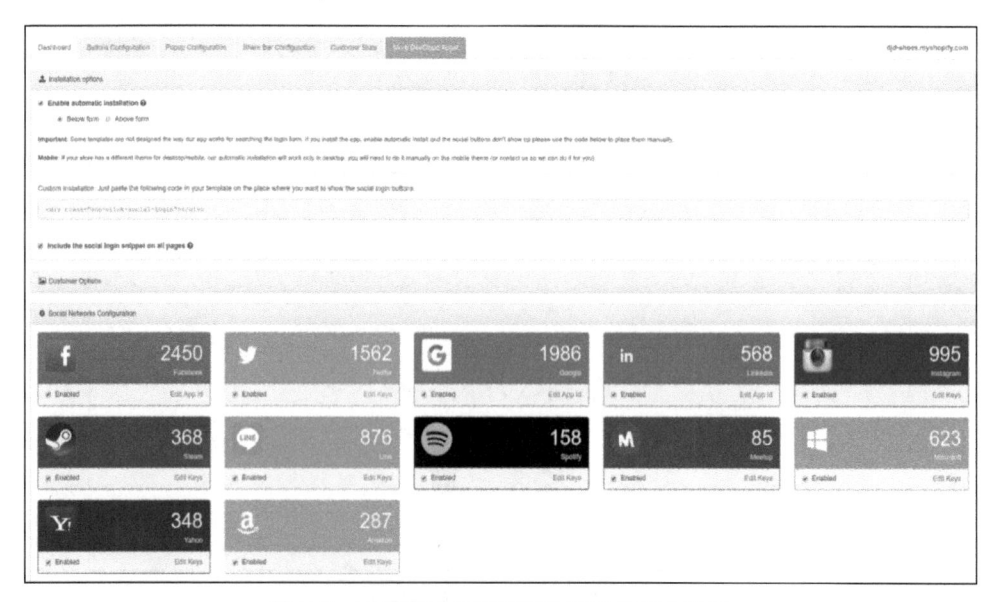

图 7-5　查看通过各社交媒体登录的客户数量

7.1.2　多语言翻译与货币换算应用

在 Shopify App Store 中搜索 Translate（翻译），可以找到翻译应用，选择 G|translate。该应用使用 Google 翻译服务，支持几乎所有语言的翻译，并且即使

使用免费版，也没有字数和浏览量限制，而付费版则具有神经翻译、搜索引擎索引（SEO）、编辑翻译等功能。G|translate 的价钱如图 7-6 所示。

图 7-6　G | translate 的价钱

点击"Add App"按钮添加应用后，打开 G | translate，页面如图 7-7 所示，可以设置 G | translate 的显示、翻译的源语言、是否自动根据浏览器语言翻译，以及默认可选语言等。

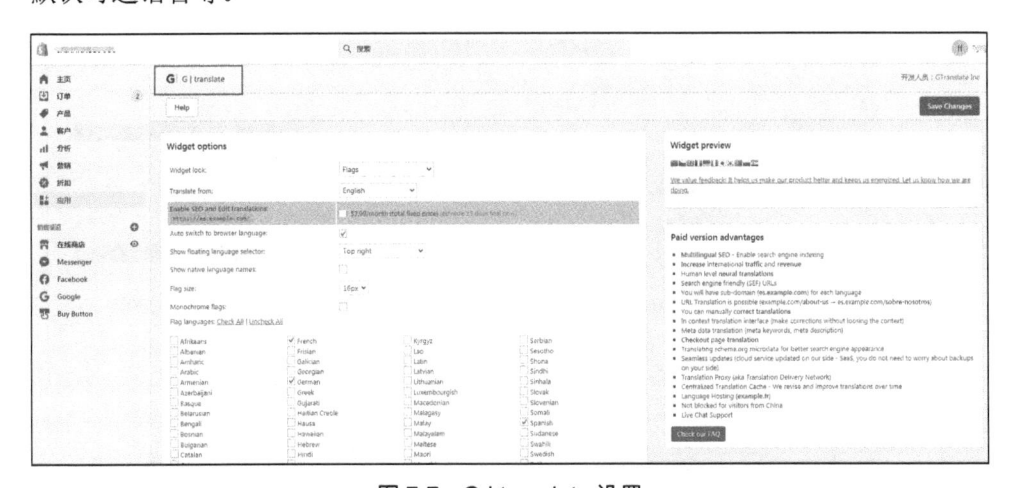

图 7-7　G | translate 设置

在 Shopify App Store 中搜索 Currency（货币），选择"MLV: Auto Currency Switcher"选项。该应用同样有免费和付费计划，其中免费版即可支持货币选择器，支持 200 多种货币，如图 7-8 所示。

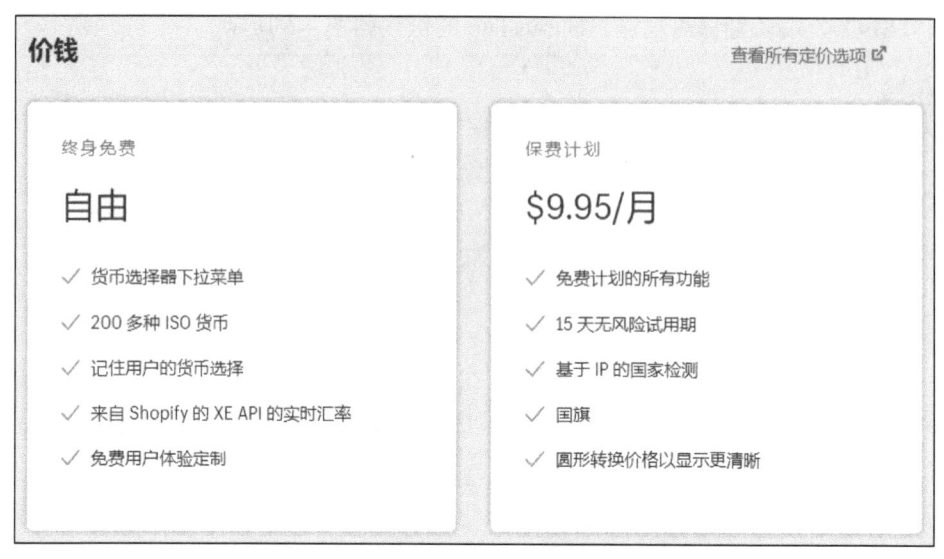

图 7-8　MLV: Auto Currency Switcher 的价钱

点击"Add App"按钮，然后按照指示的步骤操作，如图 7-9 所示，可以将该应用集成到商店中。

图 7-9　添加 MLV: Auto Currency Switcher

在 Shopify 的应用页面中找到 MLV: Auto Currency Switcher，可以看到该应用集成后已经是开启状态的。卖家可以手动关闭该应用，还可以进行 Currencies List（货币列表）、Pricing Rules（价格规则）等设置，如图 7-10 所示。

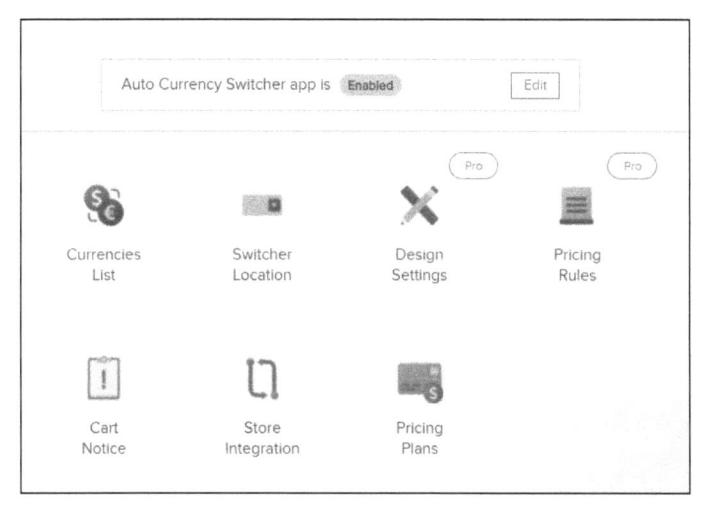

图 7-10　MLV: Auto Currency Switcher 设置

在多语言翻译与货币换算应用安装完成后，商店首页的右上方就显示了语言和货币切换，如图 7-11 所示，网站可以根据客户的浏览器自动切换，客户也可以根据自身语言和货币需求手动切换。

图 7-11　商店首页的右上方显示语言和货币切换

7.1.3　选品上架与订单处理应用 Oberlo

Oberlo 是 Shopify 官方发布的一款 Dropshipping（代发货）应用，将成千上万家供应商的产品直接搬到 Shopify 商店中，支持批量化处理订单、跟踪订单等功能，并且卖家不需要提前备货，不用担心包装和运输。该应用受到大量代发货卖家的欢迎，通过 Oberlo 销售的产品已达上亿件。

在 Shopify App Store 中搜索并安装 Oberlo，打开 Oberlo，默认页面为英文页面，不支持中文。点击"Settings"（设置）按钮，先对 Oberlo 进行以下设置。

（1）在 General（常规）设置中，卖家可以设置产品的发布状态、是否含税、尺寸单位、订单自动通知、产品库存和价格同步等。

（2）在 Pricing rules（定价规则）设置中，卖家可以设置原价格的倍数或对比价格倍数，也可以进行加价比较的高级设置，并且可以设置价格尾数。

（3）在 Suppliers（供应商）设置中，卖家可以设置供应商的运输方式或选择默认的运输方式等。

在设置完成后，点击 Oberlo 左侧菜单的"Import List"（导入产品列表）选项，可以通过产品 URL 或 ID 添加产品。卖家到速卖通上找到要上传的产品，复制网址，然后点击"ADD BY URL OR ID"（通过 URL 或 ID 添加）按钮，输入 Product URL，如图 7-12 所示。

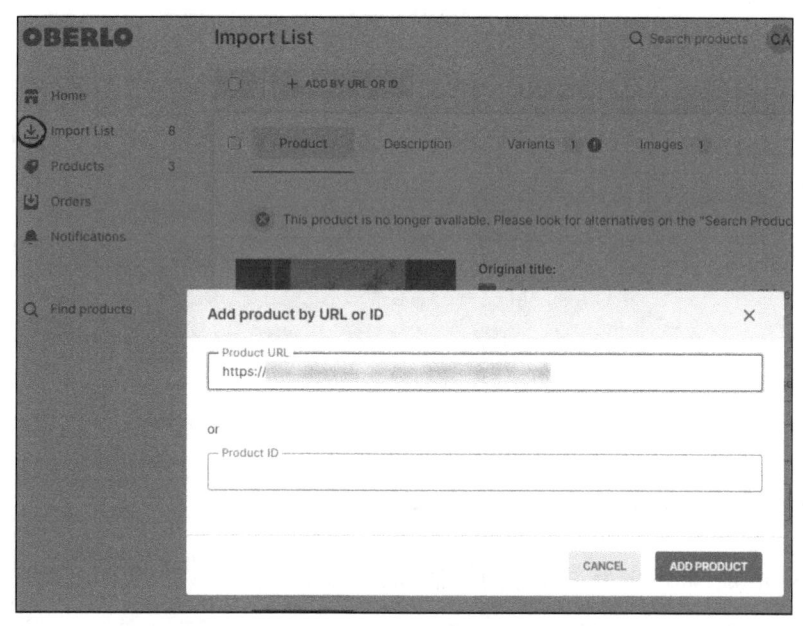

图 7-12　通过 Product URL 或 ID 添加产品

在添加产品后，在 Import List 页面即可看到该产品，并且可以编辑产品的标题、分类、标签、描述、变体、价格、图片等信息，如图 7-13 所示。

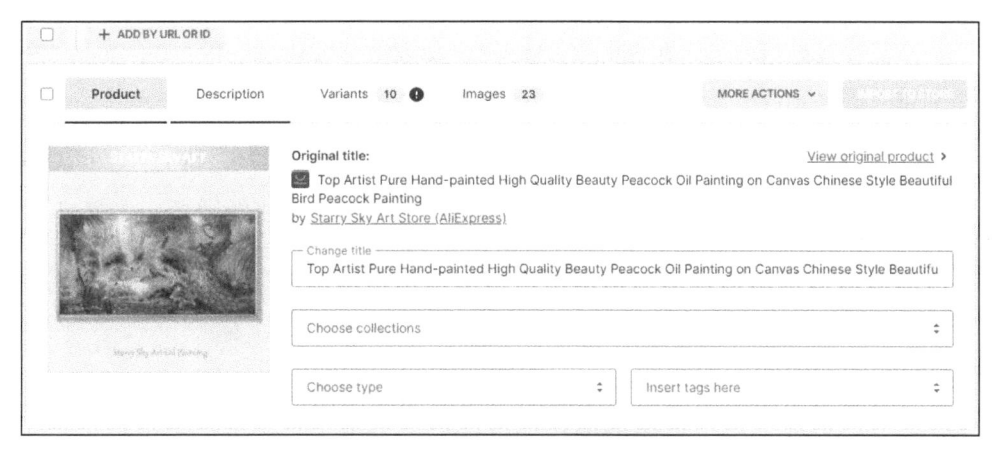

图 7-13　在 Oberlo 中编辑产品

在编辑完成后，选中要发布的变体，点击页面右上方的"IMPORT TO STORE"（导入到商店）按钮，或者批量选择要发布的产品，选择页面左上方的"IMPORT ALL TO STORE"（导入全部到商店）按钮，即可将产品发布到 Shopify 商店，如图 7-14 所示。

图 7-14　通过 Oberlo 发布产品到商店

产品在发布后将显示在 Shopify 商店中，卖家也可以从 Oberlo 的 Products（产品）页面中看到已发布的产品，并且 Oberlo 也支持从 Shopify 中导入产品，即使不是通过 Oberlo 上传的产品也可以导入。在 Products 页面中，点击"IMPORT FROM SHOPIFY"按钮即可选择要导入的产品，导入后关联产品来源即可，如图 7-15 所示。

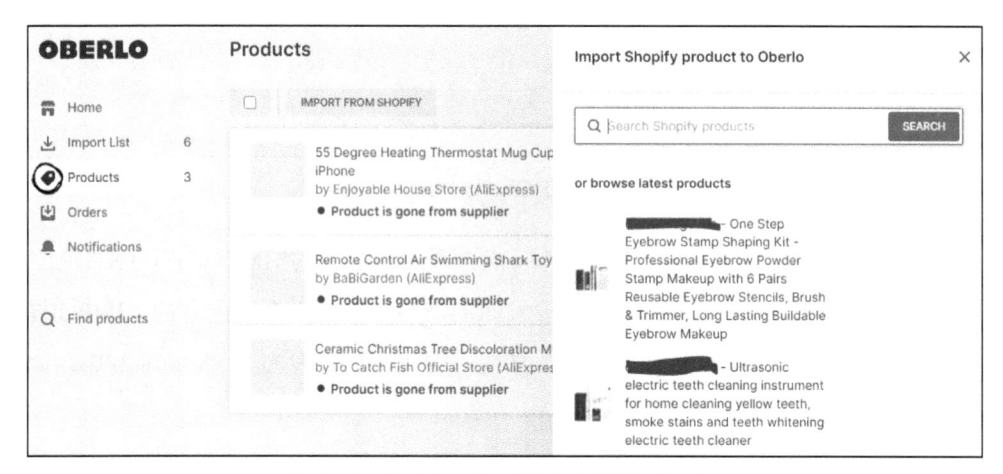

图 7-15　从 Shopify 中导入产品到 Oberlo

在 Shopify 商店产生订单后，使用 Oberlo 可以管理订单。打开 Orders，查看订单信息，可以添加速卖通订单编号或点击店家的"Order"选项跳转到关联页面进行采购，如图 7-16 所示。

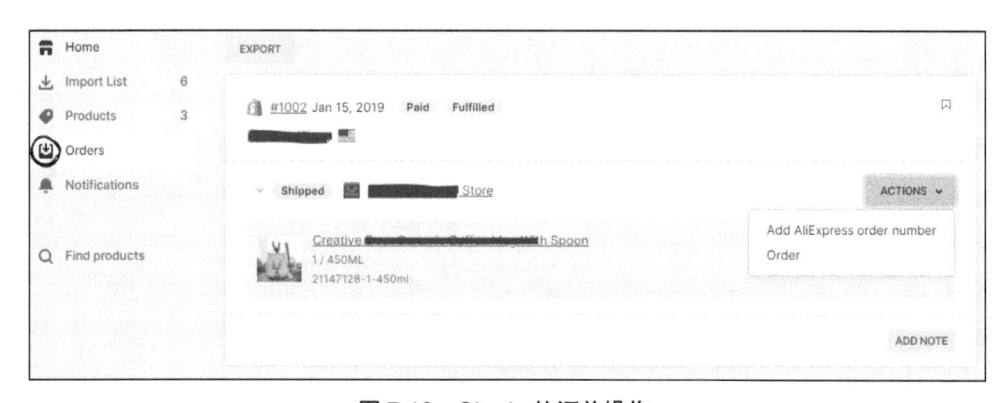

图 7-16　Oberlo 的订单操作

在 Find products（发现产品）页面中，Oberlo 提供了一个便利的选品工具，并可以按照分类进行筛选。卖家可以一键将选好的产品导入 Shopify 中，如图 7-17 所示。

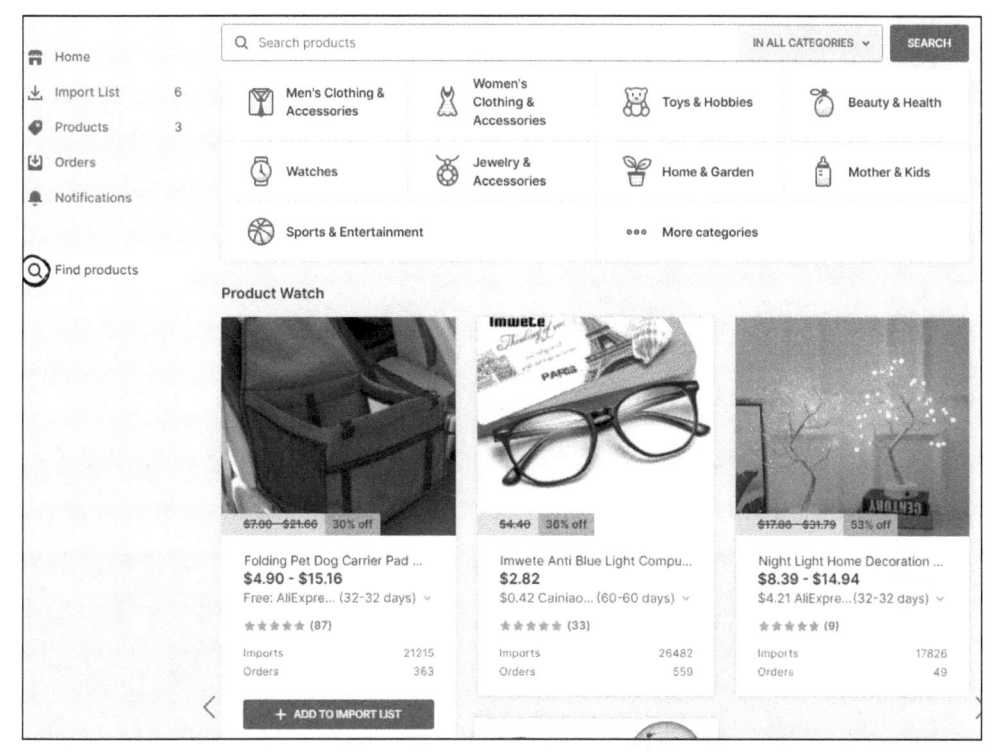

图 7-17　Find products 页面

7.1.4　评论应用 Product Reviews

评论应用支持在 Shopify 中添加或导入客户评论，此处采用 Shopify 官方应用 Product Reviews。在 Shopify App Store 中查找并添加 Product Reviews，按照安装说明，将以下代码添加到模板的 snippets/product-template.liquid 文件中。

```
<div id="Shopify-product-reviews" data-id="{{product.id}}">
{{ product.metafields.spr.reviews }}</div>
```

添加的位置一般位于 product.description 下方，添加后该文件对应的代码如下。

```
<div class="product-single__description rte" itemprop="description">
```

```
    {{ product.description }}
  </div>

  <div id="Shopify-product-reviews" data-id="{{product.id}}">
{{ product.metafields.spr.reviews }}</div>

  {% if section.settings.show_share_buttons %}
    {% include 'social-sharing', share_title: product.title, share_
permalink: product.url, share_image: product %}
  {% endif %}
```

打开 Product Reviews，点击"Setting"选项进行设置。卖家可以开启评论，设置评论邮件通知，设置评论的颜色、样式、显示的文字等。

在设置完成后，卖家可以回到该应用，点击"Import reviews"（导入评论）按钮，在弹出的对话框中点击"CSV template"链接下载评论模板，如图 7-18 所示。

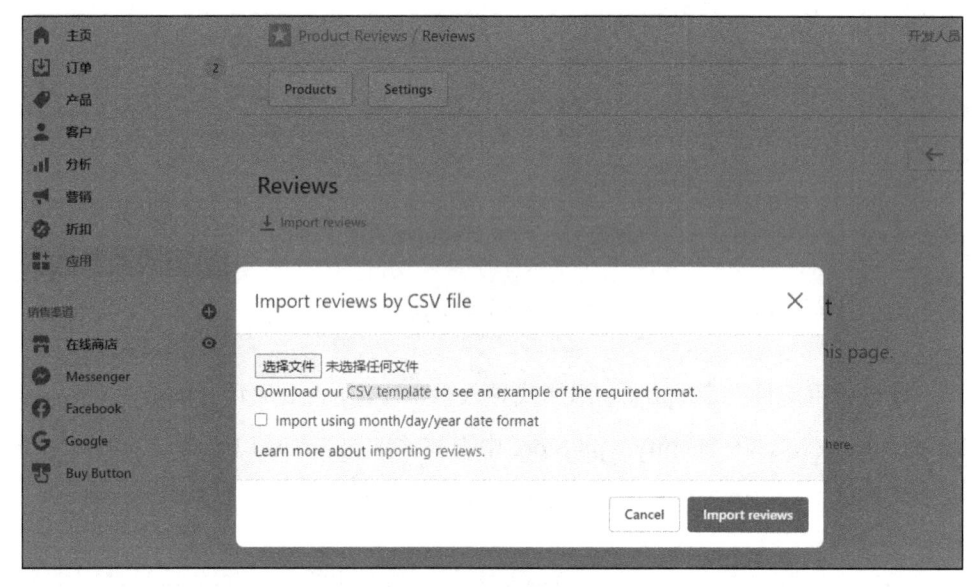

图 7-18　下载评论模板

模板是 CSV 表格形式的。卖家在该表格中填入评论的产品、状态、星级、标题、作者、邮箱、地点、内容、回复、时间等参数即可，如图 7-19 所示。

填写好模板后，点击"选择文件"按钮上传填好的表格，再点击"Import reviews"

按钮,之后产品列表中相应的产品下方将显示评论星级,如图 7-20 所示,产品页面也将显示评论,如图 7-21 所示。

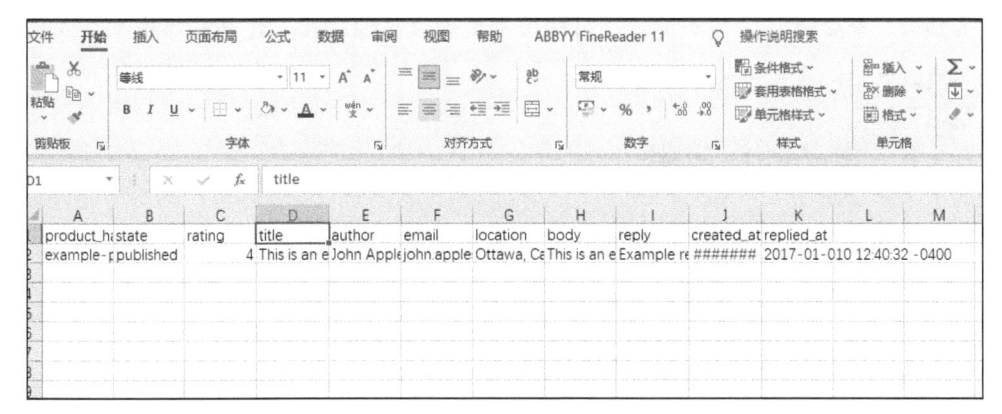

图 7-19　评论模板

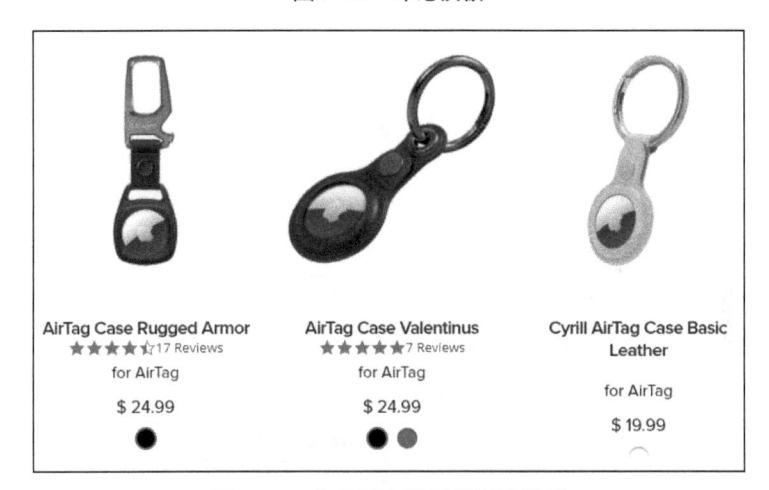

图 7-20　产品下方显示的评论星级

图 7-21　产品页面显示的评论

如果卖家需要带有照片或视频的评论，那么可以使用 Judge.me 等评论应用。需要注意的是，Shopify 虽然支持导入评论，但是在使用 Google 或 Facebook 广告工具推广商店时，虚假评论依然可能被拒绝审核，因此卖家还是应该用产品或服务换取客户的真实评论。

7.1.5 电子邮件应用

Shopify Email 是一款 Shopify 官方推出的发送促销信息等内容的邮件应用。在 Shopify App Store 中搜索并安装 Shopify Email，打开应用后，点击"创建电子邮件"按钮，即可打开创建电子邮件页面，如图 7-22 所示。

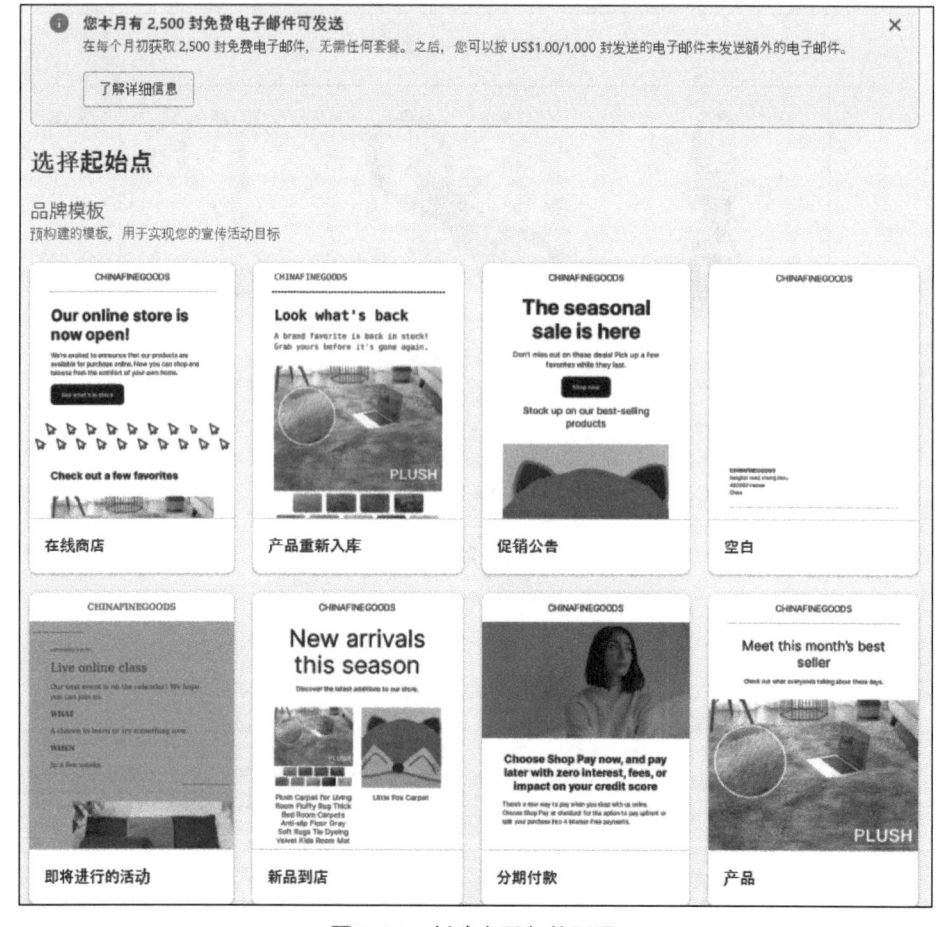

图 7-22　创建电子邮件页面

在该页面中可以看到，Shopify Email 支持每月发送 2500 封免费电子邮件，并且支持在线商店、产品重新入库、促销公告、分期付款等多种邮件模板。卖家点击需要使用的邮件模板，可以设置收件人、主题、预览文本、发件人、邮件内容等，如图 7-23 所示。

图 7-23　邮件基本设置

邮件内容支持富文本编辑，默认每个分区都可以单独设置内容，如图 7-24 所示。

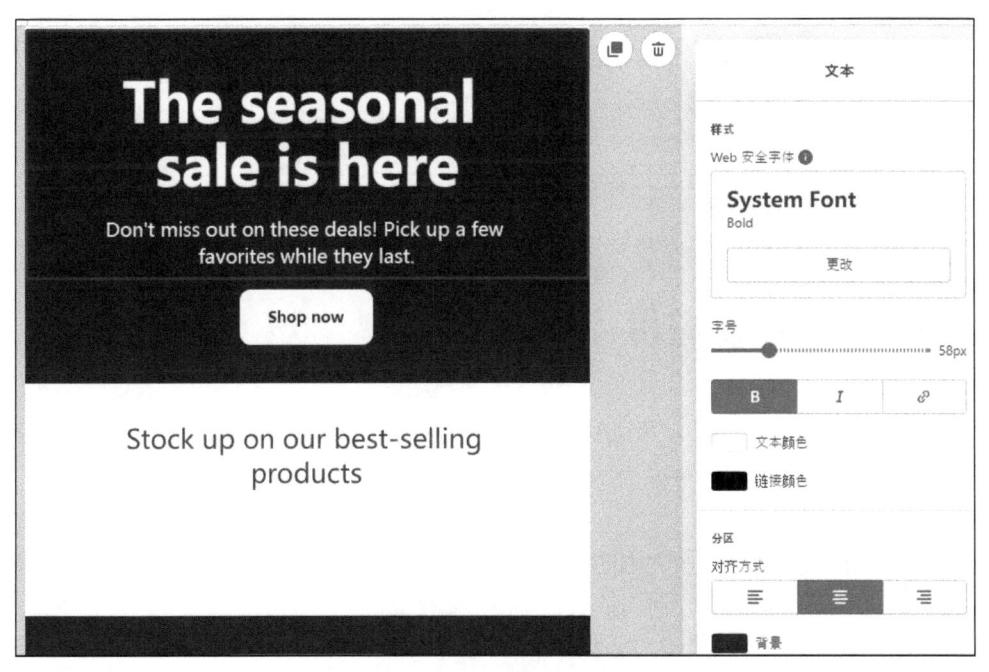

图 7-24　邮件内容编辑

如果默认分区不足或没有所需的内容，那么卖家可以点击"添加分区"按钮，添加文本、按钮、图片、产品、礼品卡、折扣等内容，如图 7-25 所示。

在编辑完邮件后，点击"发送测试"按钮预览邮件，预览完成后点击"查看"→"发送"按钮即可。

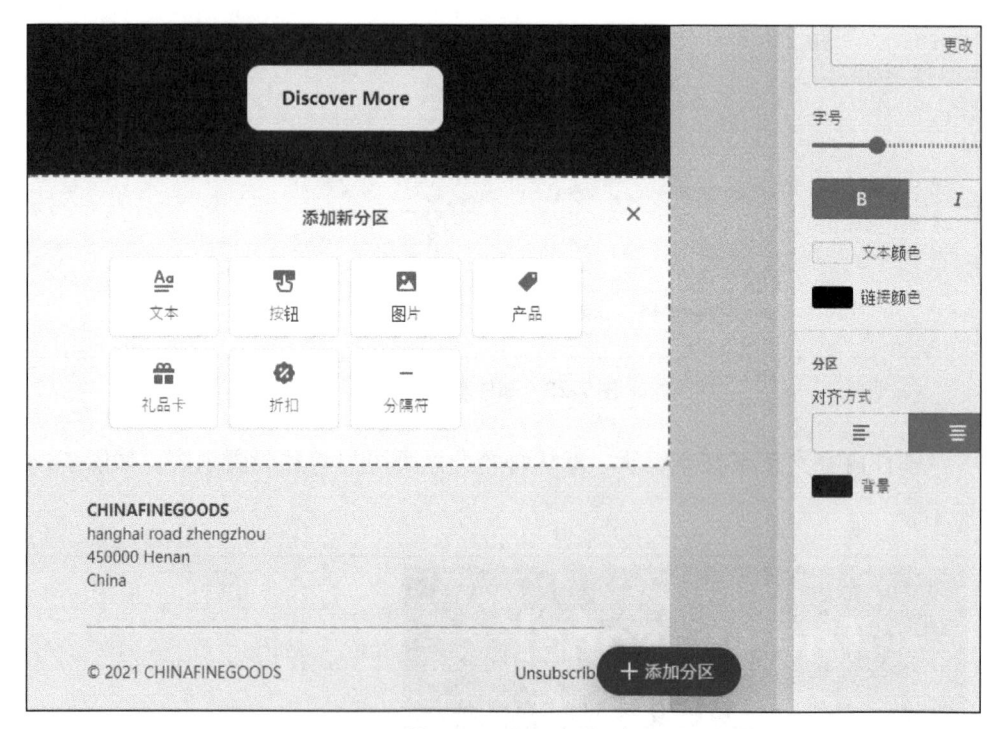

图 7-25 添加分区

7.2 营销活动应用

Shopify 高度依赖营销活动引流。Shopify App Store 提供了大量的营销活动应用。本节将结合站外付费推广和卖家自主推广来介绍常用的应用。

7.2.1 Feed for Google Shopping

Feed for Google Shopping 是一款实时同步 Shopify 与营销渠道的应用，支持 Google Shopping、Facebook 商店等广告，是做付费营销广告所需的应用之一。该应用能够将产品形成 Feed 数据文件,以便在 Google Shopping 等渠道展示和推广。

卖家需要先开通 Google Ads 账户和 Google Merchant Center 账户,在安装该应用时需要关联 Google Ads 账户并选择 Merchant Center ID(商业中心 ID),如图 7-26 所示。

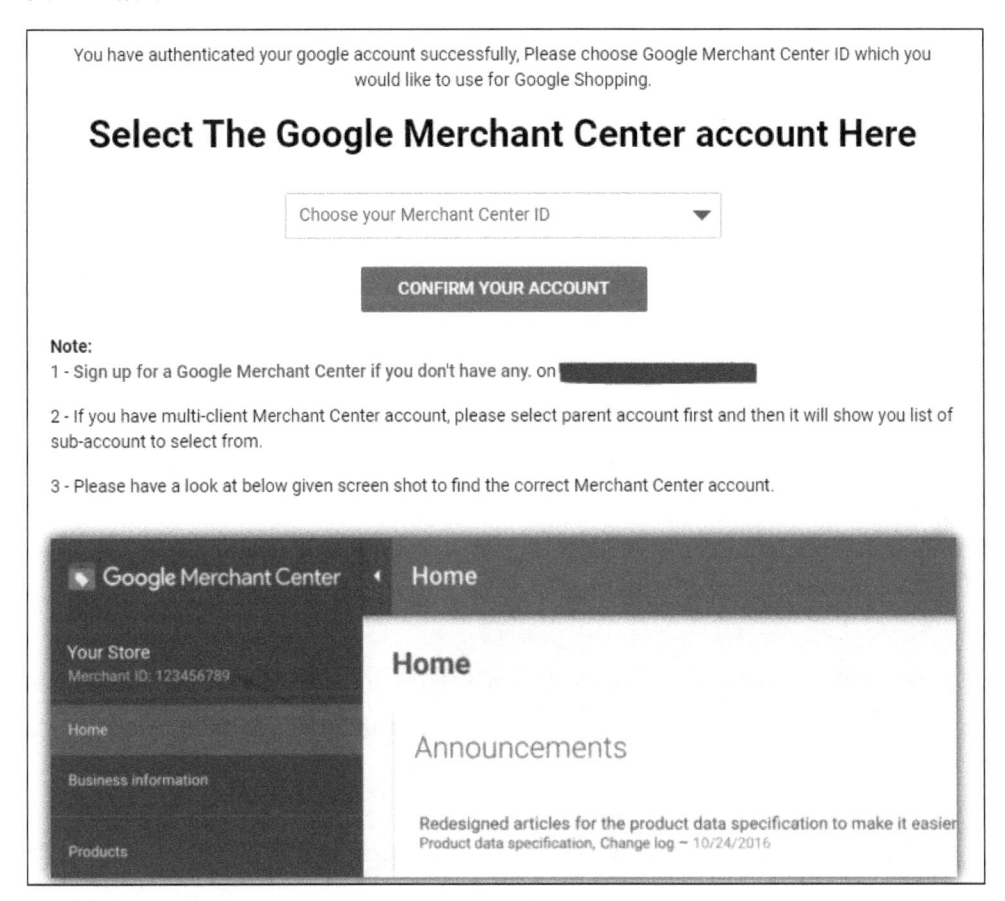

图 7-26　关联 Google Ads 账户并选择 Merchant Center ID

在确认 Merchant Center ID 后,该应用的新页面将展示 Google Merchant Center 程序的开启说明。点击"YES, I'VE ENABLED PROGRAM(S)"(是的,我启动了程序)按钮,该应用将验证 Google Merchant Center 的状态。卖家应该在 Google Merchant Center 中点击设置按钮,再点击"Business information"(商业信息)按钮,在弹出的页面中验证网站域名和所有权,如图 7-27 所示。

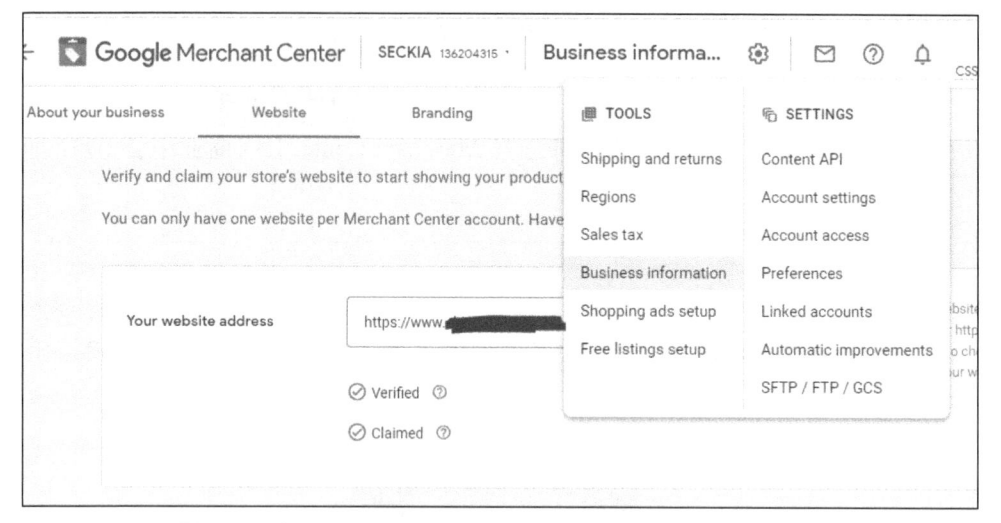

图 7-27　在 Google Merchant Center 中验证网站域名和所有权

在验证通过后，卖家在 Google Ads 中创建购物广告，即可运行 Google Shopping 广告程序。本节只安装和设置该应用，具体的推广操作将在第 9 章进行介绍。

7.2.2　Facebook 应用

Facebook Channel 是 Shopify 官方推出的应用，用于把 Shopify 商店引入 Facebook Shops、Instagram，在 Facebook 上创建免费和付费广告，以及在 Messenger 上与客户联系。

首次安装 Facebook Channel 后，需要关联 Facebook 账户，并授权可以管理的 Facebook 粉丝页面，在关联和授权完成后，即可以进入该应用，如图 7-28 所示。

先点击"在 Facebook 上销售产品"下方的"继续设置"按钮，按步骤关联 Facebook 账户、Business Manager（商务管理平台）、验证域名，授权可以管理的 Facebook 粉丝页面，如图 7-29 所示。

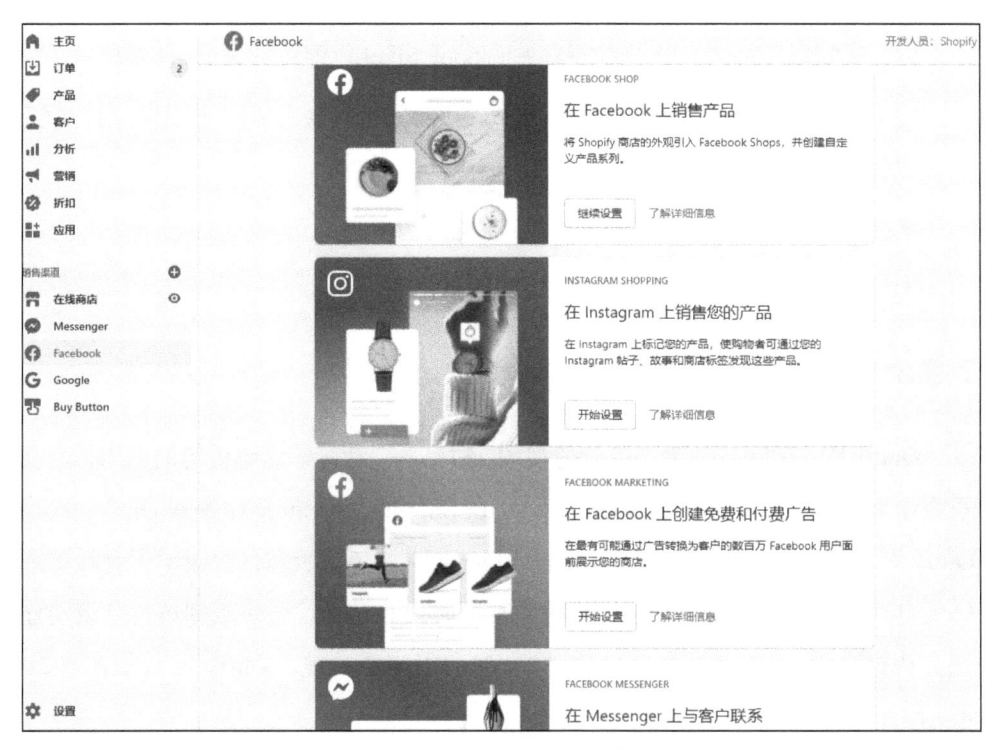

图 7-28　Facebook 应用

图 7-29　设置 Facebook Shop

然后，继续设置以下内容。

（1）设置数据共享，以便 Facebook 使用 Shopify 的客户数据将产品、文章和广告定位给客户。

（2）设置跟踪像素，连接或新建 Facebook Pixel 以便进行访问数据跟踪。

（3）创建 Facebook 商务账户，在 Facebook 商务管理平台上自定义广告系列，以便在 Facebook、Instagram 中销售。

最后，确认条款和条件，完成设置即可。

关联其他账户的设置与上述设置类似。

7.2.3 社交媒体营销应用 Outfy

Outfy 是一款轻松地为产品创建视频、拼贴画、动画等促销内容的应用，可以很方便地让卖家在社交媒体上推广商店。在 Shopify App Store 中搜索 Outfy，找到 Outfy，可以查看 Outfy 的说明和定价。Outfy 支持免费版和付费版，免费版支持每天自动发布两个产品帖子，并支持手动即时发布产品，付费版则按付费级别分别支持拼贴画、GIF 动画、产品视频创建和促销等功能。Outfy 定价如图 7-30 所示。

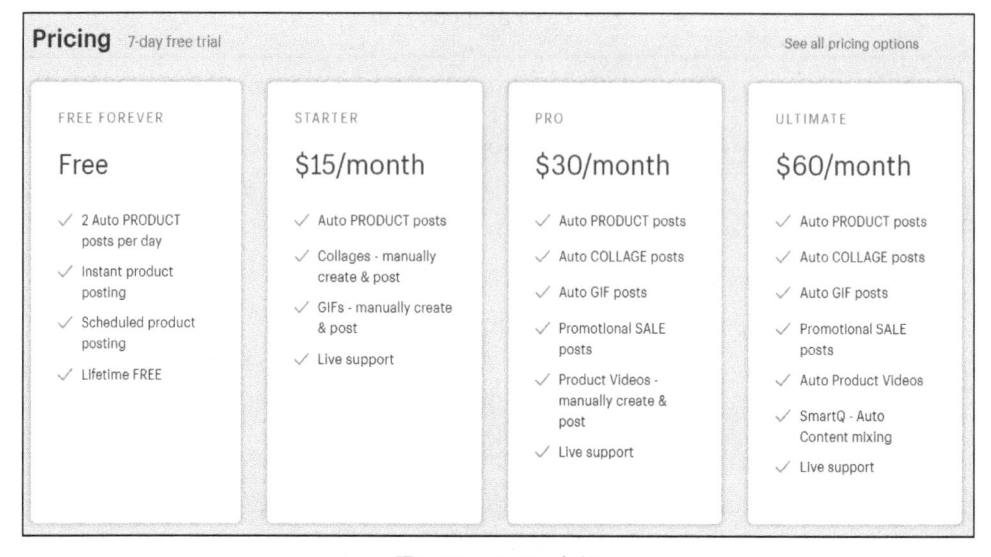

图 7-30 Outfy 定价

在添加 Outfy 后，打开 Outfy，默认页面为英文页面。Outfy 不支持中文，支持多商店管理。卖家可以点击"Add Shop"选项添加 Shopify、Etsy、BigCommerce，甚至 eBay 商店。点击"Create Posts"（创建帖子）下拉菜单，可以看到 Outfy 支持创建 Products、Collage-X、GIFS、Videos 等帖子。点击"Products"选项，页面将显示在售产品，将鼠标指针移动到在售产品上，即可显示 Outfy 快捷菜单，其中包括 Quick post（快速发帖）、Create Promotion（创建促销）、Create Collage（创建拼贴画）、Create Gif（创建动画）、Create Video（创建视频），如图 7-31 所示。

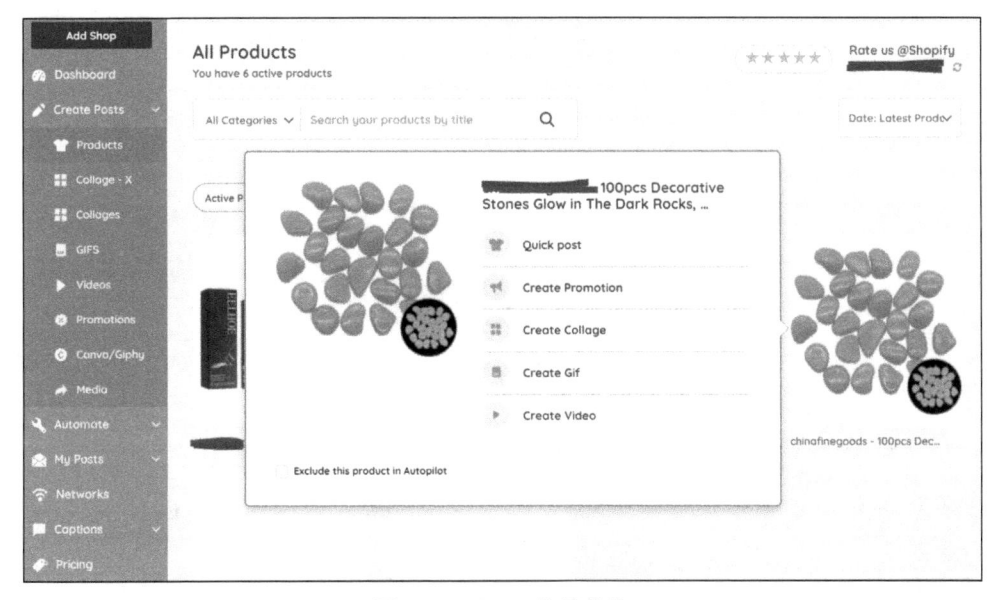

图 7-31　Outfy 快捷菜单

需要注意的是，在发帖之前，需要先关联 Facebook、Instagram 账户，在关联成功后，点击"Quick post"选项，即可快速发帖。卖家在撰写帖子并附上标签进行发布后，页面右侧将显示帖子预览。点击"Post Now"（现在发布）按钮即可将帖子发布到 Facebook 和 Instagram 中，也可以点击"Schedule for later"（延时计划）按钮设置定时发布，如图 7-32 所示。

如果点击"Create Collage"选项，那么卖家可以直接选择一种拼贴画样式，并且可以添加 Logo、新品、热卖、包邮等标签，还可以修改拼贴画的背景。在创建完成后，卖家点击"SHARE"（共享）按钮即可快速发帖，如图 7-33 所示。

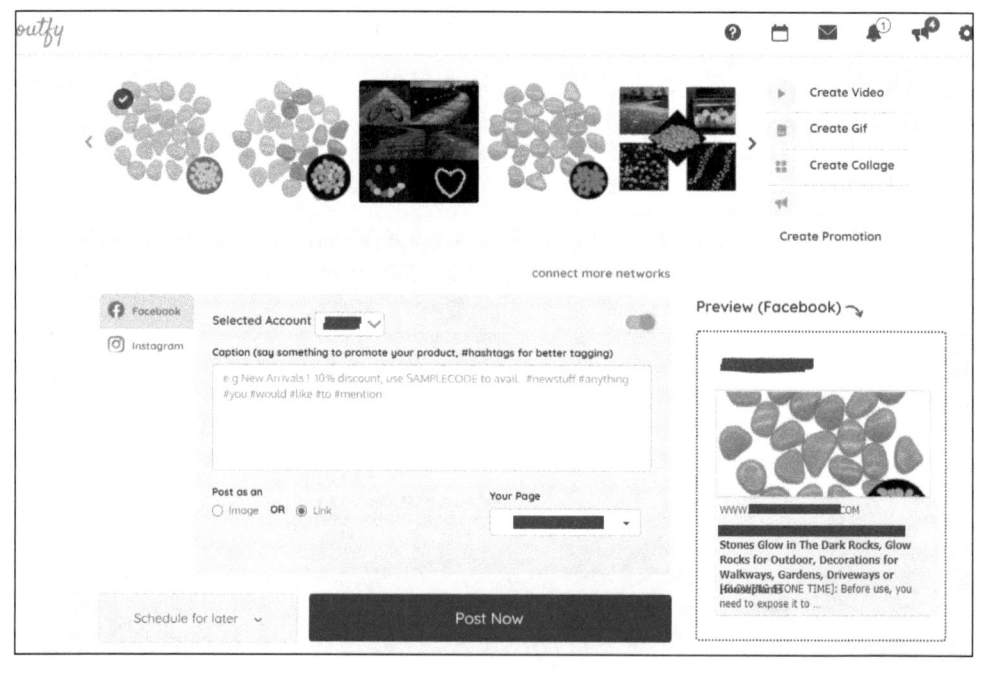

图 7-32　Outfy 快速发帖预览

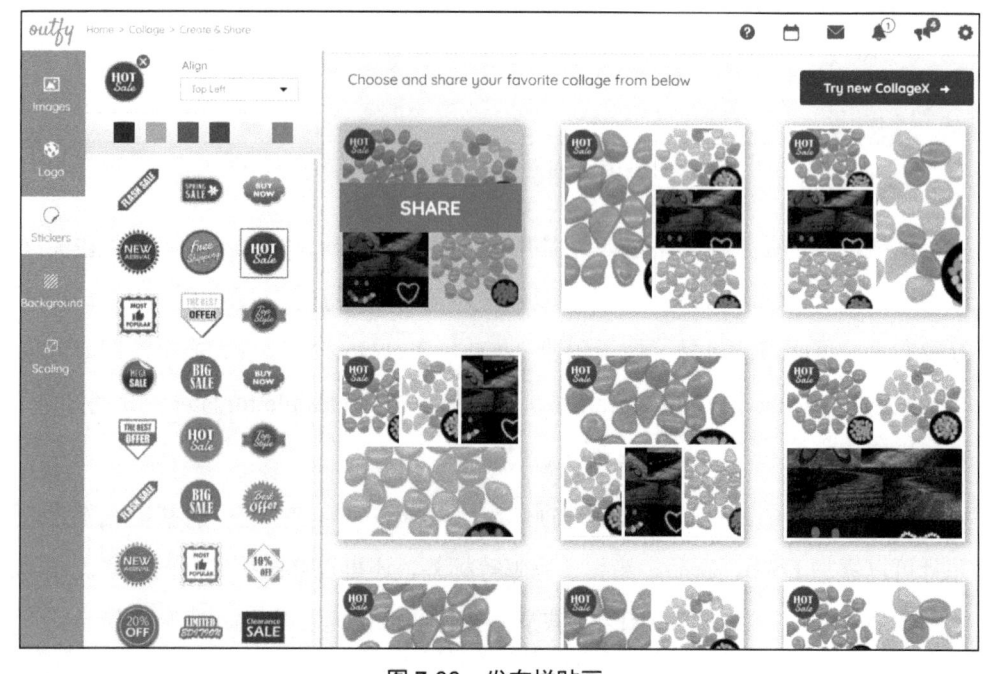

图 7-33　发布拼贴画

如果点击"Create Gif"选项，那么卖家可以直接选择一种 GIF 主题，最多添加 5 张图片，并添加 Logo、新品、热卖、包邮等标签，还可以修改 GIF 动画的切换速度。GIF 动画最多可以切换展示 5 个产品样式。创建完成后，点击"Share GIF"（共享 GIF）按钮即可快速发帖，如图 7-34 所示。

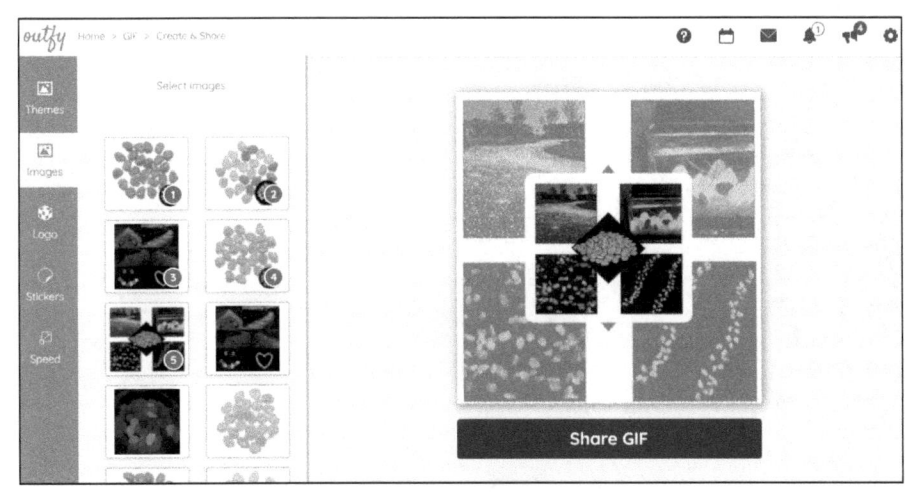

图 7-34　发布动画

如果点击"Create Video"选项，那么卖家可以直接选择一种视频模板，从 List（列表）中选择图片或从本地上传图片，最多添加 5 张图片。点击"Continue"（继续）按钮后，Outfy 将自动创建视频，稍等片刻，即可看到视频创建进度和已经创建好的视频，如图 7-35 所示。在创建好的视频下方，Outfy 提供了预览、编辑、发布等选项，点击"SHARE"按钮即可进行视频发布。

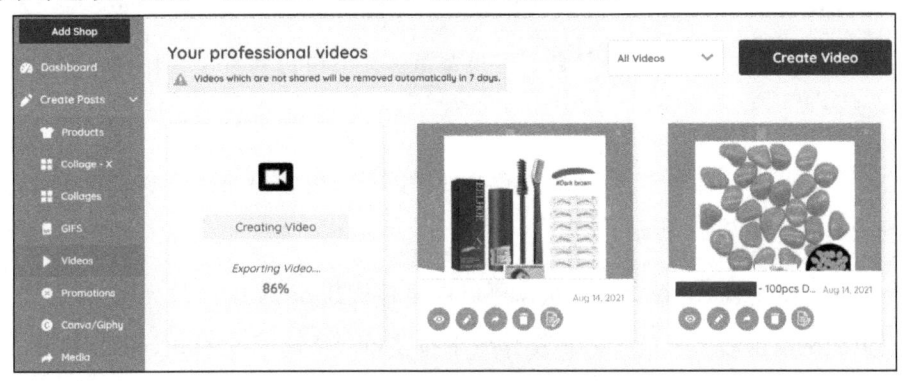

图 7-35　创建视频

点击"Automate"（自动化）下拉菜单，可以设置自动发帖。卖家可以设置自动发布产品、拼贴画、动画、视频等帖子类型，点击"Create new Autopilots"（创建新的自动发帖）选项，可以进行自动发帖的 General（常规）设置，设置自动发帖计划的名称和时间等，如图 7-36 所示。

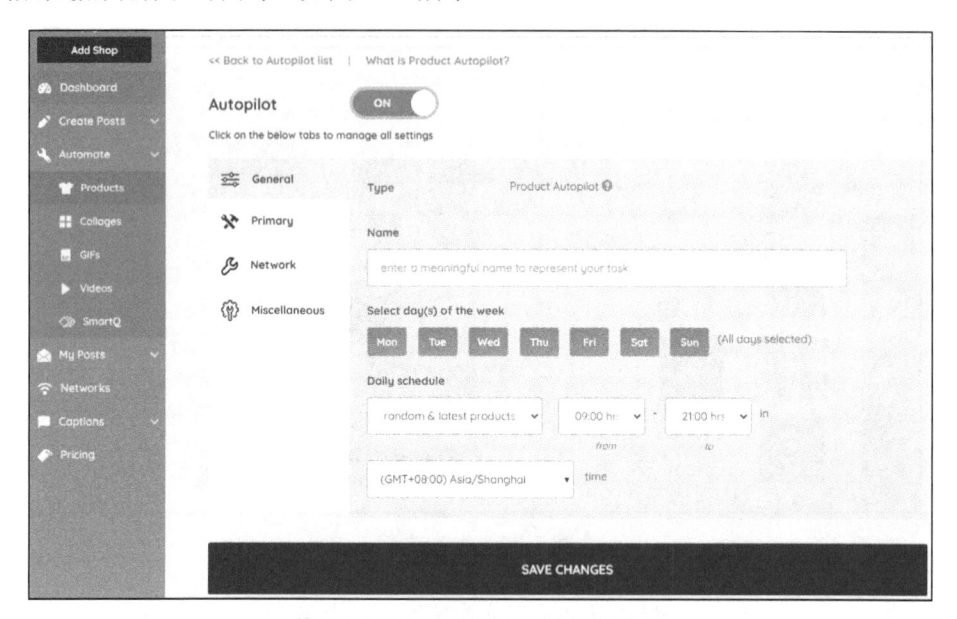

图 7-36 Outfy 自动发帖的常规设置

在 Primary（主要）页面中，卖家可以设置自动发帖时使用的模板、分类。在 Network（网络）页面中，卖家可以设置分享用的社交媒体网络和主页。在 Miscellaneous（其他参数）页面中，卖家可以设置自动多次发帖并使用不同的图片。在 Collages 页面中，卖家还可以设置拼贴画的主题和背景等信息。

点击"My Posts"（我的发帖）下拉菜单，卖家可以查看发帖排期、计划、活动帖子等。

在 Networks 页面中，卖家可以查看连接的社交媒体网络，并添加或删除已关联的账户，如图 7-37 所示。

另外，在安装 Outfy 之后，卖家还可以随时从 Shopify 的产品列表页面或产品编辑页面中点击右上方的"其他操作"下拉菜单，快速通过 Outfy 创建帖子，如图 7-38 所示。

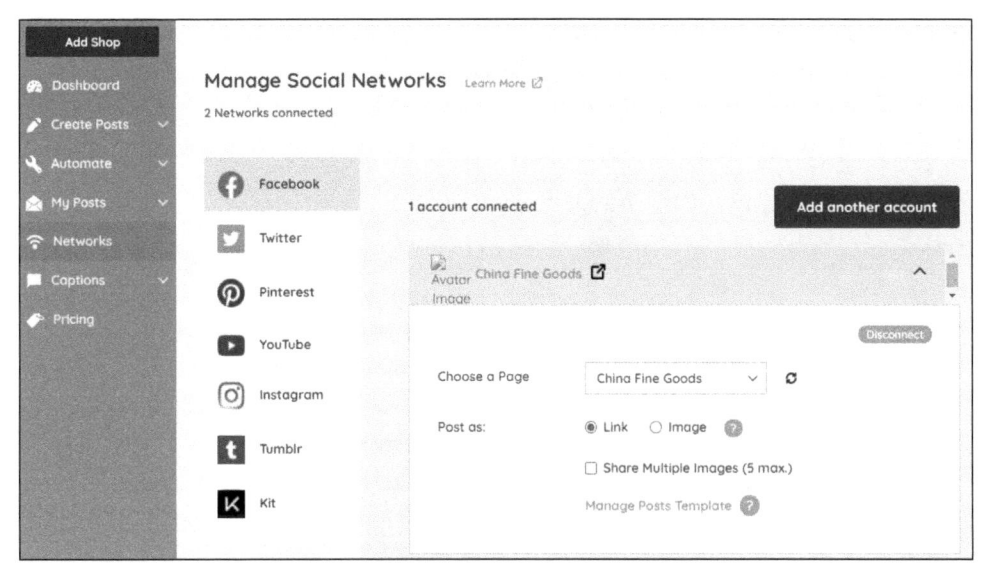

图 7-37　Outfy 管理社交媒体网络账户

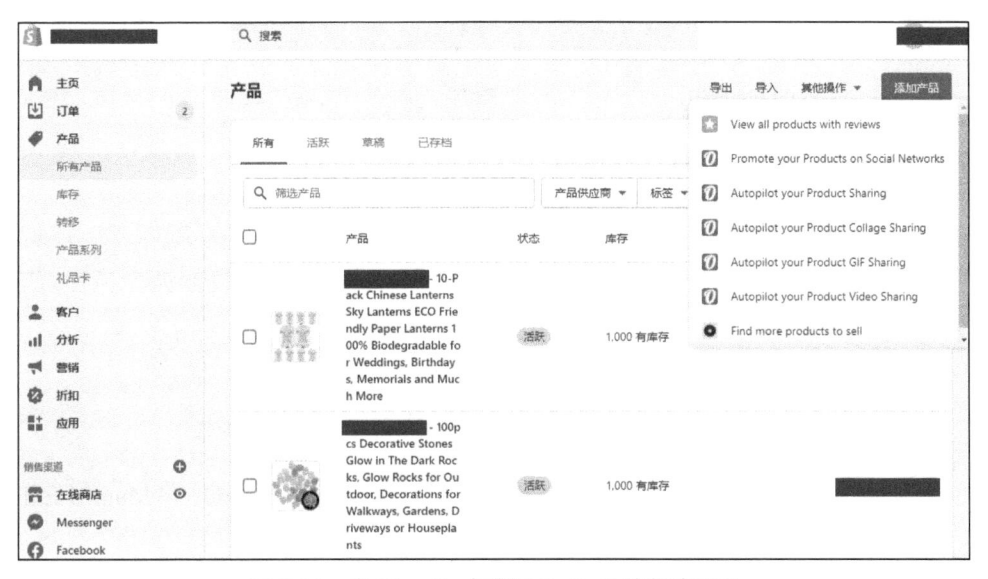

图 7-38　在 Shopify 中通过 Outfy 快速创建帖子

7.2.4　网站 SEO 应用

SEO Booster 是一款自动 SEO 应用，可以让卖家在几分钟之内完成对 Google 的 SEO，包括 SEO 健康检查、元标签优化、Google 站点地图设置、把图像批量替换为文字、关键词和死链管理等。

在搜索并添加 SEO Booster 后，在 Shopify 后台打开 SEO Booster，默认页面为英文页面。SEO Booster 不支持中文，在首次打开时将自动测试网站的 SEO 分数，并给出修复建议，如图 7-39 所示。

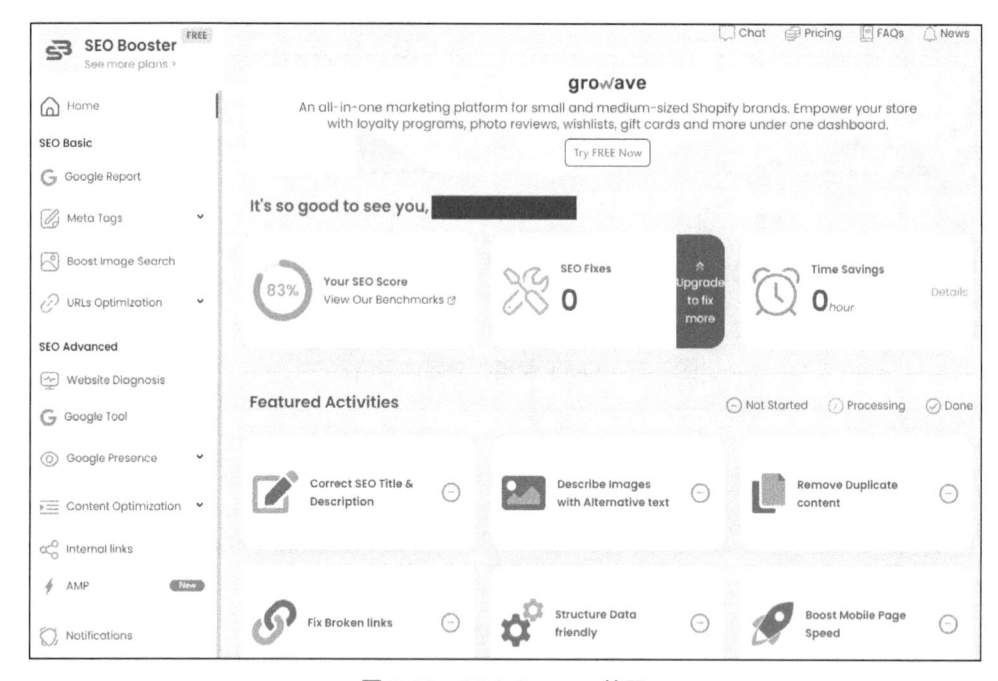

图 7-39　SEO Booster 首页

1. SEO Basic

Google Report 页面显示的是检测的 SEO 分数，在首页已经显示。

Meta Tags 为元标签，支持 Bulk Edit SEO（自动批量编辑 SEO）和 Manual Edit SEO（手动编辑 SEO）。

在 Bulk Edit SEO 页面中，卖家可以设定每个页面元标签的规则，如图 7-40 所示。

在 Manual Edit SEO 页面中，卖家需要设定每个页面元标签的规则，但 SEO Booster 会给出建议和预览，如图 7-41 所示。

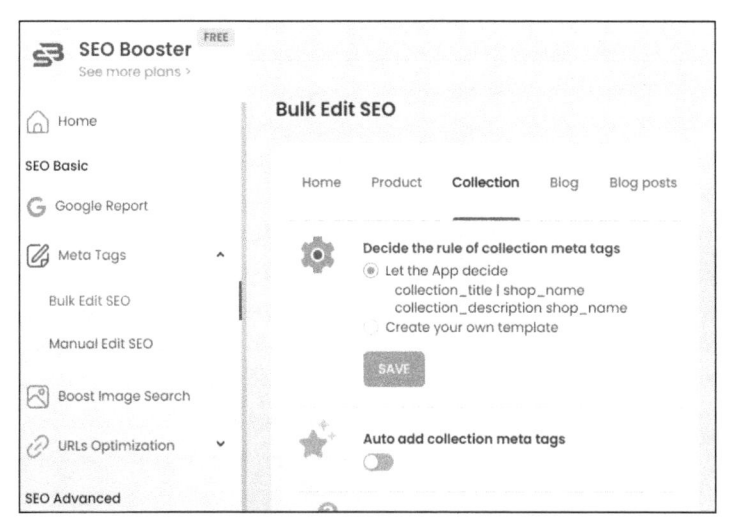

图 7-40 Bulk Edit SEO 页面

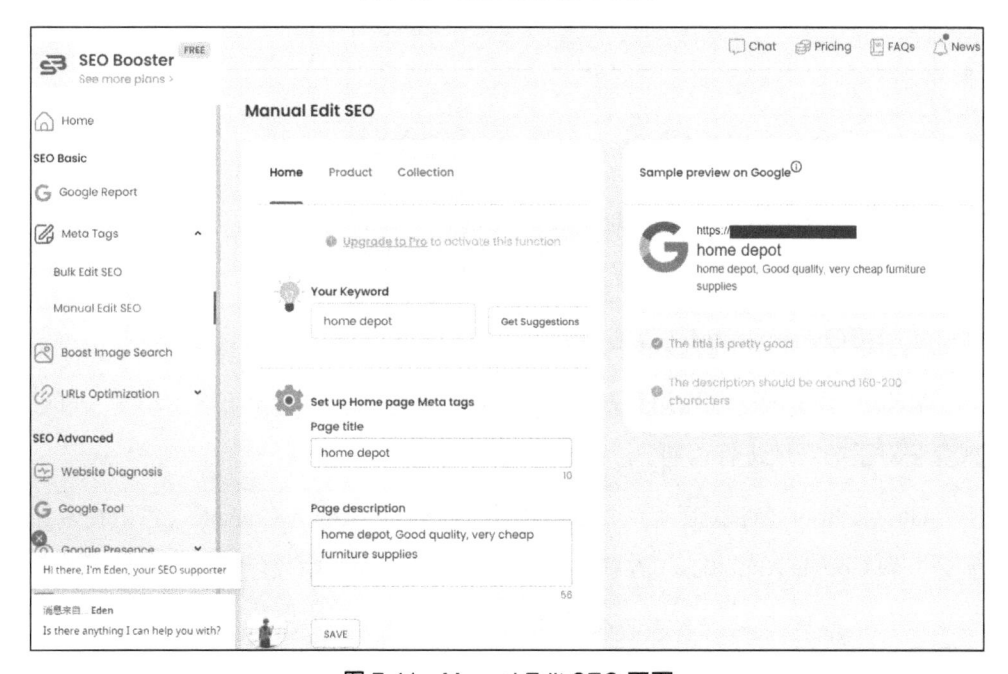

图 7-41 Manual Edit SEO 页面

  图片的 ALT 标签可以在图片无法加载的时候显示文字，能被客户看到，并能够被搜索引擎识别和抓取。点击"Boost Image Search"选项可以进行图片的 ALT 标签设置，卖家可以让 SEO Booster 决定 ALT 标签的文本，也可以手动设置 ALT 标签模板，并能够设置自动添加 ALT 标签，如图 7-42 所示。

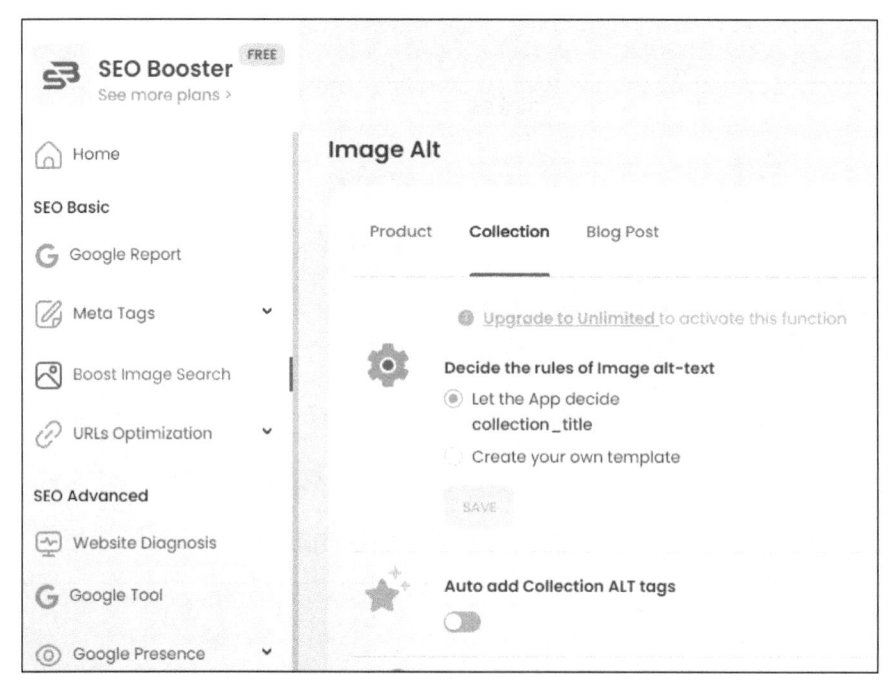

图 7-42　图片的 ALT 标签设置

在 URLs Optimization（网址优化）页面中，卖家可以检测网站中存在的死链接和长链接，并进行修复。

2. SEO Advanced（高级优化）

Website Diagnosis（网站诊断）是一款网站诊断工具，卖家可以主动输入自己或竞争对手的网址进行诊断。

Google Tool（谷歌工具）页面则显示了 Google Search Console（谷歌搜索控制台）和 Google Analytics（谷歌分析）数据，在第 6 章中已经介绍。

在 Google Presence（谷歌收录）页面中，卖家可以提交 Sitemap、测试 JSON-LD 结构化数据等。

在 Content Optimization（内容优化）页面中，卖家可以检测网站的重复内容、关键词排名，了解不同地区的热门关键词趋势等。

在 Internal links（内链）页面中，卖家可以检测内部链接，包括锚文本和连接次数等。

在 AMP 页面中，卖家可以发布 AMP 页面，以便在移动设备中更快地加载网页。

7.2.5 联盟营销计划应用

联盟营销即 Affiliate，被广泛地运用于分层分销、"网红"营销等销售方式，通过给分销商提供专用链接、专属优惠券等方式，为分销商或"网红"快速创建优惠券，使用专属链接为客户提供自动折扣，让分销商和"网红"均能够获得销售数据和佣金，国内的淘宝联盟、京东联盟等均使用联盟营销进行推广。一个成功的联盟营销行动能够帮助卖家在独立站运营初期有效地开发客户，实现指数级增长。

在 Shopify App Store 中搜索 Affiliate，以 UpPromote: Affiliate Marketing 为例，安装该应用，该应用的页面为英文页面，在首次打开时需要注册账户，注册完成后进入应用向导，根据向导提示设置默认程序、联盟注册链接、支付方式、Logo、品牌名称、条款和隐私政策、联盟向导、邮件模板、市场清单等，并设置测试账户，以便测试联盟账户、链接和订单，如图 7-43 所示。

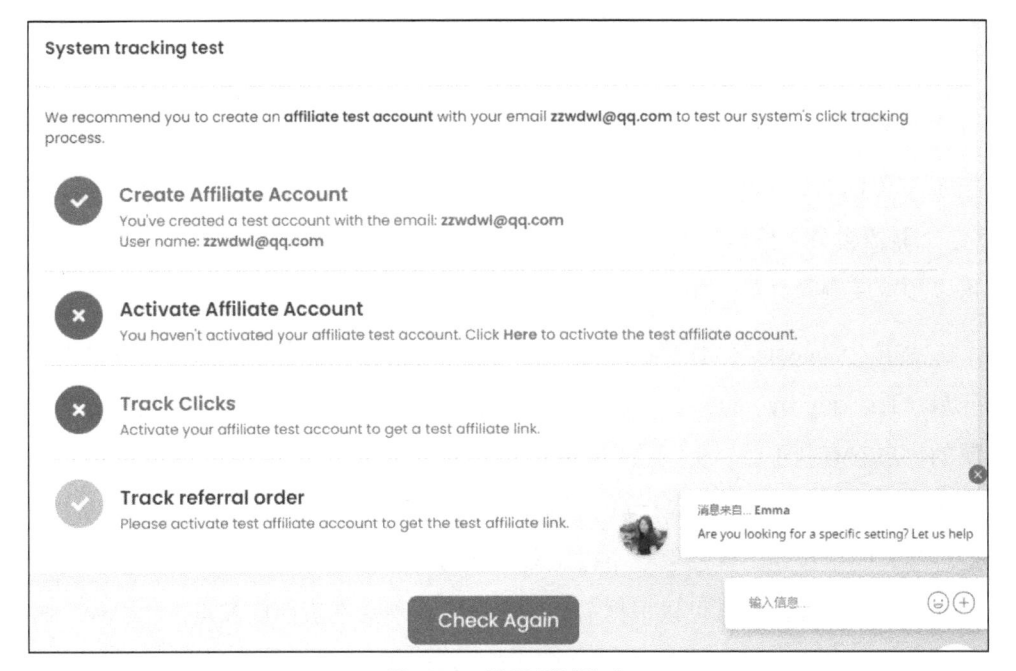

图 7-43 设置测试账户

在设置完成后，在该应用中点击"Programs"（程序）选项，可以创建联盟营销程序，默认的标准联盟佣金率为10%。卖家可以根据自身产品利润及推广力度，点击"Add new"按钮添加新的联盟佣金率，如图7-44所示，也可以点击"Auto tier commission"（自动分层佣金）选项卡开启多层营销，设置每一层的佣金率。

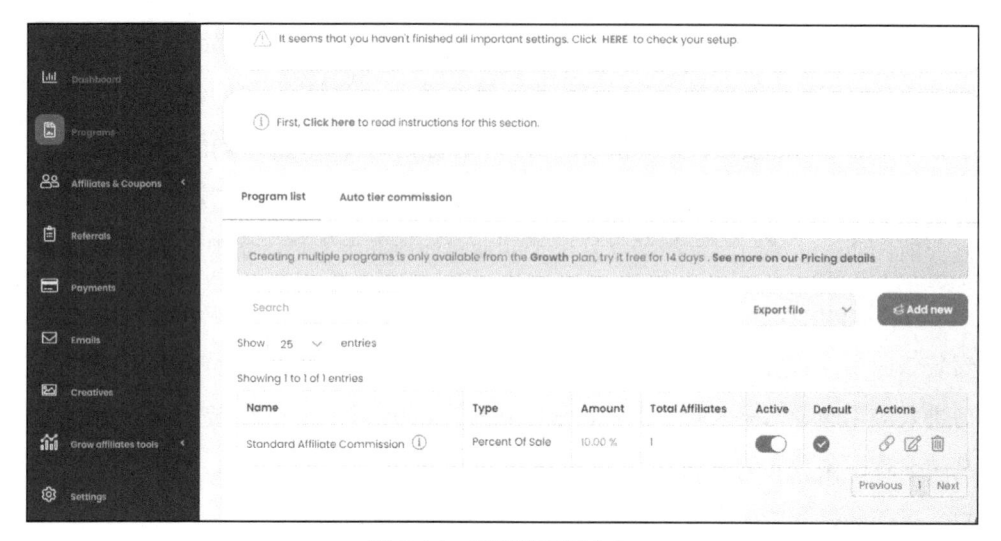

图7-44　设置联盟佣金率

点击"Affiliates & Coupons（联盟和优惠券）"下拉菜单中的"Affiliates"选项，卖家可以在该页面中管理联盟会员，点击"Connect Customers"（联系顾客）按钮关联UpPromote: Affiliate Marketing现有的联盟会员，或者点击"Add affiliate"（添加联盟会员）按钮添加新的联盟会员，在Affiliates list（联盟会员列表）右侧可以预览或删除会员，如图7-45所示。

点击"Coupons"（优惠券）选项可以管理优惠券。当首次添加优惠券时需要开启"Tracking by coupon"（凭优惠券追踪）按钮，如图7-46所示。联盟会员专属的优惠券有利于会员前期推广，因此前期建议开启。点击"Setting"选项，在"Coupon"选区中有"Tracking by coupon"和"Auto-generate coupon"（自动生成优惠券）两个按钮。开启第一个按钮即可使用优惠券跟踪，开启第二个按钮可以自动创建优惠券，卖家可以根据需要进行选择，然后在页面底部点击"Save"按钮保存。

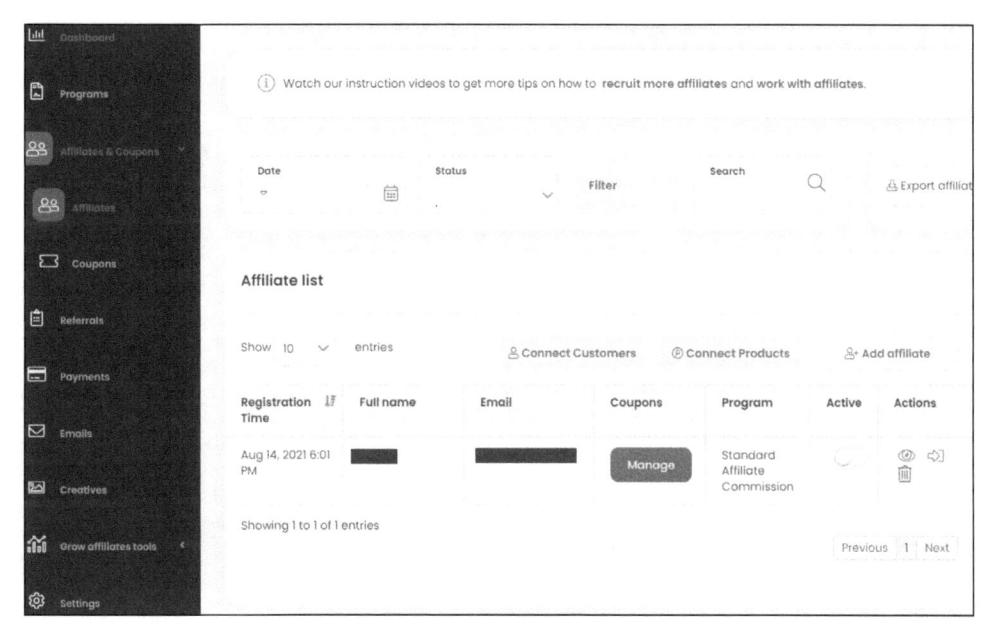

图 7-45　管理联盟会员

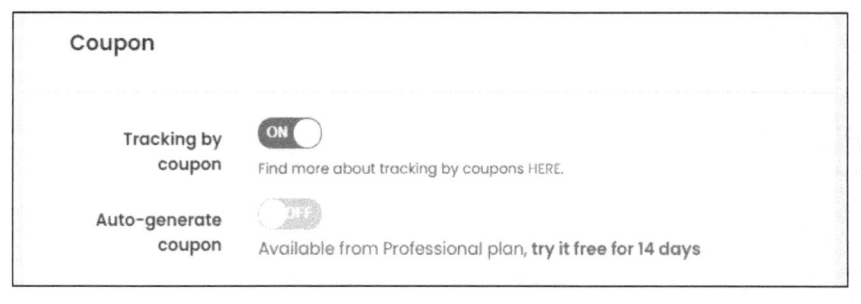

图 7-46　"Coupon"选区

点击"Coupons"选项，再点击"Add Coupon"按钮，然后在新页面中可以添加新的优惠券或者使用已存在的优惠券。在新优惠券中需要填写优惠码和优惠类型，其中优惠类型支持优惠金额、优惠百分比和免运费。在设置完优惠券后将其分配给指定的联盟会员即可，如图 7-47 所示。

被联盟会员推荐成交的订单将会在 Referrals（推荐）页面中显示，卖家可以点击"Referrals"选项查看推荐列表，如图 7-48 所示。

图 7-47　添加联盟优惠券

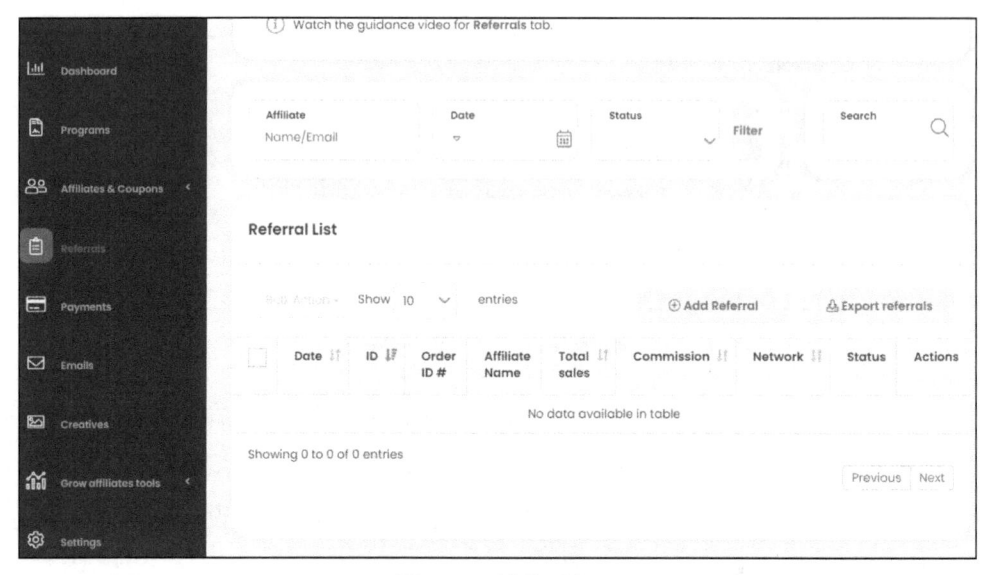

图 7-48　推荐列表

卖家在 Referrals 页面中可以帮助联盟会员手动关联订单，点击"Add Referral"（添加推荐）按钮，通过 Use Order ID（使用订单 ID）或 Fix Amount（定额）找到指定的推荐，并填写联盟会员名称或邮箱进行添加，如图 7-49 所示。卖家也可以点击"Bulk import"（批量导入）选项卡进行订单的批量推荐。

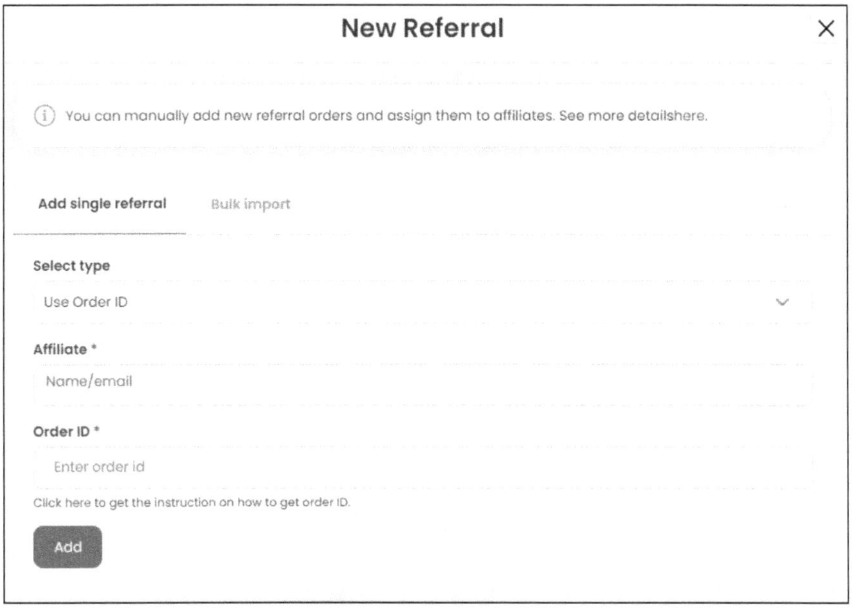

图 7-49　添加新推荐

在 Payments（支付）页面中，卖家可以为联盟会员支付佣金。该应用既支持自动和手动通过 PayPal 支付佣金，也支持批量处理支付事项。

在 Emails（邮件）页面中，卖家可以设置联盟的各项邮件模板，可以设置的内容包括联盟会员、支付方式等。

在 Creatives（创意）页面中，卖家可以添加图片、文件、视频等素材，让联盟会员查看或下载，以便帮助联盟会员更好地推销卖家的产品。

在 Grow affiliates tools（联盟增长工具）页面中，卖家可以设置选项，以便把客户转化为联盟会员，并设置多层营销等。

在 Setting（设置）页面中，卖家可以进行联盟设置，包括常规、分析、支付、消息等设置。其中，在 Affiliate account language（联盟账户语言）中，卖家可以指定联盟会员的语言，也可以允许会员选择语言，包括中文，但该设置是让联盟会员使用的，并不能改变应用的语言。

7.3 其他应用

7.3.1 订单状态跟踪应用

Shopify 支持跳转到第三方物流平台跟踪订单，但订单状态跟踪应用 Parcel Panel Order Tracking 允许已购买商品的客户在 Shopify 商店跟踪他们的订单，如图 7-50 所示，无须跳转到第三方物流平台的页面，并支持电子邮件和短信通知，支持全球高达 800 多家快递公司。

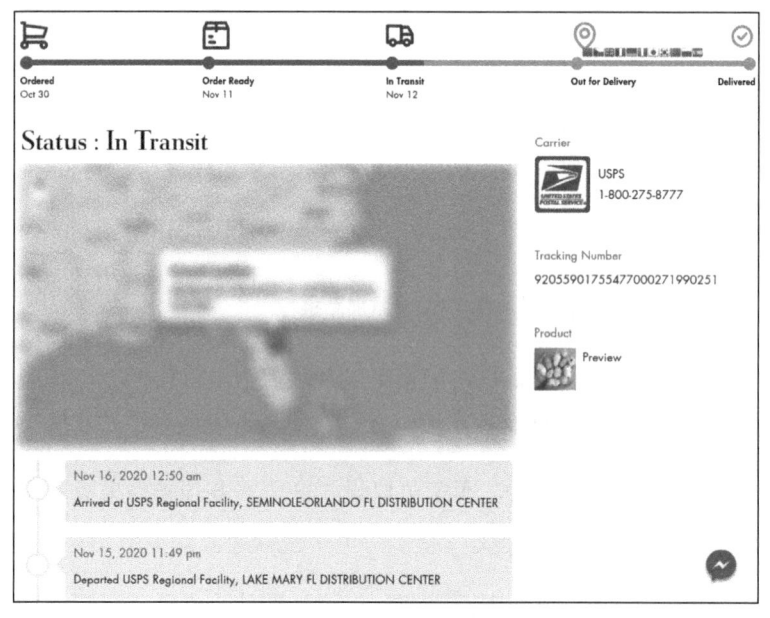

图 7-50　订单跟踪页面

在 Shopify App Store 中搜索并安装 Parcel Panel Order Tracking 后，打开该应用，在 Dashboard（仪表盘）页面中可以浏览过去 60 天的订单状态，订单状态以环形图片显示，如图 7-51 所示。

在 Tracking Page（跟踪页面）中，卖家可以设置订单跟踪信息的显示状态、跟踪页面翻译、自定义状态、预计交货时间、附加信息、SEO 优化等，如图 7-52 所示，在设置完成后，点击"Preview"（预览）按钮即可预览跟踪页面。

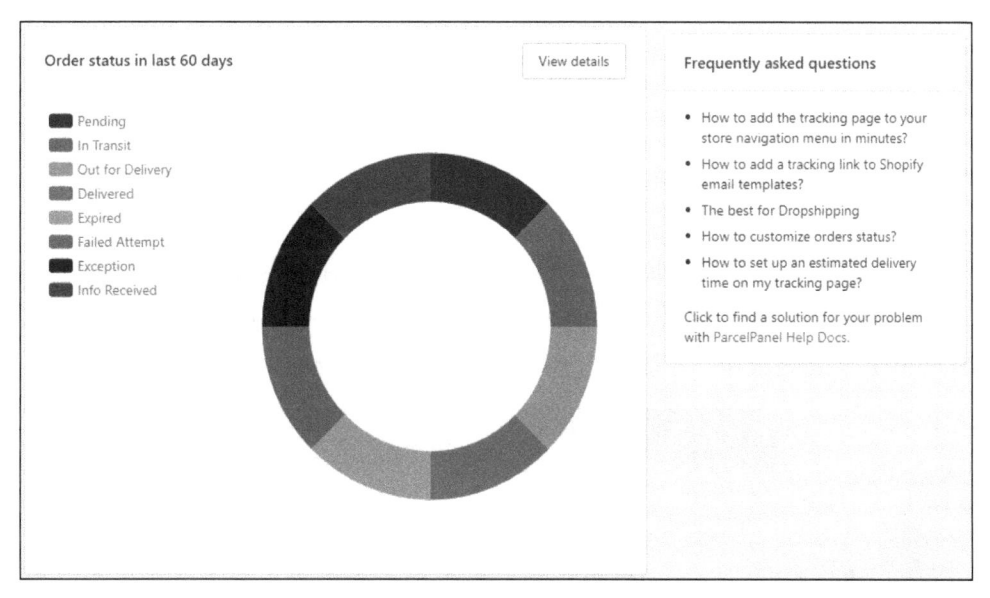

图 7-51　过去 60 天的订单状态

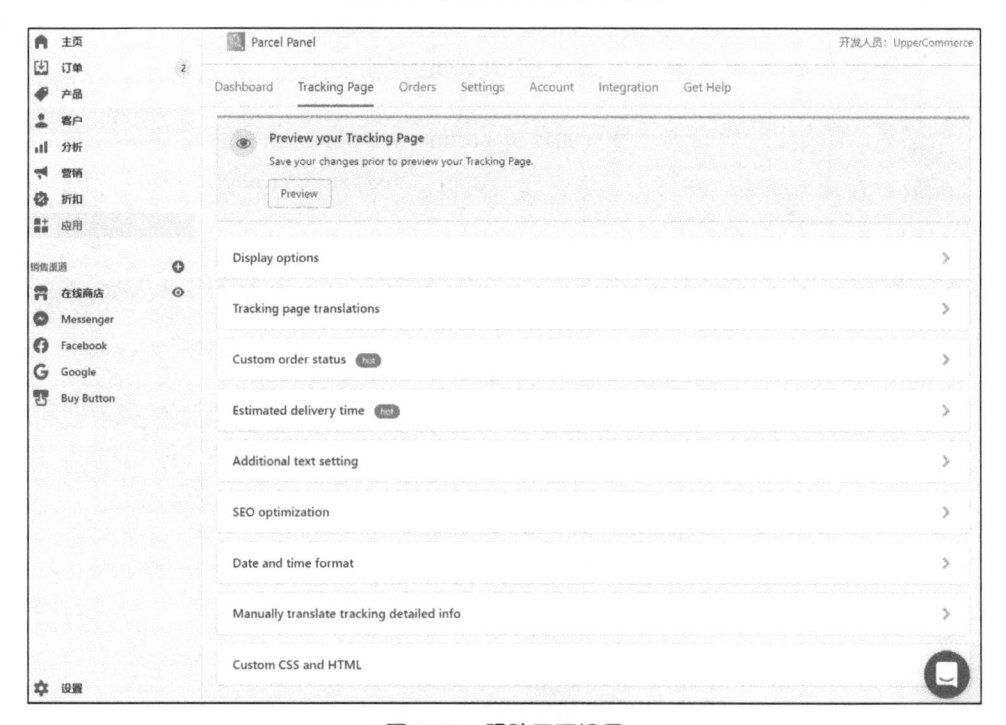

图 7-52　跟踪页面设置

在 Orders（订单）页面中，卖家可以查看所有订单的状态，即最后更新的状态。

在 Settings（设置）页面中，卖家可以设置通知、替换跟踪链接和快速匹配快递公司。

7.3.2 产品问答应用

产品页面的问答有助于客户了解产品、解决客户疑问、提高转化率。在 Shopify App Store 中搜索并添加 Product Question and Answers，按照步骤将应用代码插入 Shopify 的主题模板中，如图 7-53 所示，点击"CONTINUE"（继续）按钮。

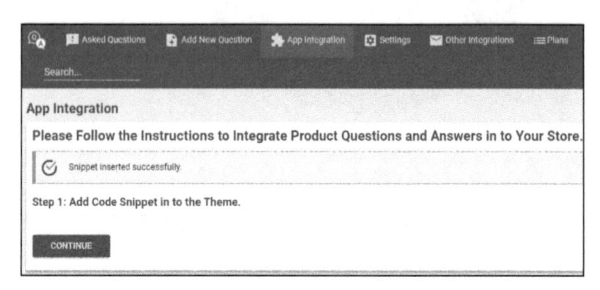

图 7-53　插入应用代码到主题模板中

然后，继续插入代码到产品页面模板 product-template.liquid 需要显示的位置，在完成后打开该应用。在该应用中，卖家可以看到等待回答的问题，也可以添加新问题，如图 7-54 所示。

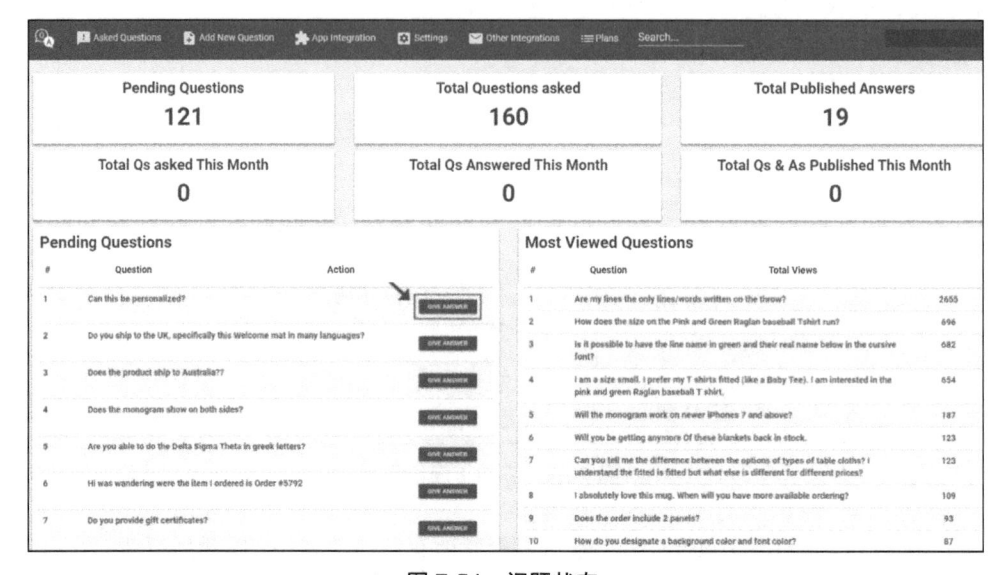

图 7-54　问题状态

在 Settings（设置）页面中，卖家可以设置页面信息，包括提交成功提醒、邮件提醒、邮件模板等，如图 7-55 所示。

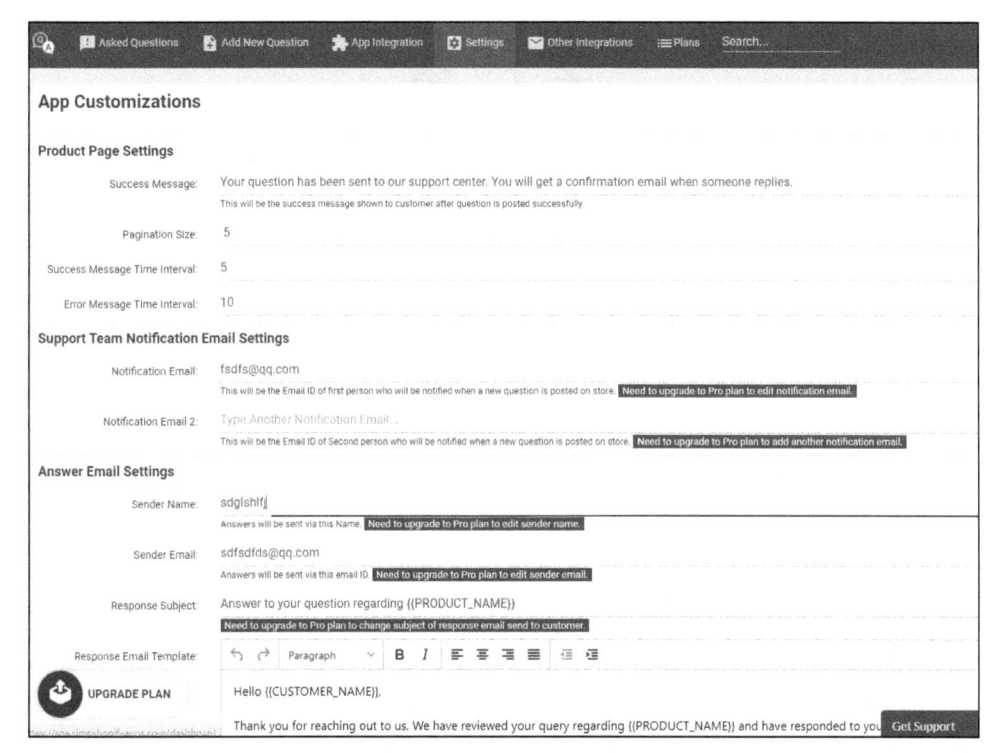

图 7-55　Settings 页面

在 Other Integrations（其他集成）页面中，卖家可以把问答添加到邮件列表，以便用于营销邮件。

第 8 章

Facebook 广告

在第 1 章中已经介绍过，使用 Shopify 独立站销售产品的最大缺点是需要自己引流，Shopify 独立站本身是没有流量的。Shopify 独立站在不同的发展阶段要采用不同的引流方式。新手及小卖家可以从 Facebook 开始付费推广，Facebook 在全球的流量仅次于 Google。卖家可以根据 Shopify 独立站的发展情况，加入 Google 推广、邮件营销、"网红"营销等。但是，打 Facebook 广告是一项技术含量很高的工作，卖家需要对广告投放原理、广告架构等知识有一定的了解，如果对这个平台一点儿也不了解，盲目投放广告，那么肯定会损失很多钱，甚至可能被 Facebook 封号。本章先厘清一些基本概念及其相互关系，再深入讲解 Facebook 推广。

8.1 基本概念

8.1.1 个人账户与个人主页

根据 3.3 节介绍的步骤注册后的 Facebook 账户便是个人账户。点击 Facebook 首页右上方的头像照片，然后在出现的下拉菜单中点击"查看你的个人主页"选项，如图 8-1 所示，便可以进入个人主页。也就是说，只要你成功地注册了 Facebook 账户，就有了个人账户和个人主页。个人主页的作用是显示"个人信息"。你通过个人账户发布的任何信息都会在个人主页上显示。举一个恰当的例子，个人账户相当于你用手机号码注册的微信号，个人主页就相当于你的微信朋友圈。个人主页是强调与好友互动、社交的页面，公共主页才是营销的地方。在个人主页中偶尔发布营销信息是可以的，但是发多了，会让人反感。相信你屏蔽了很多经常在微信朋友圈发广告的人。

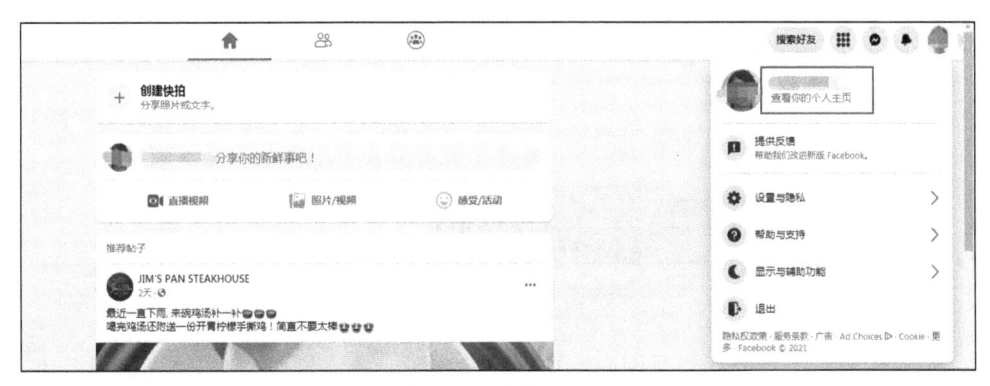

图 8-1　个人主页

点击"设置"→"隐私"→"个人主页与标记"选项，可以对在个人主页中发布的帖子进行隐私设置，如图 8-2 所示。

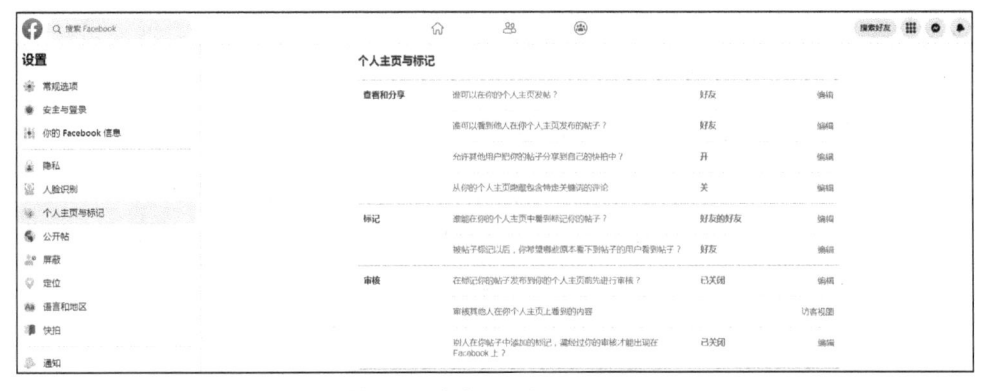

图 8-2　个人主页与标记页面

8.1.2　公共主页

如图 8-3 所示，点击"▦"→"创建"→"公共主页"选项出现的页面便是公共主页，简称主页。它是供企业、品牌和组织分享动态并与粉丝交流的页面。

Facebook 公共主页是由拥有个人主页的个人用户创建和管理的，并且每个个人账户都可以管理多个公共主页。

图 8-3　公共主页

公共主页的主要功能是面向客户宣传产品或服务，及时向客户传递最新资讯。广告账户发布的推广广告会显示在公共主页中。

8.1.3　Business Manager

Business Manager 就是商务管理平台，是 Facebook 发布的一款主页管理工具，可供广告主一站式管理广告账户、主页和工作人员。借助这个平台，你可以投放广告，衡量广告的效果，可以添加各种资产，可以对公共主页、广告账户、像素等进行一站式管理。被授权为管理员的个人账户可以管理绑定在商务管理平台上的 Facebook 账户里的任何资产。你也可以在商务管理平台上授权个人账户为工作人员，并为其分配相应的权限。如果你需要多个广告账户管理不同的公共主页，使用不同的付款方式及广告表现报告，就可以使用商务管理平台。

你可以自己注册商务管理平台账户，打开商务管理平台主页进行注册，如图 8-4 所示[①]。

在注册商务管理平台账户时，需要使用 Facebook 个人账户信息验证身份，因此你必须使用 Facebook 个人账户和密码登录商务管理平台。点击商务管理平

---

① 网页中"帐户"的正确写法应为"账户"。

台主页右上方的"创建账户"按钮,输入公司名称、你的姓名、你的业务邮箱,如图 8-5 所示。

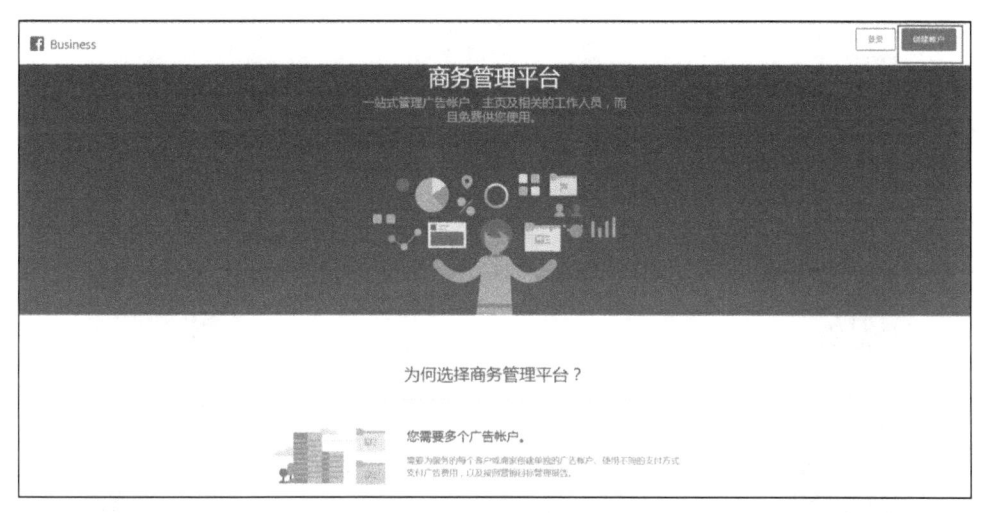

图 8-4　商务管理平台主页

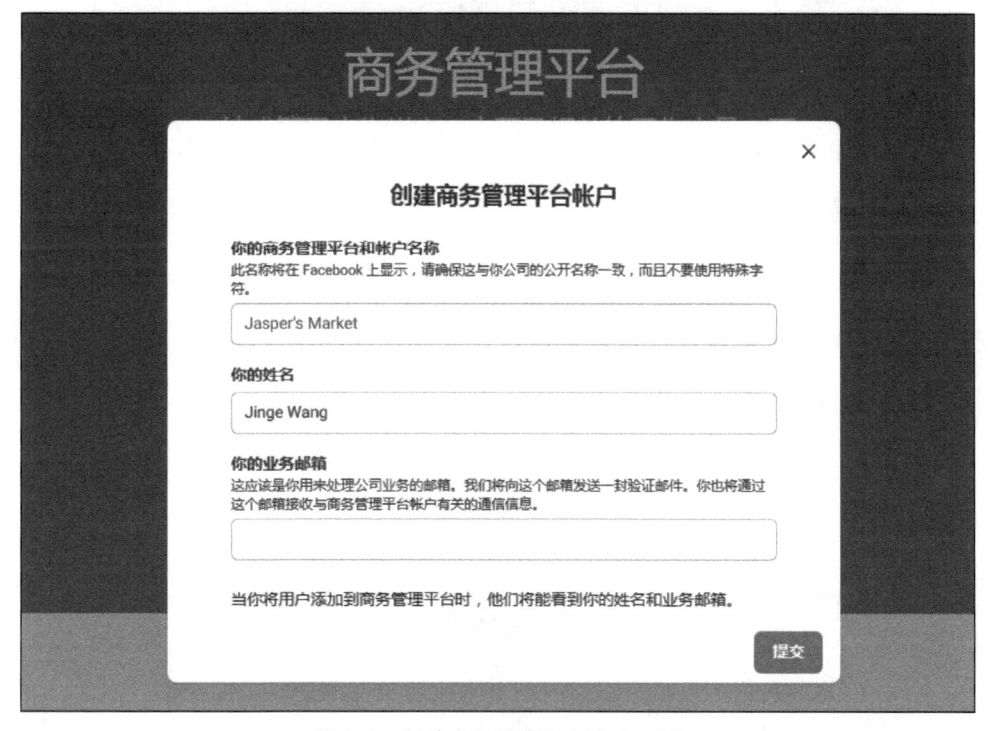

图 8-5　创建商务管理平台账户页面

在创建成功后，会有一封验证邮件发送到注册时使用的邮箱中，如图 8-6 和图 8-7 所示。

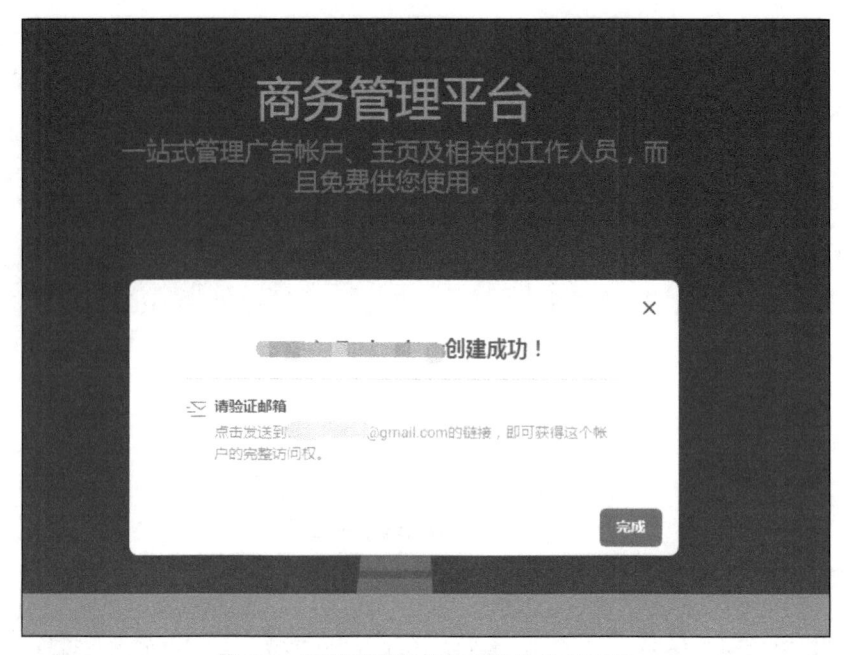

图 8-6　商务管理平台验证邮件发送页面

图 8-7　邮箱验证页面

点击"立即验证"按钮，便可以进入商务管理平台后台，如图 8-8 所示。

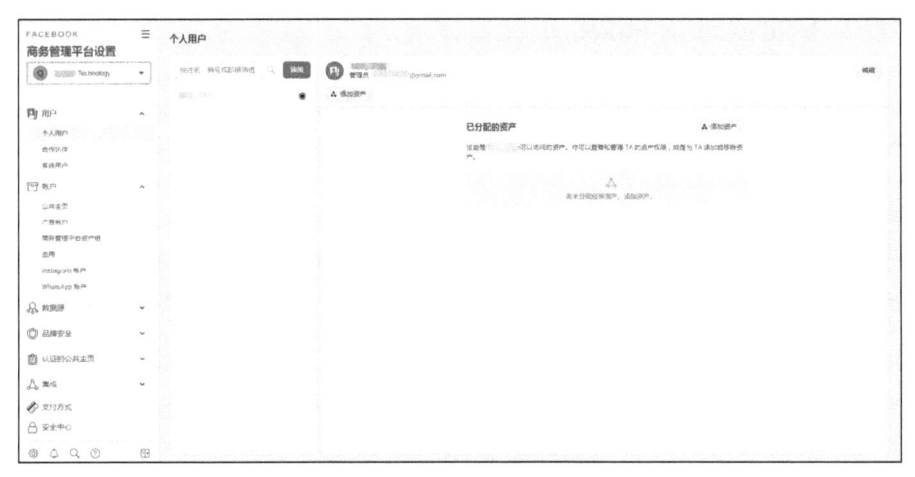

图 8-8 商务管理平台后台

8.1.4 广告账户

广告账户分为个人广告账户和企业广告账户。每个 Facebook 个人账户都可以开通一个个人广告账户，而企业广告账户需要提交营业执照找代理商开通，两者本质上并无太大区别，都用来推广，但是个人广告账户不稳定，更容易被审核，广告消费限额更低，建议直接找代理商开户。一个商务管理平台可以有 5 个广告账户，如图 8-9 所示，点击"广告账户"→"添加"按钮，可以添加广告账户、申请广告账户的访问权限、新建广告账户。广告账户如何操作将在 8.5 节中详解。

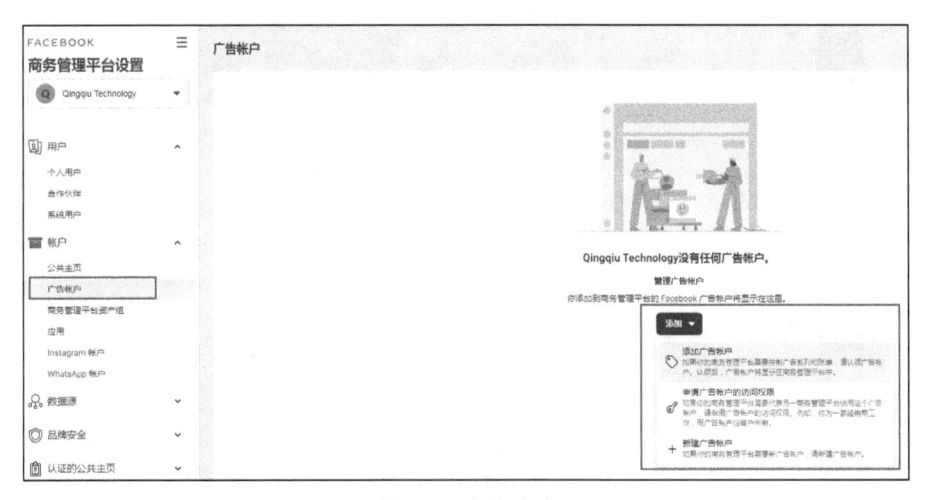

图 8-9 广告账户

8.1.5　Facebook Pixel

Facebook Pixel 是 Facebook 像素（简称"像素"），是一个可以据此追踪、衡量广告受众的代码，可以手动安装，也可以使用合作伙伴集成安装，在商务管理平台上进行操作。具体的安装步骤将会在 8.4 节中介绍。

在安装 Facebook Pixel 后，客户在打开被设有 Facebook 像素的页面时，其行为便会被代码记录。通俗来讲，它的作用类似于 Google Ads 中的 Google Analytics，帮助我们了解客户在网站上的各种行为，例如查看网页内容、搜索、加购物车等动作。有了这些数据，我们就可以改进并调整 Facebook 广告策略。

8.1.6　Facebook Business Suite

Facebook Business Suite 也是一个 Facebook 管理平台，其管理的范围比商务管理平台更广泛一些，如图 8-10 所示。Facebook Business Suite 目前一站式管理

图 8-10　Facebook Business Suite 后台

Facebook 和 Instagram 的所有绑定账户，未来 WhatsApp 的消息功能可能会集成到这个平台中。要想使用这个平台，就需要先创建 Facebook 公共主页。

在 Facebook Business Suite 后台中可以查看 Facebook 公共主页和 Instagram 账户的概览。你会看到最新信息、近期帖子和广告及成效分析。此外，你还可以在这里创建帖子，访问商务管理平台，创建广告或推广自己的业务。

在收件箱中，你可以阅读 Facebook 公共主页、Messenger 和 Instagram 账户的新消息与评论，还可以创建自动回复消息，用于解答客户经常询问的问题，如图 8-11 所示。

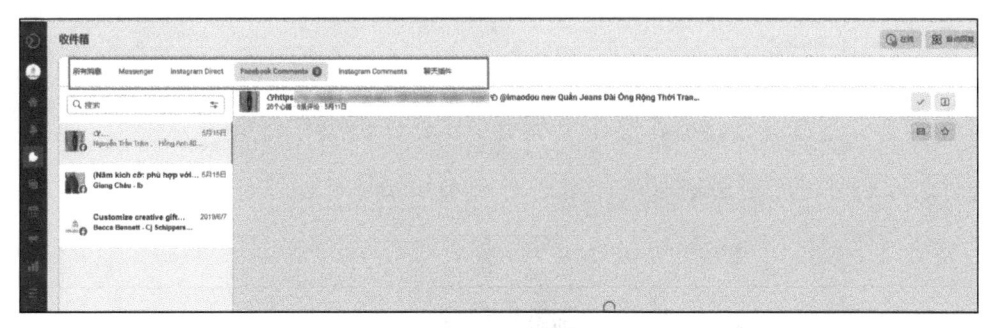

图 8-11 收件箱

8.2 个人主页设置与日常运营

8.1 节已经对各个概念进行了解释。Facebook 运营涉及很多方面，有很多细节需要注意。本节讲解个人主页设置与日常运营。

8.2.1 个人主页设置

需要设置的个人主页内容如图 8-12 所示，最主要的是封面照片、头像、帖子、简介、好友 5 个方面。

图8-12 需要设置的个人主页内容

1. 封面照片

封面照片的尺寸为940像素×350像素。你可以按照这个尺寸制作照片。前期不建议直接使用产品或者广告的Banner图，这样的图片不利于前期添加好友。你可以等累积了部分好友后再更换封面照片。你可以使用风景照片、建筑照片、喜欢的动画片等能显示个人风格或者喜好的封面照片。

2. 头像

建议使用真实的、漂亮的个人照片作为头像。这样更容易让Facebook相信你是一个真实地、正常地使用Facebook的客户。如果你不想暴露自己的长相，那么可以使用远景照片，例如钓鱼时的远景照片、游玩时的摆拍照片，但是不要使用太随意的自拍照，要给人友好、美好的感觉。你千万不要用企业Logo和产品作为头像。个人账户是强调社交的，公共主页才是营销的地方，很少有人想与一个看起来一定会每天发广告的人做好友。你要记得把头像备份在自己的文件夹里，将其与所用的身份证照片和资料副本放在一起。当账户被封，需要验证时，这些资料就可以派上用场，更容易通过验证。

3．帖子

与朋友圈类似，你发布过的内容、对个人主页做的一些改动都可以在这里看到，并可以重新设置权限。如图 8-13 所示，点击已经发布的帖子右上角的 "..."按钮可以对已经发布的帖子进行进一步设置。

图 8-13　帖子设置页面

4．简介

简介的内容按照自己的实际情况填写就好。填写简介有一些利于吸引目标客户的小技巧。如果你填写的信息都与你的目标客户的行为、特征一致，Facebook

就有可能向你推荐类似的好友。例如，如果你主打美国市场，可以写你有在美国工作过的经历、居住地在美国，那么 Facebook 以后可能会给你推荐有相似经历、相同工作地点的人。

在联系方式和基本信息页面中，手机号码、网站和社交链接需要添加。你要添加目前使用的手机号码，最主要的作用是方便重置密码、解封账户。你不用担心平台会泄露你的手机号码，这个手机号码只有注册人自己能看到。点击"添加网站"按钮可以填写 Shopify 商店的域名。点击"添加社交链接"按钮，可以根据所列的选项进行添加，如图 8-14 所示。

图 8-14　网站和社交链接填写页面

总之，完善的信息越多，Facebook 就会越了解你。

5．好友

你在前期不要随便添加好友。Facebook 会根据你添加的好友为你推荐相似的好友，因此你最好添加自己的目标客户为好友。如图 8-15 所示，你可以在搜索框中输入关键词搜索好友。搜索的关键词可以是产品词、同行的品牌词、上下游行业词等。你可以根据不同的筛选条件选择要添加的好友，如图 8-16 所示。

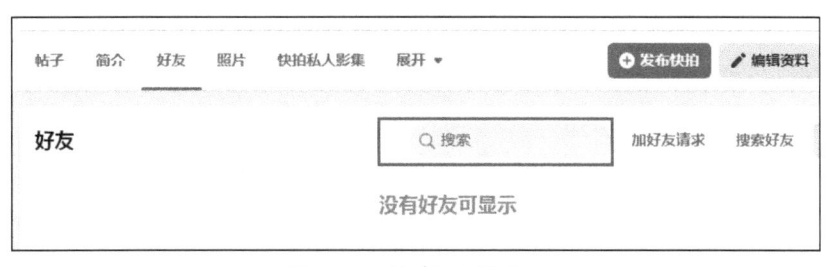

图 8-15 添加好友搜索框

图 8-16 筛选条件

8.2.2 个人主页的日常运营

关于个人主页的日常运营，你需要做的就是添加好友、发帖、与好友互动。

对于刚申请的账户，你不要急于大量添加好友，一天添加3~5个好友就行，账户需要慢慢"养"。除了根据关键词搜索好友，你也可以在同行的帖子下、目标客户的好友中寻找。

发帖的内容可以是日常生活，也可以是参展、拜访客户、客户来厂参观等与产品相关的内容。发帖的内容要尽量做到自然，不要生硬地推广产品。

与目标客户的日常互动包括以下几项：一对一发私信；个人自建群组营销；关注同行的帖子；在热度和活跃度高的主页或群组帖子的评论区跟帖，扩大个人知名度；把从其他渠道中获得的客户信息导入Facebook等。

8.3 公共主页创建和运营

8.3.1 公共主页创建

公共主页的创建页面如图8-17所示。

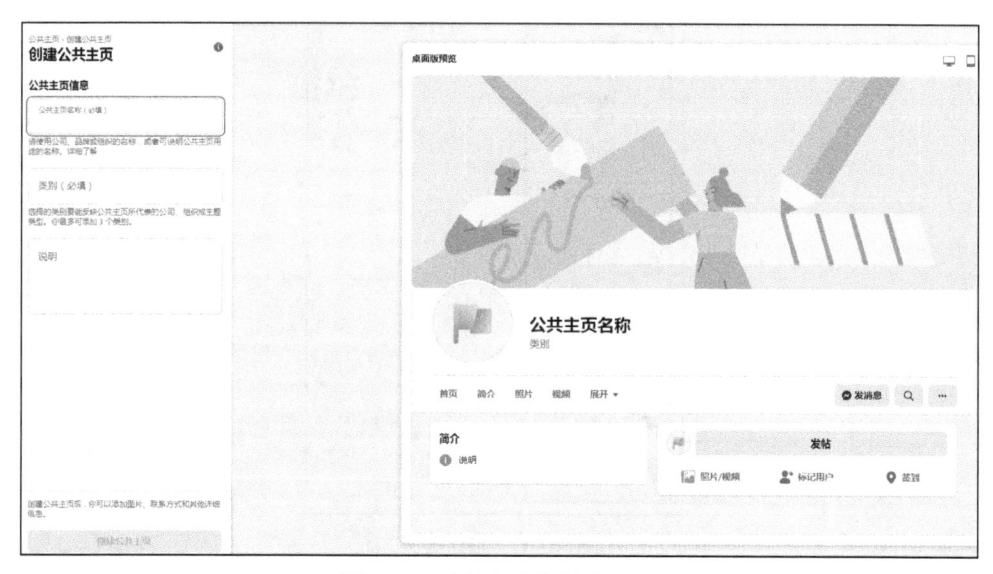

图8-17 公共主页的创建页面

首先，需要输入公共主页名称，选择类别，输入说明，然后点击"创建公共主页"按钮，会出现需要上传公共主页头像和公共主页封面图片的选项。

建议以"品牌名+产品关键词"的模式填写"公共主页名称"，不建议使用公司名称。如果你销售的产品比较多，那么可以直接使用品牌名或者 Shopify 独立站的一级域名（.com 之前的文字）。如果你主要销售一个产品，那么建议使用关键词作为公共主页名称。公共主页名称要简短、有力，能清晰地表达自己的定位，突出自己的优势。例如，你有国内工厂，生产能力强，就可以叫 China ×× Factory。

对于"类别"，你需要在输入文字后从弹出的标签中选择，如图 8-18 所示，在输入"toy"（玩具）后会出现 3 个标签，如果你要销售玩具，那么选择"玩具店"。

图 8-18　类别填写页面

"说明"这一板块用来介绍业务内容、提供的服务或公共主页的用途，以 255 个字符为上限，你在描述时最好把关键词前置，或者让关键词多出现几次，这样有利于搜索排名。你可以参考大品牌、大公司的说明修改自己的。

对于公共主页的头像，建议用公司的 Logo 或者主推产品的图片，不建议用个人头像。

公共主页的封面图片在整个页面中占据的面积最大，很吸引人的眼球，因此这个位置是传达信息最醒目的位置。你可以上传产品合集图片、工厂俯瞰图等能展现你的实力的图片。另外，封面不能一成不变，可以根据季节、节日、促销活动进行相应的变化。

在这些内容设置完成，点击"保存"按钮后，会出现绑定 WhatsApp 的页面，如图 8-19 所示。如果你没有 WhatsApp 账户，那么可以关闭这个页面，进行后续操作。点击"完成主页设置"按钮,继续对公共主页内容进行编辑,如图 8-20 所示。

图 8-19 绑定 WhatsApp 的页面

图 8-20 管理公共主页

添加网站：填入 Shopify 独立站首页的网址。

添加所在地信息：可以不填。

营业时间：对于线上商店，选择 24 小时营业。

添加电话号码：由于口语、时差问题，建议不填。

绑定 WhatsApp：可以选填，毕竟国外使用邮箱也是比较常见的联系方式。

编辑行动号召按钮：如图 8-21 所示，不同的行业、不同的业务可以根据实际情况选择不同的操作。对于在 Shopify 上销售产品的卖家，建议可以选择"联系我们"或者"到网站购物"。

图 8-21　编辑行动号召按钮

介绍你的公共主页：需要邀请至少 10 位好友。当然，你也可以选择跳过，如图 8-22 所示。

图 8-22 介绍你的公共主页

8.3.2 公共主页设置

点击"设置"选项,可以进行更详细的关于公共主页的设置,如图 8-23 所示。需要设置的内容过于繁多,鉴于本章的重点是 Facebook 广告推广,所以本节重点介绍一些功能,对于其他内容,你可以慢慢研究。

图 8-23 "设置"选项

1. 消息

如图 8-24 所示，在消息页面中最主要的是要设置欢迎语，把 Messenger 添加到网站，并编辑、设置自动回复。

欢迎语可以是 "I am online service, what can I do for you?"（我是在线客服，有什么可以效劳的吗？）等。

图 8-24　Messenger 设置

把 Messenger 添加到网站后，当客户浏览你的网站时，你就可以与他们实时聊天，为他们提供支持，从而有助于提高客户满意度和成单率。你可以按照如图 8-25 所示的提示一步步进行操作，在操作成功后你的 Shopify 商店会出现如图 8-26 所示的图标。

图 8-25　把 Messenger 添加到网站的操作

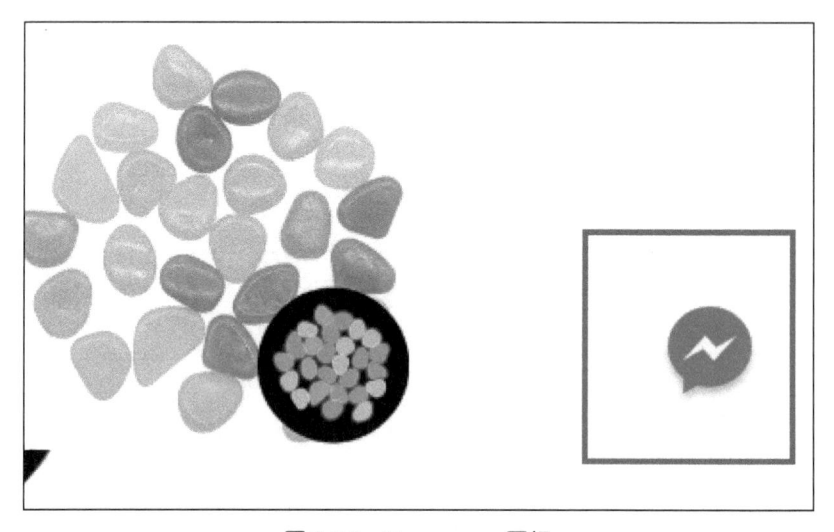

图 8-26　Messenger 图标

2. 模板和选项卡

如图 8-27 所示，对模板和选项卡进行编辑，可以让重要的信息显示在突出的位置。如果你的 Facebook 站点更符合目标客户的浏览习惯，那么有利于吸引客户的注意力。

点击"编辑"按钮，可以根据账户的需要选择模板。Shopify 卖家需要选择"购物"模板，如图 8-28 所示。

图 8-27　模板和选项卡页面　　　　图 8-28　模板页面

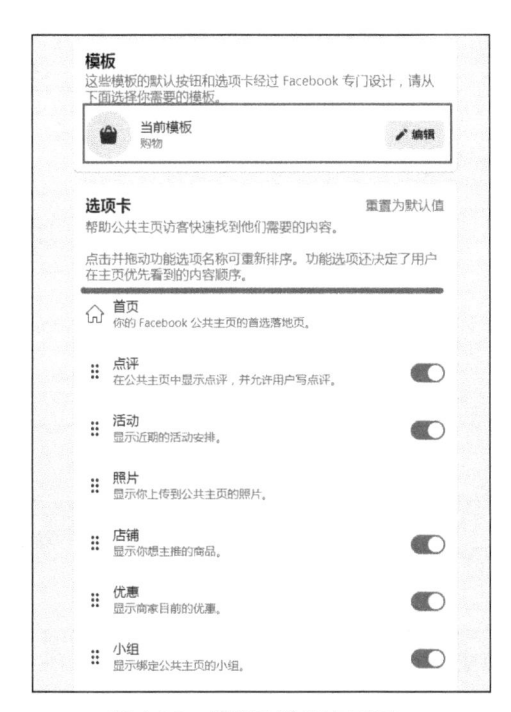

8.3.3　公共主页的日常运营

运营公共主页的日常工作是发帖进行品牌宣传、客户开发、与粉丝互动。

公共主页的帖子内容主要分为以下 3 个方面：一是产品相关，包括材质、生产过程、使用过程、物流发货等；二是公司实力相关，包括证书、团队、办公环境、团建等，可以展示一个正常运营的有实力的企业；三是客户案例，包括发货现场、与访客合影、客户案例反馈等。

每天最佳的发帖时间是 13 点和 15 点。在这时发帖可以获得更多点击、阅读、分享。每周周四、周五是一周内的最佳发帖时间，与从周一到周三相比，参与的用户会更多。

公共主页的效果可以通过公共主页成效分析页面进行分析，如图 8-29 所示，可以查看当天、昨天、过去 7 天、过去 28 天的数据，内容包括用户操作次数、公共主页浏览量、公共主页获赞数、帖子覆盖人数、帖文互动次数等。

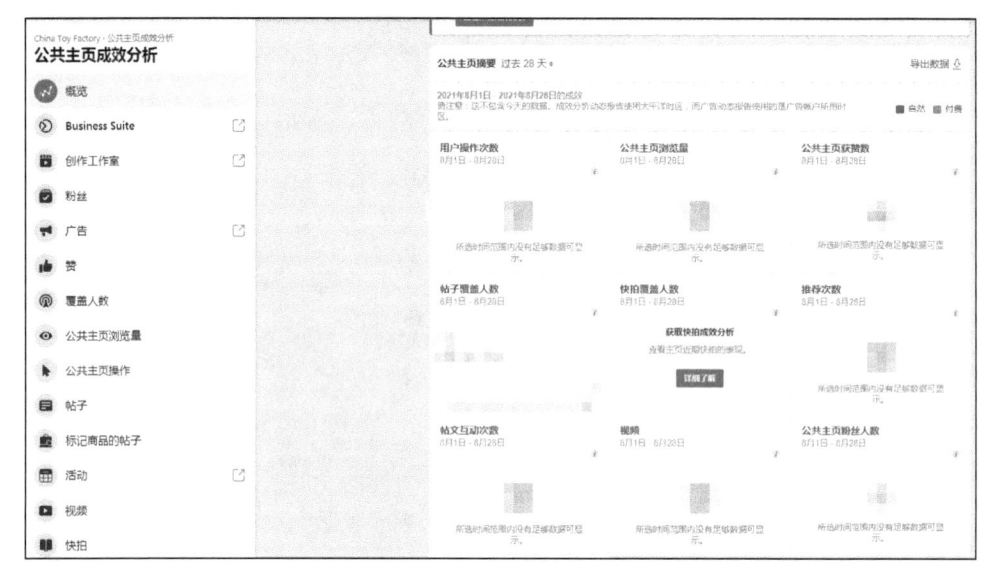

图 8-29　公共主页成效分析页面

8.4　商务管理平台设置

按 8.1.3 节介绍的步骤操作后，便可以进入商务管理平台。

如图 8-30 所示，商务管理平台有以下栏目。

（1）用户。用户包含管理用户、合作伙伴、系统用户。

（2）账户。在这个栏目中，可以管理公共主页、广告账户、商务管理平台资产组、应用、Instagram 账户、WhatsApp 账户。

在管理公共主页页面中，可以添加公共主页、申请公共主页的访问权限、新建公共主页，如图 8-31 所示。添加公共主页只需要输入公共主页的名称或者网址即可。

在管理广告账户页面中，可以添加广告账户、申请广告账户的访问权限、新建广告账户，如图 8-32 所示。

Facebook 广告 / 第 8 章

图 8-30　商务管理平台栏目

图 8-31　管理公共主页页面

图 8-32　管理广告账户页面

197

如果你的广告账户是通过代理商开通的，那么点击"添加广告账户"选项，会出现如图 8-33 所示的页面，填入"广告账户编号"便可以开始创建广告进行推广。

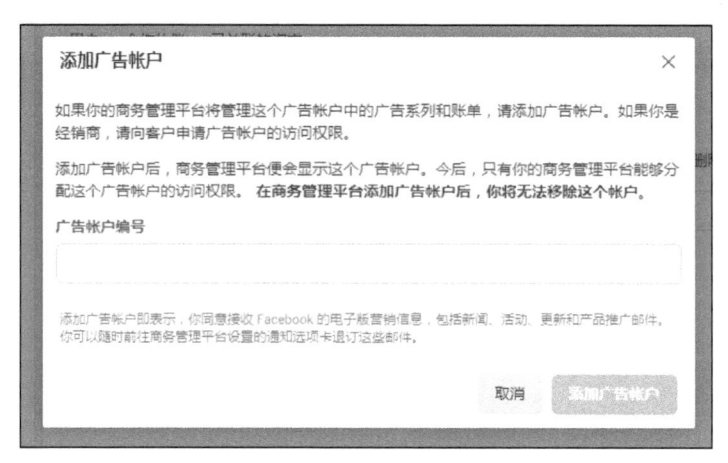

图 8-33　添加广告账户页面

如果你想要自己开通广告账户，那么可以在如图 8-32 所示的页面中点击"新建广告账户"选项，打开新建广告账户页面，如图 8-34 所示。填写广告账户名称，添加支付信息支付广告费后，便可以开始推广，如图 8-35 所示。虽然你可以自己开通广告账户，但是建议通过代理商开通。个人开通的广告账户较容易被封。

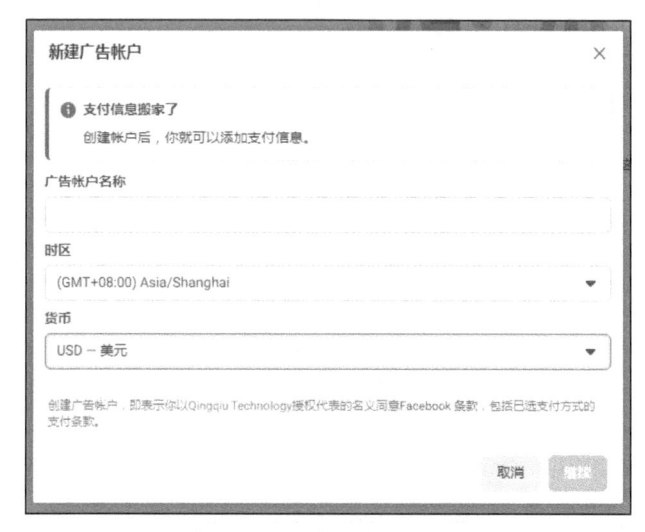

图 8-34　新建广告账户页面

图 8-35　广告账户支付信息页面

（3）数据源。在这个栏目中，可以管理目录、Pixel 像素代码、线下时间集、自定义转化事件、事件源组、共享受众、创意素材文件夹。

其中，最重要的是 Pixel 像素代码的安装，有两个途径可以进行安装操作：一个是点击"所有工具"→"事件管理工具"选项进行操作，如图 8-36 所示。另一个是点击"数据源"→"Pixel 像素代码"进行安装。

图 8-36　寻找事件管理工具

下面介绍第一个途径。

在出现的页面中点击"关联数据源"选项（如图 8-37 所示），会出现如图 8-38 所示的页面，根据实际需要选择要关联的数据源类型，在这里我们选择"网页"选项。

图 8-37　关联数据源

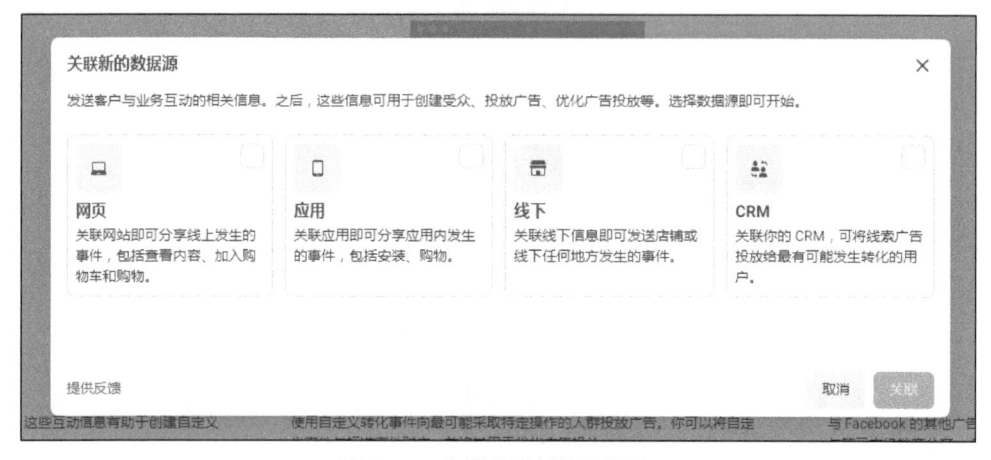

图 8-38　选择关联新的数据源

在选择"网页"选项后点击"关联"按钮，会出现如图 8-39 所示的页面，选择"Facebook Pixel 像素代码"选项，会出现如图 8-40 所示的页面，点击"Continue"按钮，在出现的如图 8-41 所示的页面中为 Facebook Pixel 像素代码命名（输入的名称可以是你的商店的名称），以便区分追踪的事件。

图 8-39　选择 Facebook Pixel 像素代码

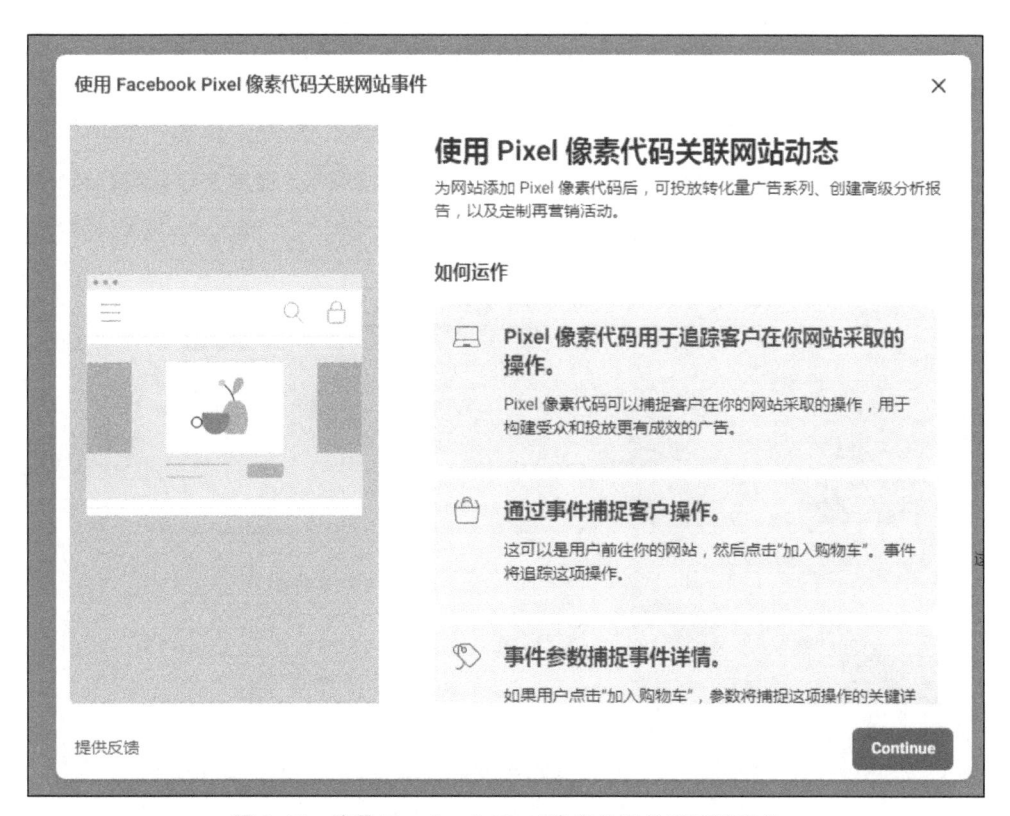

图 8-40　使用 Facebook Pixel 像素代码关联网站事件

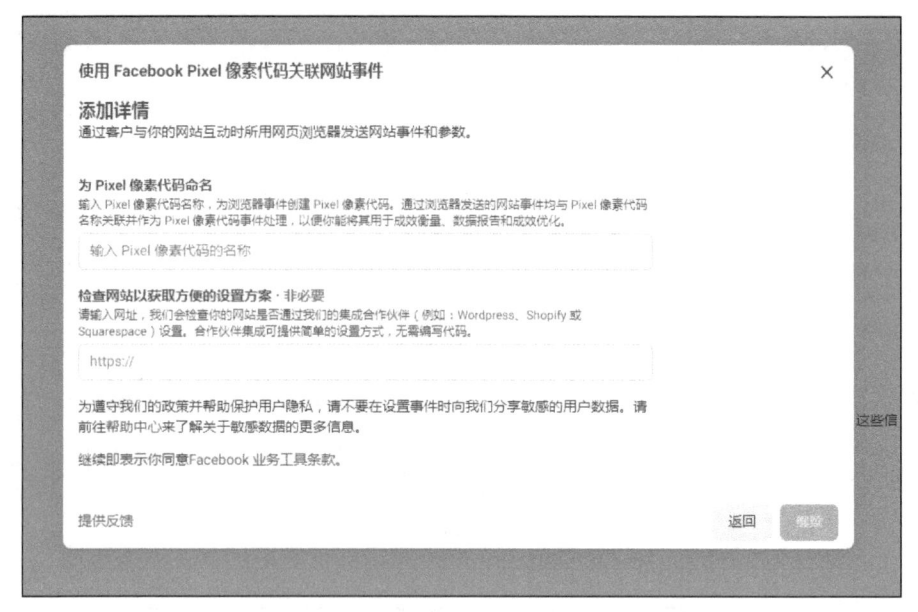

图 8-41 为 Facebook Pixel 像素代码命名

在输入 Facebook Pixel 像素代码的名称后,点击"继续"按钮,会出现如图 8-42 所示的页面。如果对编写网站代码不擅长,就点击"使用合作伙伴"按钮。然后,在出现的如图 8-43 所示的页面中选择 Shopify,把 Shopify 账户关联到 Facebook,如图 8-44 所示。

图 8-42 选择 Pixel 像素代码安装方式

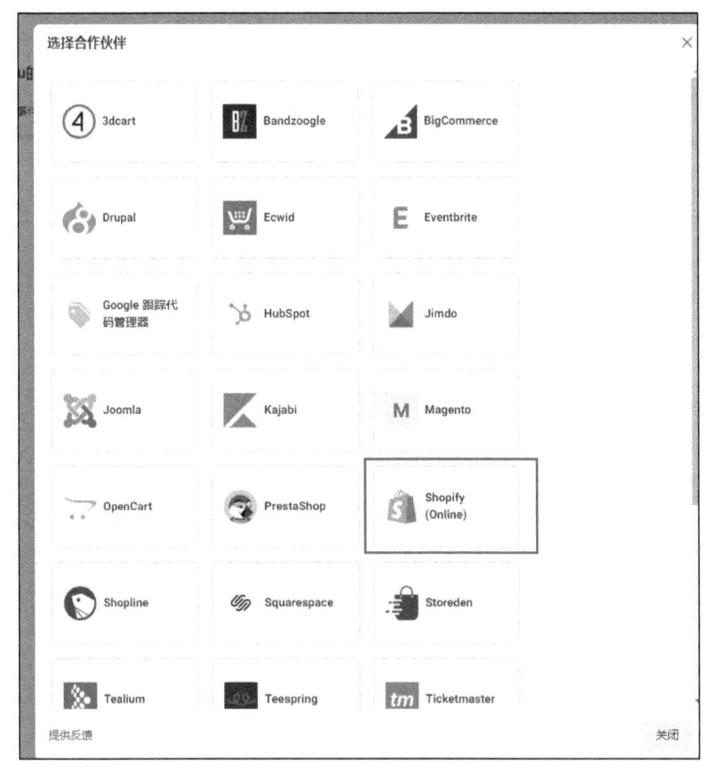

图 8-43　选择合作伙伴

图 8-44　把 Shopify 账户关联到 Facebook

对代码有一定了解的人当然也可以点击"手动安装代码"按钮，这时会出现如图 8-45 所示的页面，可以根据提示一步步进行操作，其中最需要关注的是"添加事件代码"。

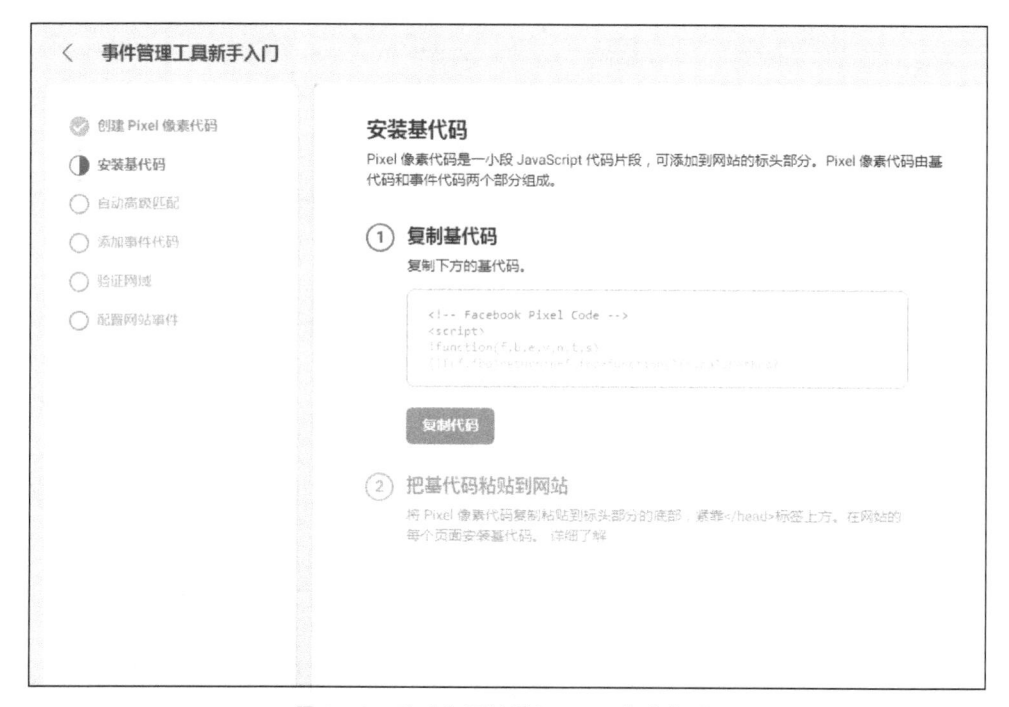

图 8-45　手动为网站添加 Pixel 像素代码

如何把 Shopify 账户关联到 Facebook 呢？登录 Shopify 商店，点击"网上商城"→"Preferences"选项，在出现的"Facebook Pixel ID"文本框中输入"Facebook Pixel ID"（Pixel 编号），如图 8-46 所示。Pixel 编号可以在商务管理平台的数据源页面中查看，如图 8-47 所示。输入编号后，按 Enter 键保存，这时已经把 Shopify 账户关联到 Facebook。然后，回到商务管理平台，在图 8-44 所示的页面中勾选"我已完成在 Shopify 上的设置"复选框，再点击"继续"按钮，会出现如图 8-48 所示的页面，输入 Shopify 商店的网址，点击"发送测试流量"按钮。向网站发送测试流量，然后再点击"继续"按钮。如果设置的 Pixel 像素代码状态为启用状态，那么 Pixel 像素代码设置成功。

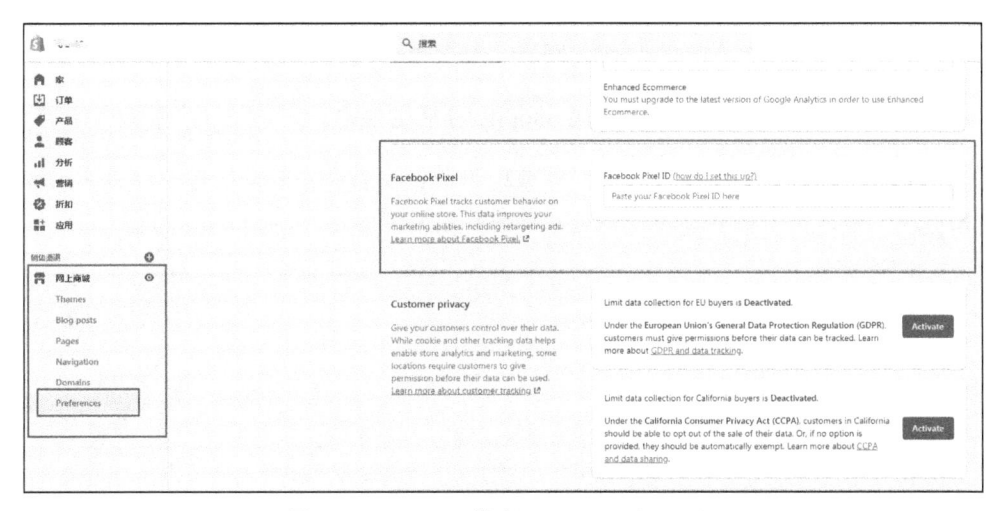

图 8-46　Shopify 绑定 Facebook Pixel ID

图 8-47　Pixel ID

图 8-48　Shopify 关联 Facebook 验证页面

（4）品牌安全。这个栏目包含网域、黑名单两部分。

其中，在网域页面中需要添加 Shopify 商店的域名。

如果你认为某些位置对你的品牌或广告营销而言并不安全或者不针对你的客户群体，那么可以借助黑名单来避免将广告投放在其中，如图 8-49 所示。

图 8-49　创建黑名单

（5）认证的公共主页。在这个栏目中，可以管理新闻公共主页。

（6）集成。在这个栏目中，可以管理兼容的第三方管理工具。

（7）支付方式。在这个栏目中，可以管理支付方式和额度。

（8）安全中心。在这个栏目中，可以设置双重验证，管理不活跃的工作人员和添加管理员，如图 8-50 所示。其中，在双重验证中保护账户的方式有以下 3 种：身份验证应用、短信、安全密码器，如图 8-51 所示。为了保护账户安全，若以短信形式接收验证码，则用于双重验证的手机号以后无法用于重置 Facebook 账户的密码。

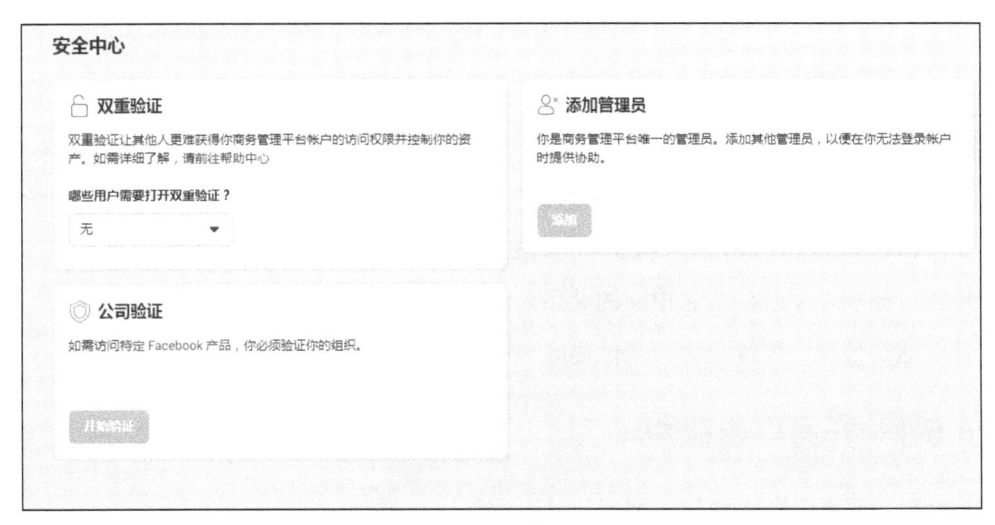

图 8-50　安全中心页面

图 8-51　双重验证方式

（9）申请。在这个栏目中，可以管理你发送的请求和其他人发送给你的邀请。管理你发送的请求即管理你向商务管理平台中其他用户发送的申请。管理其他人发送给你的邀请即允许你对对方商务管理平台上的主页、广告账户和其他资产进行操作。

8.5 广告账户

本节是重点，主要讲解 Facebook 广告。Facebook 广告推广是一个有技术含量的工作。如果你从来没有接触过付费推广，那么要认真学习本节内容，了解广告原理、架构，了解广告各层级的关系。这样才能知道广告系列是怎么建立的、为什么这么建立、怎样更进一步优化。

8.5.1 开通广告账户

1. 开通广告账户的方式

开通广告账户有两种方式，可以自己开通，也可以寻找代理商开通，各有利弊。目前，建议寻找代理商开通广告账户。

个人开通广告账户的好处有以下几个。

（1）可以自己控制充值资金。寻找代理商开通广告账户通常需要预存一笔广告费，且首次充值有额度要求，这对于只是想自己学习和小额度测试的卖家不利。

（2）有利于保障销售的产品安全。代理商可以随时进入你的账户查看你的投放策略、出价方式和优化思路，特别是有帮助其他卖家操作服务的代理商。如果你的销售情况良好，那么代理商可能会出于自身利益考虑直接复制你的广告定位和内容或者关闭你的账户。

寻找代理商开通广告账户的好处有以下几个。

（1）开通的是纯商业账户。代理商会协助你开通广告账户，前期会让你避免踩一些"坑"。

（2）资金安全，不会因为充值账户失效而无法退款。

（3）如果账户被封，那么代理商可以协助你解封，并且成功率高。如果出现了账户被封、链接被标记或者广告误判的情况，那么通过个人广告账户是很难申诉成功的。

建议想做 Facebook 广告的卖家找代理商开通广告账户。对于新手、中小卖家来说，国内最安全的开通账户服务还是通过官方代理商。

目前，国内的官方代理商有很多家，例如猎豹移动、飞书互动、蓝色光标、木瓜移动等。你可以搜索它们的官网，查找联系方式进行咨询。

2．开通广告账户要了解的事

（1）在开通广告账户之前，你要确保投放的产品符合 Facebook 的要求、没有违规品、网站上没有违规的内容。

（2）要准备好营业执照。开通广告账户需要清晰、完整的营业执照扫描件。

（3）要提前创建好 Facebook 的个人主页和公共主页。

（4）要了解 Facebook 的社群守则和广告发布政策。

（5）在开通广告账户后，你要将代理商给你的"广告账户编号"绑定到商务管理平台上（见 8.4 节）。

（6）要多设置几个管理员。如果只有一个管理员，那么当个人账户出现被封的情况时，就无法运营商家的公共主页了。但是，如果有多个管理员，那么即使有一个人的账户被封，其他人仍可以正常运营商家的公共主页和广告账户。

（7）要了解、注册、安装一些辅助工具。例如，要了解商务管理平台的操作页面、Pixel 像素代码，这些内容已经介绍过。

（8）要制订合理的广告投放计划。在投放广告之前，你要想好自己的广告操作要达成什么目标（是开发询盘、品牌曝光，还是安装 App）、目标客户的喜好是什么、在哪些地区客户比较集中、公司和产品的优势是什么，以及素材制作、预算准备等。

8.5.2 广告原理

Facebook 及其旗下的各大社交平台拥有超级大的用户群体。这些用户群体被平台标记着各种各样的兴趣标签。Facebook 广告向被选定的目标客户展示广告，当客户看到你投放的广告时，如果感兴趣，就会点击广告进行互动、加购、支付。

我们都知道，广告排名越靠前，被客户看到和点击的可能性越大。哪些广告的排名会靠前？为了确保获胜的广告能同时为受众和商家带来最大价值，Facebook 广告竞拍胜出者是综合价值最高的广告，也就是说综合价值越高，排名越靠前。综合价值由以下 3 个部分构成。

1. 竞价

广告主为广告设置的竞价，也就是广告主愿意为达成结果花费的金额。Facebook 支持自动出价和手动出价，有不同的竞价策略，包括费用上限、竞价上限等。广告主可以根据预算要求、要达成的目标设置合适的价格及竞价策略。

2. 预估操作率

预估操作率是客户与广告互动或发生转化的预估值，也就是客户看到广告后实施广告主期望的操作的概率。

3. 广告质量

Facebook 通过多种依据衡量广告质量，包括观看或隐藏广告的客户提供的反馈，以及对广告中低品质特征（例如隐瞒信息、恶意炒作和互动诱饵）的评估。

8.5.3 广告创建

可以通过 Facebook 商务管理平台的广告账户进入广告管理页面。Facebook 广告与 Google Ads 一样。广告的创建分为三个层次，分别为广告系列、广告组和广告，如图 8-52 所示。广告隶属于广告组，广告组隶属于广告系列。

在广告系列页面的左上方点击"创建"按钮，选择广告目标。广告目标分为品牌认知、购买意向和行动转化。把鼠标指针指向广告目标，右侧将显示目标详细提示。如果卖家之前创建过广告系列，那么可以直接选择使用现有广告系列，如图 8-53 所示。

图 8-52 广告管理页面

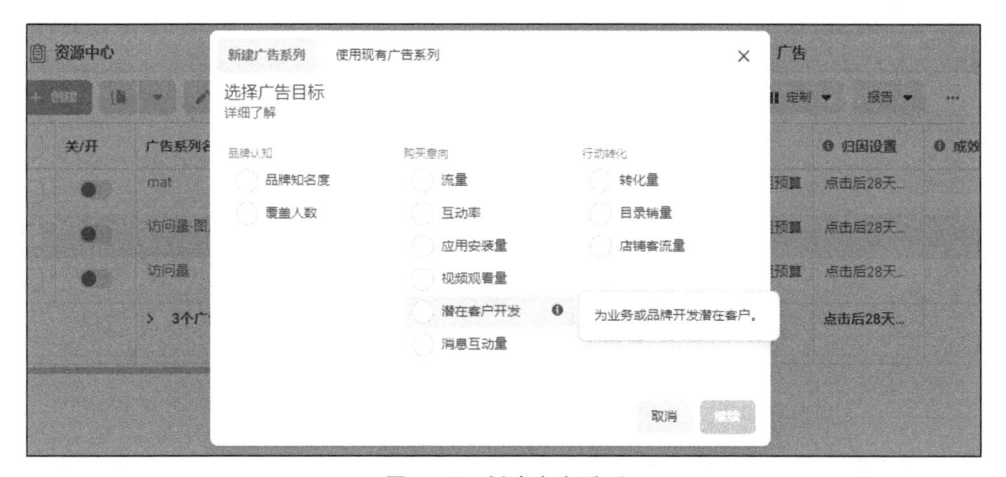

图 8-53 创建广告系列

一般而言，如果卖家为了宣传品牌，那么可以选择品牌认知类广告目标，如果为了吸引客户，那么可以选择购买意向类广告目标，如果为了实现线上购物或线下访问，那么可以选择行动转化类广告目标。

对于 Shopify 卖家而言，如果推广品牌，就选择品牌知名度，如果为网站获取更多流量，就选择流量，如果为了直接销售产品，就选择转化量。我们在此处选择转化量，点击"继续"按钮，进行广告系列设置，如图 8-54 所示。

在广告系列设置中，卖家可以设置以下内容。

（1）广告系列名称。卖家可以设置广告系列名称，便于把广告分类。

（2）广告系列花费上限。卖家可以设置广告系列花费上限，但这并非必要设置。

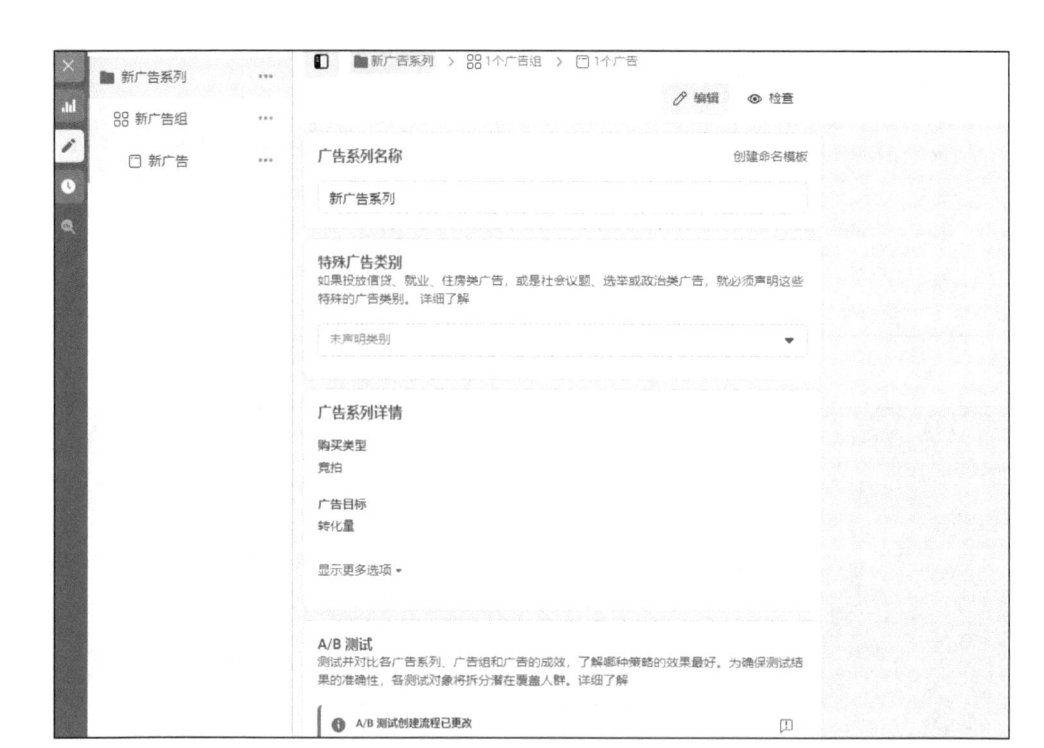

图 8-54　广告系列设置

（3）A/B 测试。卖家可以通过 A/B 测试同时创建多个广告系列、广告组和广告，用来测试不同的广告策略和不同的潜在覆盖人员的推广效果。

（4）广告系列预算优化。开启广告系列预算优化后，表现更好的广告组将获得更多预算。

在完成广告系列设置后点击"保存"按钮，即可进行广告组设置。广告组设置是广告投放设置的重点，主要设置的内容如下。

（1）转化事件发生位置。转化事件发生位置可以选择网站、应用、Messenger、WhatsApp 等，卖家还需要选择转化事件来进行跟踪，因此 Pixel 像素代码 ID 需要提前创建，并将其添加到 Shopify 偏好设置的 Facebook Pixel 中。

（2）动态素材。卖家可以提供图片和标题等元素，广告平台会自动根据受众生成创意组合，包含不同格式或模板。

（3）优惠。卖家可以创建目标客户能够获得的优惠，以提高转化量。优惠将在所选择的公共主页上创建和显示。点击"创建优惠"选项可以设置和预览优惠信息，如图 8-55 所示。

图 8-55 创建优惠

（4）预算和排期。卖家可以设置单日预算或总预算，在设置总预算时还可以设置每天投放广告的时段。通常建议在快速测试广告时使用总预算，在广告效果稳定后使用单日预算。

（5）受众。卖家在受众设置页面中可以自定义广告目标受众。受众群体的设置包括地区、年龄、性别、细分定位、语言、关系等。卖家可以根据推广目标来选择受众定位。图 8-56 所示为选择了美国、英国、加拿大等国家的 20~25 岁和对礼物感兴趣的女性海外华人群体。受众设置页面的右侧将显示受众信息。

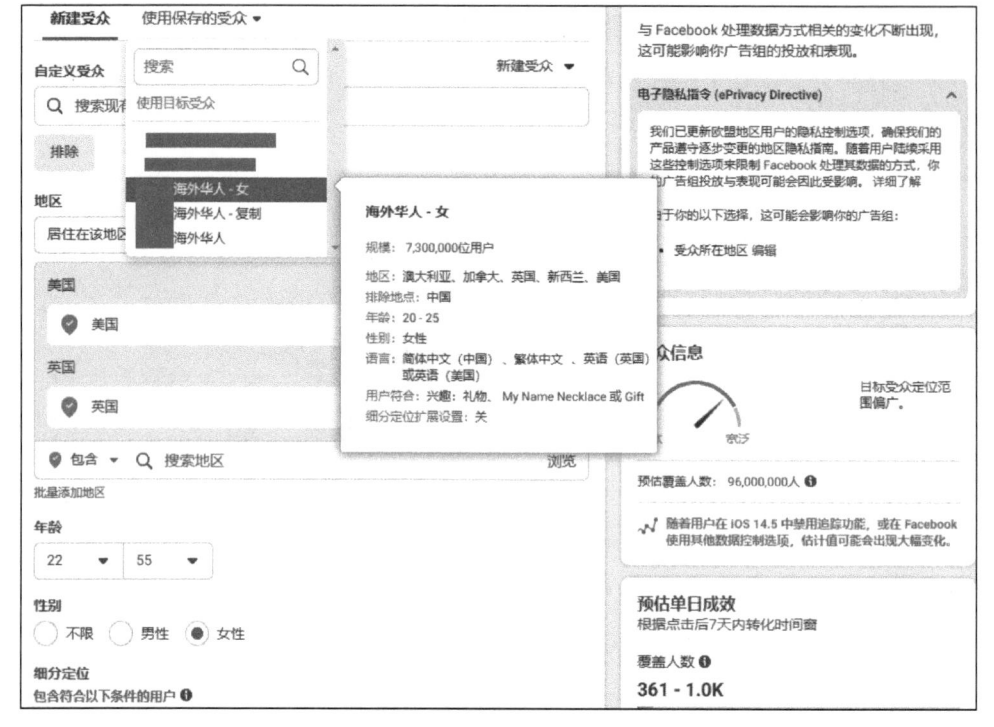

图 8-56　广告组受众设置页面

（6）版位。Facebook 默认推荐自动版位，并根据广告表现自动分配广告组的预算。卖家也可以选择手动版位。手动版位支持 Facebook、Instagram、Audience Network、Messenger 等平台，并支持素材定制，在版位设置页面的右侧可以预览广告效果和查看素材要求，如图 8-57 所示。

（7）优化与投放。卖家在优化与投放设置页面中可以设置广告投放优化目标、费用控制额、计费方式及投放类型。在设置完成后，优化与投放设置页面的右侧将显示预估单日成效，包括覆盖人数和落地页浏览量，如图 8-58 所示。

点击"继续"按钮后，打开广告创建页面，卖家可以在广告创建页面设置以下内容。

（1）广告名称。这里建议设置推广产品或目标，便于识别不同的广告。

（2）广告发布身份。卖家需要在这里选择用来发布广告的 Facebook 主页或 Instagram 账户。

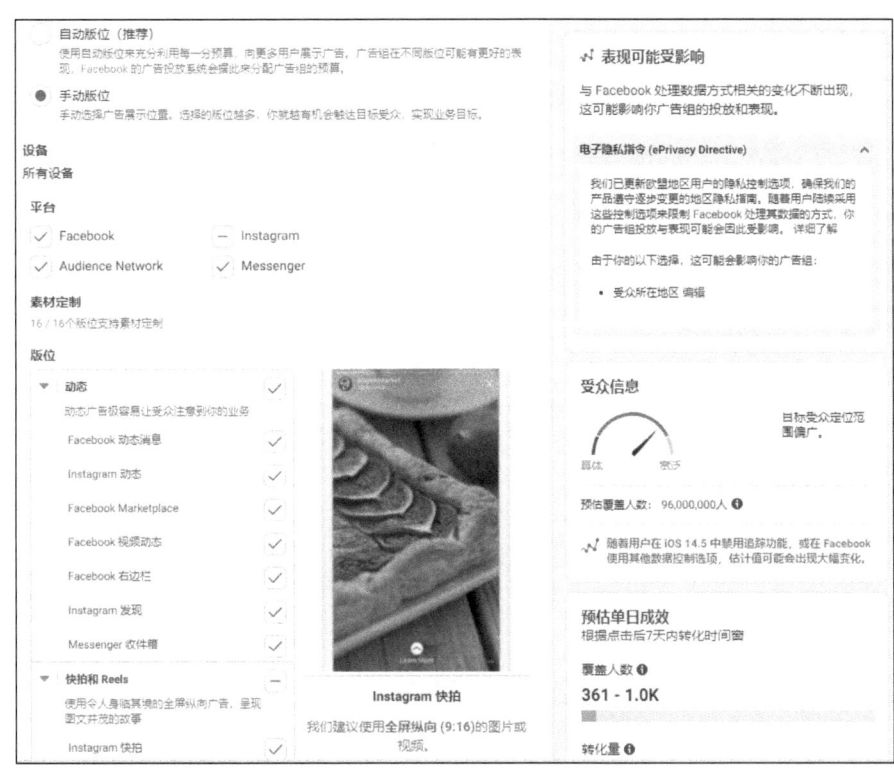

图 8-57　广告组版位设置页面

图 8-58　广告组优化与投放设置页面

（3）广告设置。卖家在这里可以选择创建广告、使用现有帖子或使用创意馆样图。如果卖家创建过广告，那么在这里可以直接选择所需推广的帖子，如果没有创建过广告，那么通常选择创建广告，并关闭"动态格式和创意"按钮，以便手动创建不同格式的广告，此处选择轮播，如图 8-59 所示。

图 8-59　广告设置

（4）广告创意。卖家可以在广告创意里选择广告目录和产品系列，对于多产品目录，还需要选择轮播图卡的创意选项类型，此处选择幻灯片，并添加广告标题、动态消息链接描述、广告内容、行动号召等，如图 8-60 所示，然后添加图卡，按照步骤从账户、公共主页中或在本地选择图片或视频，输入标题、说明及网址。这里选中的内容将直接作为广告内容来展示，因此卖家需要重点设计。

（5）目标位置。卖家在这里设置客户点击轮播图卡后到达的目标位置，此处选中网站，并指定到达产品链接，如图 8-61 所示。

（6）语言。卖家可以创建广告的不同语言版本，由 Facebook 向受众展示最合适的版本。

（7）追踪。如果网站绑定了 Pixel 像素代码，那么在此处选择网站事件，系统即可追踪广告账户所选的转化事件。

图 8-60　广告创意-轮播图卡

图 8-61　目标位置

点击广告页面右下方的"发布"按钮，即可进入广告审核。如果网站未遵守 Facebook 政策或者广告内容不符合要求，广告就会被拒绝。卖家需要按要求修改，直至其符合 Facebook 政策要求，如果广告符合要求，那么会在审核完成后运行。广告效果如图 8-62 所示。

图 8-62 Facebook 的广告效果

卖家可以随时在商务管理平台的广告管理页面中查看广告成效，如图 8-63 所示。

点击图 8-63 中的"栏：自定义"→"定制栏"选项，在弹出的对话框中，Facebook 提供了包括参与度、转化量、设置、A/B 测试、优化等类别的上百种广告数据指标。卖家可以选择查看需要的广告数据，如图 8-64 所示。

图 8-63　在广告管理页面中查看广告成效

图 8-64　定制栏

在商务管理平台的更多工具页面中点击广告报告链接,可以通过数据透视表、趋势图、条形图等查看更多的数据报告。Facebook 也提供了多种报告模板供卖家更方便地创建广告报告。

8.6　Facebook直播

在国内直播带货流行的当下，在Facebook上也可以进行直播。

个人主页、公共主页、小组都开通了直播功能，如图8-65所示。点击"直播视频"选项或在Facebook直播入口页面中点击"创建直播"按钮即可开始直播，如图8-66所示。但是，如果Facebook账户刚申请下来不久，那么是不能直播的，会提示"账户太新，无法发布视频"，如图8-67所示。

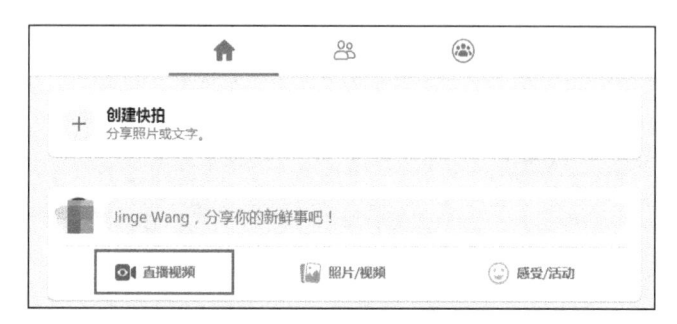

图 8-65　个人主页的直播通道

图 8-66　直播入口页面

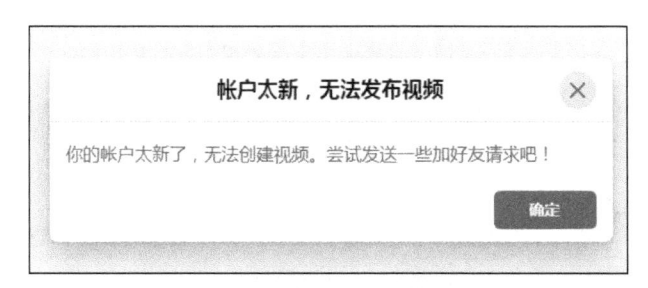

图 8-67　无法发布视频提示页面

点击"创建直播"按钮后，打开直播管理工具。借助直播管理工具，你可以使用多种直播软件在 Facebook 上直播。大多数直播软件的设置都类似，你需要使用直播管理工具进行配置后才能在 Facebook 上直播。你可以选择立即直播，也可选择预设直播时间，如图 8-68 所示。

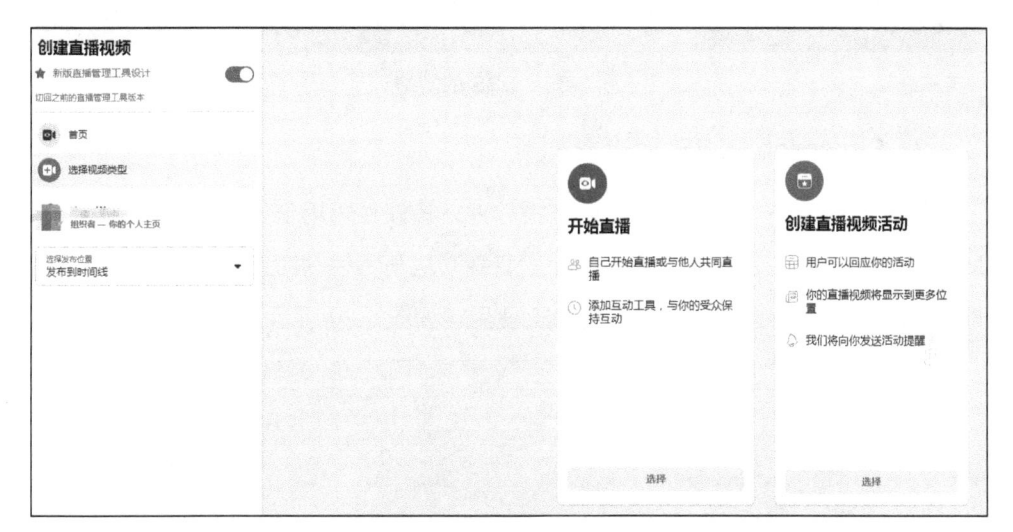

图 8-68　直播管理工具

下面推荐两个使用起来比较方便的免费直播软件。

1. OBS（Open Broadcaster Software）

这是一款免费的开源解决方案，支持串流、音频、视频等设置，能够让用户自由选择自己的直播模式，支持屏幕共享、为视频添加主题和特效及其他更多功能，可操作性非常强，为不同的用户设计了不同的直播方案，充分考虑了所有类型的直播，操作起来比较方便，可以设置多个场景，方便用户随时切换，如图 8-69

所示。

图 8-69　OBS 的网站

2. Streamlabs OBS

这是一款国外非常流行的专业直播软件。该软件可用于 Twitch、YouTube、Mixer 等平台直播，包含了所有市面上的直播功能与特性，并且能够保证输出 60fps 的超清画面来同步直播，可以在电脑上使用，如图 8-70 所示。

图 8-70　Streamlabs OBS 的网站

为了达到更好的直播效果，你可以在直播前发布公告帖，告知观众直播时间，以及直播中的优惠，以便吸引观众。你还需要测试设备、网络是否正常，是否可以正常展示，需要提前熟悉直播软件的功能设置。

在直播中，你也要随时监测直播状态。

如果直播的效果比较好，在直播后可以使用速推帖子对已经直播的内容进行推广，如图 8-71 所示，找到想要推广的 Facebook 直播帖，点击"速推帖子"按钮，选中广告账户，选择合适的广告目标、性别、年龄、受众、投放地区、投放时间等，把直播推荐给更多的人观看。也可以直接在广告账户中，选择"互动率"为广告目标，设定合适的受众年龄、性别、投放地区、投放时间等参数来推广。

图 8-71 速推帖子

8.7 如何精准"增粉"

相信你做 Facebook 广告都希望寻找到精准客户，从而让销量更高。这就需要辨别、寻找对你的产品感兴趣的 Facebook 用户，快速精准"增粉"。本节从整体上讲解如何快速精准"增粉"。

（1）优化公共主页。这包括优化主页名称、封面照片，以及一些细节、功能的设定，已经在 8.3 节中详细讲解。

（2）运用一定的技巧发帖，帖子的内容、形式要吸引人。具体如何发帖已经在 8.2.2 节和 8.3.3 节中进行了介绍。要把互动率高或者重要的帖子置顶，还要在帖子中加"#"来强调主题、关键词，可以定期查看、参考同行及相关行业或者大品牌的公共主页来寻找灵感。

（3）分享主页内容。可以分享公共主页内容到个人主页和小组以增加曝光度。

（4）邀请好友为公共主页点赞。公共主页的点赞量对你的主页在自然搜索中的排名有很大影响，你可以邀请公司同事或者寻找"网红"为帖子点赞，快速"增粉"。

（5）紧跟时事热点，"病毒式"发帖。你可以利用热点话题"增粉"，例如在"新型冠状病毒肺炎疫情"期间的鸿星尔克事件，很多博主蹭这个热点，穿着鸿星尔克的产品在视频中宣扬自己的爱国情怀。蹭热点可以，但是内容一定要积极向上，不能为了蹭热点而发视频，最终落脚点还是自身的产品、市场，最好以短视频的形式制作内容。

（6）利用 Facebook 广告快速"增粉"。你可以以互动率为目标、以公共主页赞为互动类型，再确定地区、客户群体、关键词定位来实现低预算的快速"增粉"。

第 9 章

Google Ads 实操

除了 Facebook，Shopify 独立站还有一个重要的引流渠道——Google。作为全球最大的搜索引擎，Google 的搜索量是毋庸置疑的。Google 流量可以分为免费流量和付费流量。如何获取免费流量，也就是关于 SEO 的内容已经在第 6 章中详细介绍过，因此本章不再介绍。本章主要介绍如何获取 Google 付费流量，即 Google Ads 操作。

9.1 关于Google Ads

9.1.1 Google 简介

Google Ads 原来叫 Google AdWords，是 Google 公司推出的在线广告解决方案，上线于 2000 年 10 月，2018 年改名为 Google Ads。Google 目前仍是全球第一大广告提供商，Google Ads 是 Google 公司的核心业务。根据 Google 财年数据，2020 年 Google 的总营收为 1825 亿美元，Google Ads 的营收为 1469 亿美元，约占总收入的 80%，同比增长 9%，仍是 Google 公司的主要收入来源。

Google 是全球最大的搜索引擎，覆盖 200 多个国家和地区，用户规模、访问量均为行业第一。从 2010 年至今，Google Ads 由最初的只能在 Google 搜索引擎上展示搜索广告和展示广告，发展到现在支持搜索广告、展示广告、视频广告、购物广告、智能广告、发现广告等多种类型，并可以在 Google、YouTube 及其他合作伙伴网站等多个平台上投放，如图 9-1 和图 9-2 所示。

图 9-1　搜索广告

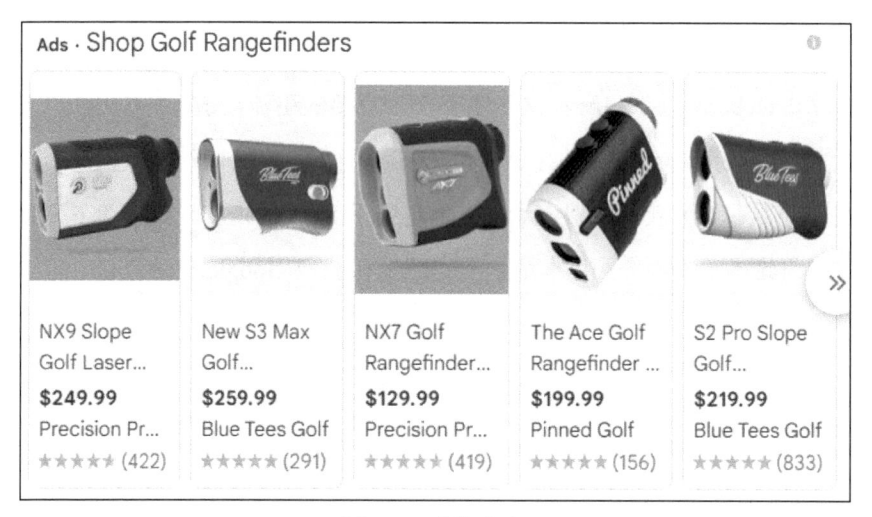

图 9-2　购物广告

卖家可以通过国内的 Google 代理商开通 Google Ads 账户，也可以通过 Google Ads 官网在线开通 Google Ads 账户。与 Facebook 广告一样，如果你只想花费几千元试一下水，那么可以自己开户。如果你要长期运营，那么建议找代理商开户，因为代理商能得到关于 Google Ads 的最新消息。另外，有一些功能只能让代理商帮你开通。

9.1.2 广告原理

付费搜索，即通过付费的方式使推广信息在搜索结果中排名靠前，其主要原理是对用户行为进行分析，根据关键词出价与推广内容的质量度等因素决定推广信息是否展现及展现位置，按照点击量或展示量付费。

影响质量度的因素一般包括点击率、文案、着陆页、推广账户的历史表现。

点击率是客户对广告的点击量与广告展现量的比率，较高的点击率代表潜在客户对广告的认可。

文案就是描述要推广的产品或服务的内容，要与产品或服务相匹配，要能够吸引客户的注意力。

着陆页就是客户点击广告后到达的页面。着陆页是否与关键词及文案高度相关，着陆页的打开速度，空间服务器的稳定性、跳出率、网站用户体验等都会进入质量度评分范围。

推广账户的历史表现就是以往推广的广告系列的质量度评分。

9.1.3 营销目标、广告策略制定与广告效果衡量

电商客户的营销目标一般有两种：一种是提升品牌认知度，即增加目标客户群体对品牌的认知程度，让更多的人知道有这么一个品牌；另一种是驱动线上成单，即增加成交单数及成交额。

在不同的阶段，企业的发展目标是不一样的。广告策略要根据企业发展方向和下一步的计划来制定。例如，你的品牌名不见经传，就没有必要在做 Google Ads 初期使用主要用于品牌宣传的费用昂贵的标头广告。

在 Google Ads 账户中，衡量广告效果的指标有很多，例如展示次数、互动率、每次转化费用等，这些在账户里可以直接查找，如图 9-3 所示，但是最重要、最终的衡量指标是成交额和广告支出回报率，这两个数据需要计算。

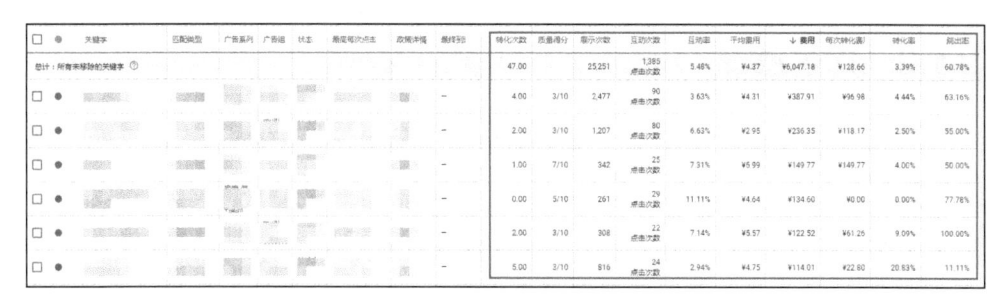

图 9-3　衡量广告的一些指标

此外，切记不管使用哪种形式的广告，都要持续运行 2~4 周再去评估它的效果。

9.1.4　跟踪转化设置

在使用 Google 创建广告之前，卖家需要先设置 Google Ads 的跟踪转化，以便 Google Ads 能够跟踪 Shopify 商店的推广效果。点击 Google Ads 账户的"工具与设置"选项，再点击"衡量"选区的"转化"选项，如图 9-4 所示。在打开的页面中点击"➕"选项，如图 9-5 所示，会出现如图 9-6 所示的页面。

图 9-4　"转化"选项

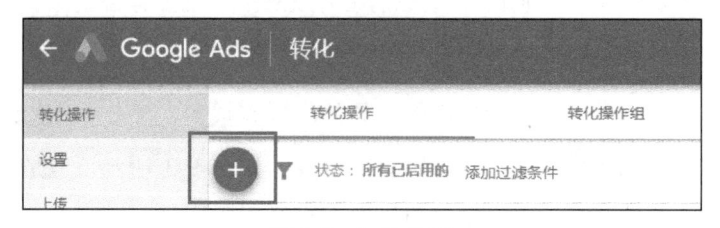

图 9-5　"➕"选项

图 9-6 选择要跟踪的转化类型页面

在首次添加跟踪转化时选择"网站"选项。如果卖家之前在 Google Analytic 开启过目标跟踪转化，也可以选择从 Google Analytic 或其他来源导入数据。把鼠标指针指向"网站"选项，可以看到能跟踪的转化项目包括在线销售、链接点击、网页浏览、注册等。点击"网站"选项，进入创建转化操作页面，如图 9-7 所示。在创建转化操作页面中可以设置的选项包括以下几个。

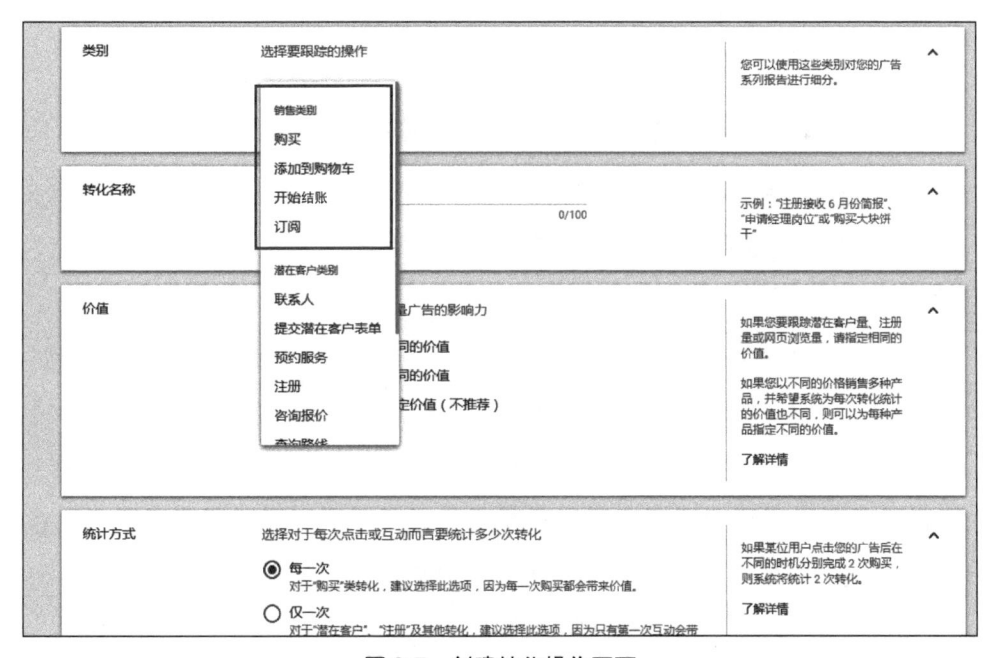

图 9-7 创建转化操作页面

1. 类别

对于 Shopify 等购物网站来说，卖家可以选择销售类别，用于跟踪购买、添加到购物车、开始结账、订阅等客户行为。卖家可以创建多个转化操作来跟踪客户行为。

2. 转化名称

这个选项主要是为了便于卖家在列表中查看、区分设置的转化操作，可以根据选择的"类别"命名，例如转化名称可以是"加入购物车""购买"。

3. 价值

卖家可以为转化指定价值，在数据能够衡量转化价值时（比如能记录回头客时），可以选择为每次转化使用不同的价值。在首次推广时建议选择"为每次转化使用相同的价值"选项。

4. 统计方式

对于"购买"类转化，可以选择对每一次点击都统计转化。

5. 点击型转化时间范围、浏览型转化时间范围和归因模型

卖家可以设置从点击到转化的最长统计时间，以及以哪一次点击为准等。点击型转化时间范围建议选择 30 天，浏览型转化时间范围选择 1 天，归因模型选择最终点击。

点击创建转化操作页面最下方的"创建并继续"按钮后打开代码设置页面，可以选择自行添加代码或使用 Google 跟踪代码管理器，如图 9-8 所示。

在第 6 章中，建议使用 Google 跟踪代码管理器。如果卖家在 Shopify 中使用了 Google 跟踪代码管理器，那么只需要在 Google 跟踪代码管理器中添加转化 ID 和转化标签作为变量，并添加转化链接器，然后添加触发器，通过事件类型和过滤器触发即可，如图 9-9 和图 9-10 所示。

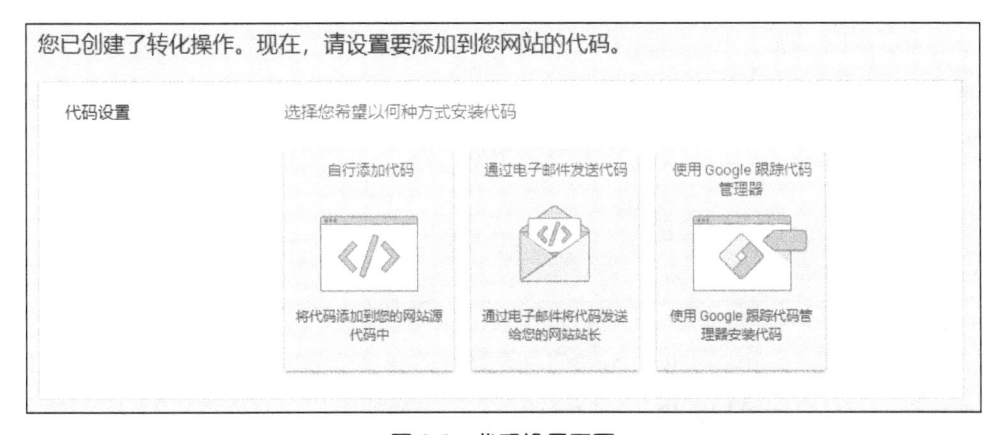

图 9-8 代码设置页面

图 9-9 添加转化链接器

图 9-10 添加触发器

在添加完成后点击"下一步"按钮,在新页面中再点击"完成"按钮,即完成跟踪转化设置。点击"完成"按钮后页面将跳转到转化操作列表,卖家在跟踪状态中可以看到代码的验证状态和转化情况。

9.1.5 附加信息设置

搜索广告、视频广告、展示广告、发现广告都会使用附加信息。添加附加信息有利于提高转化率。所以,附加信息设置提前在本节介绍。如图 9-11 所示,目前,附加信息包括附加链接、附加宣传信息、附加结构化摘要信息等 11 种,你可以选择适合你的类型进行设置,设置的类型越多、内容越完善越好。

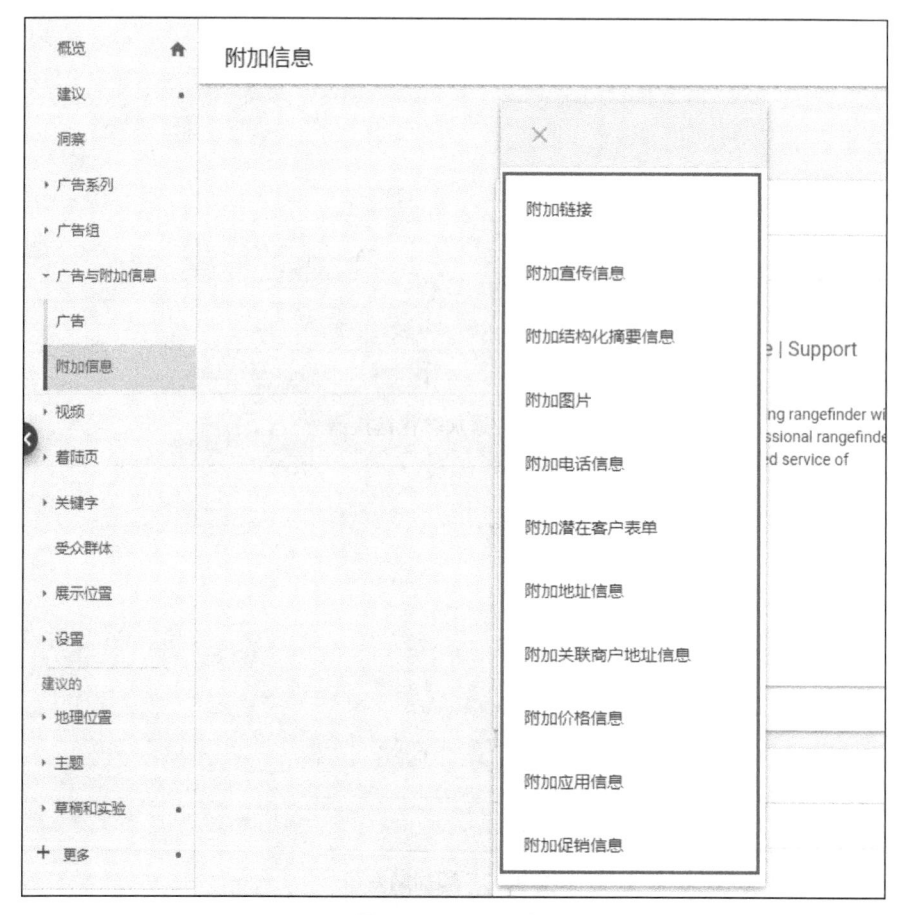

图 9-11 附加信息

1. 附加链接

附加链接会以多种不同的方式展示，具体取决于用户所用的设备、广告排名及一些其他因素。附加链接只在搜索广告中展示，在电脑端的展示位置如图9-12所示，主要作用是展示关于产品、公司的内容，以便让广告内容更符合潜在客户的需要，提高转化率。

图 9-12　附加链接的展示位置

附加链接可以在账户、广告系列或广告组一级添加，如果在更具体的级别中创建附加链接，那么该附加链接将始终优先于更高级别的附加链接。也就是说，如果为广告组创建附加链接，那么在默认情况下，系统会优先投放广告组一级的附加链接（而不是广告系列一级的附加链接）。添加附加链接页面如图 9-13 和图 9-14 所示。

添加附加链接的具体操作步骤如下。

（1）点击图 9-11 所示页面的"广告与附加信息"→"附加信息"选项。

（2）点击蓝色加号按钮，从出现的下拉菜单中点击"附加链接"选项，打开添加附加链接页面。

（3）在"添加到"下拉菜单中，选择要在哪一级（有账户[①]、广告系列或广告组）添加附加链接。

（4）如果要使用现有的附加链接，那么点击"使用现有的"单选按钮，然后选择要添加的已经创建的附加链接。如果要添加新的附加链接，那么点击"新建"单选按钮。

---

① 页面中"帐号"的正确写法应该是"账号"。全书的"账号"和"账户"统一为"账户"。

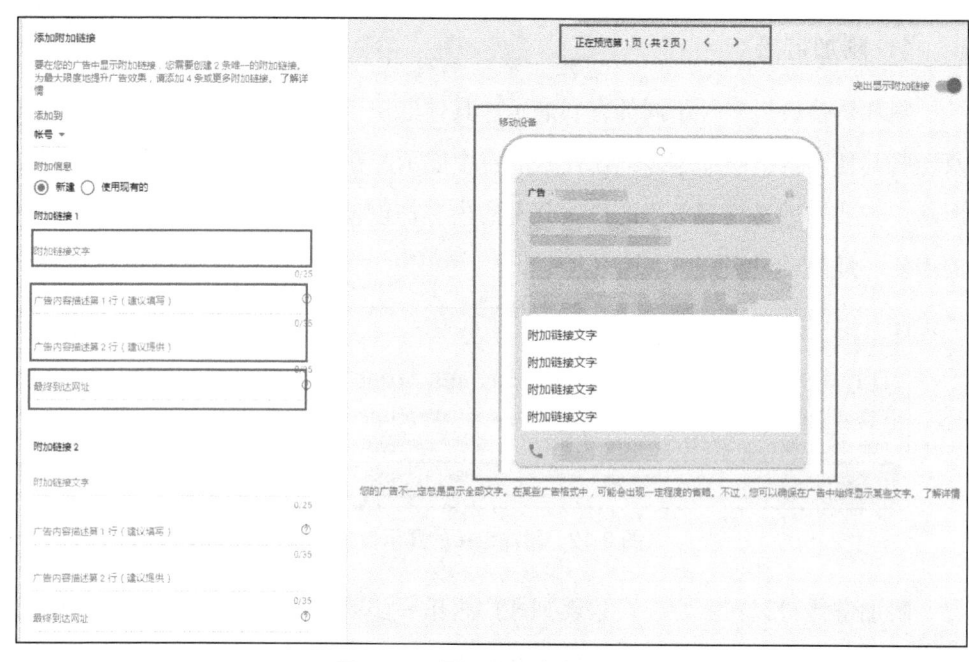

图 9-13　添加附加链接页面一

图 9-14　添加附加链接页面二

（5）填写"附加链接文字"和"最终到达网址"文本框。

（6）可以在"广告内容描述第 1 行"和"广告内容描述第 2 行"文本框中输入更多文字来说明这个附加链接（这部分内容既可以填写，也可以不填写，但是建议填写）。在填写完两行说明文字后，附加链接在展示时就可能同时显示填写的这些详细信息。

（7）选填设备偏好。如果你主要为移动设备设置附加链接，那么可以勾选"移动设备"复选框，否则不用操作。

（8）设定附加链接展示时间。如果你设置的附加链接有时间限制，例如专门为某个活动设置，就填写一下时间，否则也不用操作，直接略过即可。

（9）点击"保存"按钮，以保存附加链接设置。

务必创建至少两个附加链接。只有在创建的附加链接数量不少于两个并将其添加到广告所属的账户、广告系列或广告组后，附加链接才能与广告一起展示。

移除与修改附加链接的操作如图 9-15 所示。

图 9-15　移除与修改附加链接

（1）点击图9-11所示页面的"广告与附加信息"→"附加信息"选项，会看到自己创建的所有附加信息。

（2）点击"附加链接"选项，在出现的自己创建的所有附加链接列表中找到要修改的附加链接，将鼠标指针悬停在该附加链接上，会出现一个铅笔图标。点击铅笔图标，即可对附加链接进行修改。所做的所有修改也会应用于共用此附加链接的所有广告组、广告系列或账户。在修改完成后，点击"保存"按钮。

（3）如果想要移除某一个附加链接，如图9-15所示，勾选该附加链接前的复选框，再点击出现在其上方的"移除"选项，即可删除该附加链接。

2. 附加宣传信息

使用附加宣传信息，可以在限定字数的广告描述外添加一些广告文字，以便展示相关产品或服务的更多详细信息。附加宣传信息只在搜索广告中展示，在电脑端的展示位置如图9-16所示，即搜索广告描述后面的简短文字。

图9-16　附加宣传信息的展示位置

如图9-17所示，可以在账户、广告系列或广告组级别添加附加宣传信息，还可以选择添加位置、创建宣传信息文字，以及设置展示时间。宣传信息的顺序、长度及效果都会影响其可以展示的数量，以及能否在广告中进行展示。需要注意的是，较低级别的附加宣传信息始终优先于较高级别的，也就是说，如果你在账户和广告系列中都添加了附加宣传信息，那么在广告中会优先展示广告系列的。添加、修改、移除的操作步骤都与附加链接类似，这里就不赘述了。

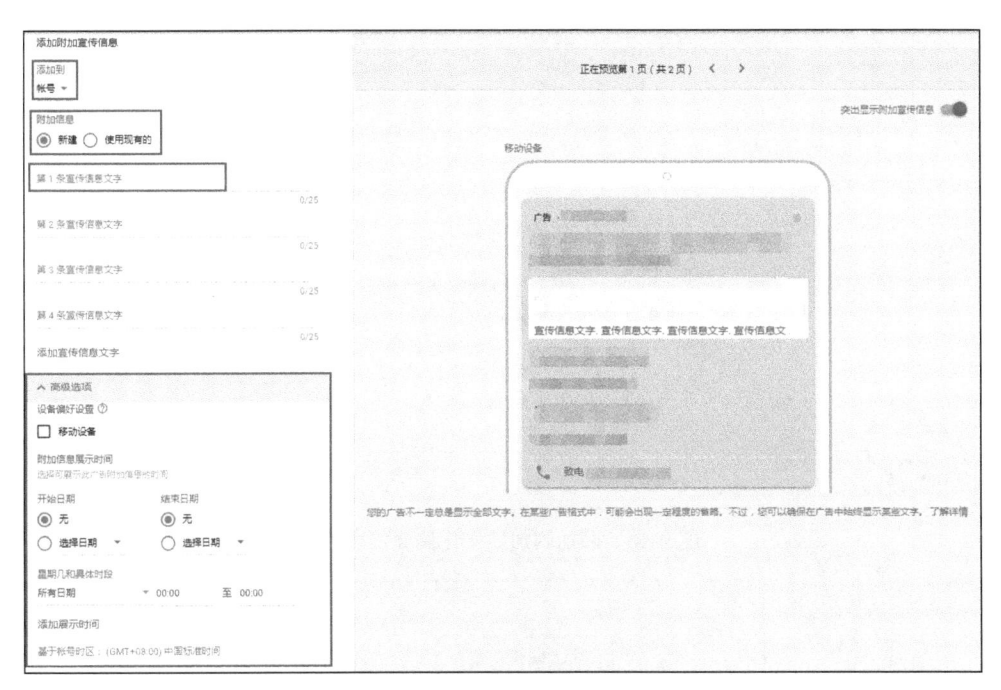

图 9-17　添加附加宣传信息页面

3．附加结构化摘要信息

附加结构化摘要信息可以帮助客户迅速获取有关产品或服务的更多信息，可以提高广告的相关性和点击率，从而提高投资回报率。附加结构化摘要信息会以标题（如品牌）和值列表（如华为、小米、苹果）的形式展示在搜索广告描述后面，如果与附加宣传信息同时展示，则展示在附加宣传信息后方。

如图 9-18 所示，你可以在账户、广告系列或广告组级别添加附加结构化摘要信息，还可以选择添加位置，确定潜在客户会觉得哪类信息最有用，以及进行包含设备偏好、展示时间的高级选项设置。你一定要根据产品或服务考虑，从预设的标题列表（如"产品"或"服务类别"）中选择，然后添加具体明确、用于补充说明的详细信息作为值，标题和值的匹配非常重要，如果不匹配，那么这条附加信息很可能不能通过平台的审核。标题的可选项如图 9-19 所示，有 13 个可选项，包括品牌、型号、课程、服务等。你可以根据自身的产品或服务选择合适的选项。

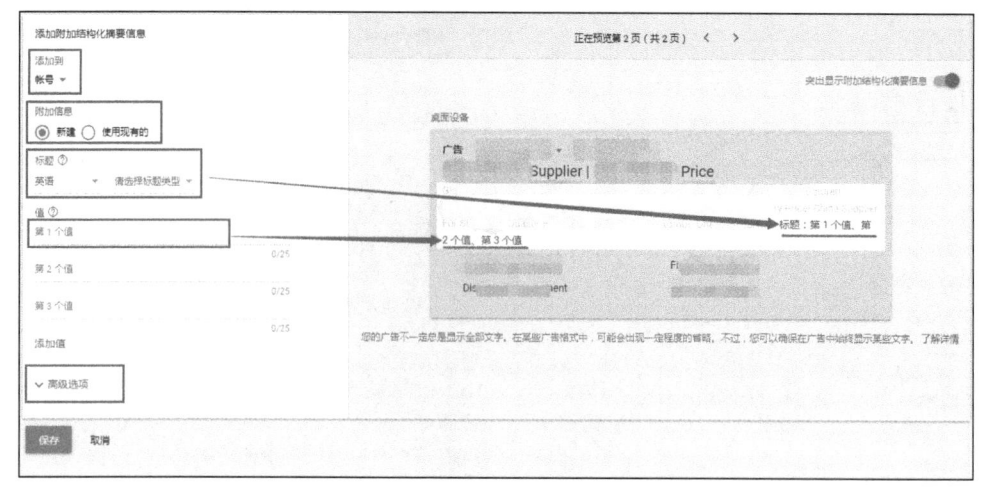

图 9-18　添加附加结构化摘要信息页面

图 9-19　标题的可选项

4. 附加电话信息

在广告中添加电话号码，会比较吸引客户的注意力，但是在广告的文字中是不允许添加电话号码的。如果出现电话号码，这条广告就会被拒登。因此，如果你想要在你的广告中出现电话号码，就可以添加附加电话信息。附加电话信息只在搜索广告中展示。附加电话信息出现在广告的最上方，需要填写的内容及出现的位置如图 9-20 所示。如果你的英语口语不好，或者不想被客户打电话打扰，就可以忽略这个选项。附加电话信息的展示时段可以在高级选项中设置。与广告的其他附加信息一样,附加电话信息也不会在每次广告展示时都展示。

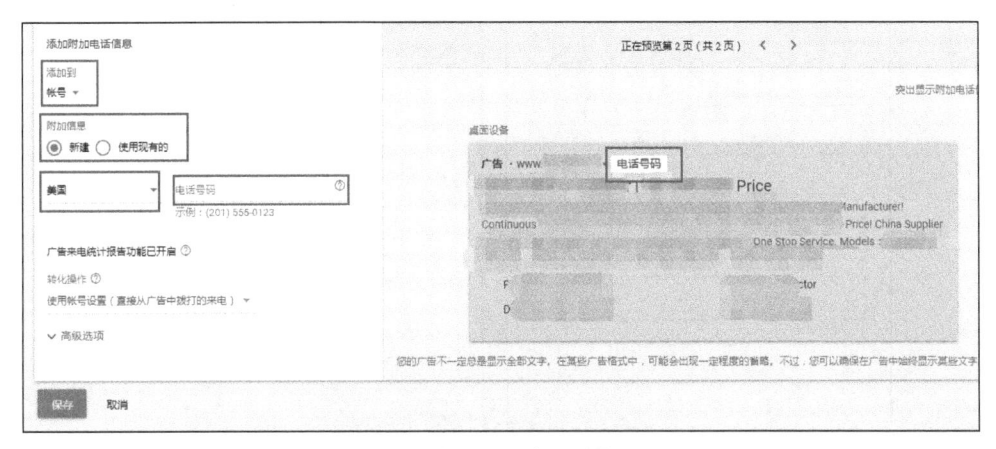

图 9-20 添加附加电话信息页面

5. 附加潜在客户表单

当客户打开附加潜在客户表单后,可以直接在广告中(不用访问网站)使用表单提交自己的联系信息,例如电子邮件地址、电话号码,从而可以发掘潜在客户。附加潜在客户表单可以在搜索广告、视频广告、展示广告、发现广告中展示,能够展示的前提条件是需要在 Google Ads 中的总支出超过 5 万美元,否则你只能要求代理商帮助你申请(这时就显示出通过代理商开通广告账户的好处了)。另外,附加潜在客户表单仅可以在部分国家/地区投放。每个广告系列只能添加一份附加潜在客户表单。附加潜在客户表单的展现形式如图 9-21 所示。

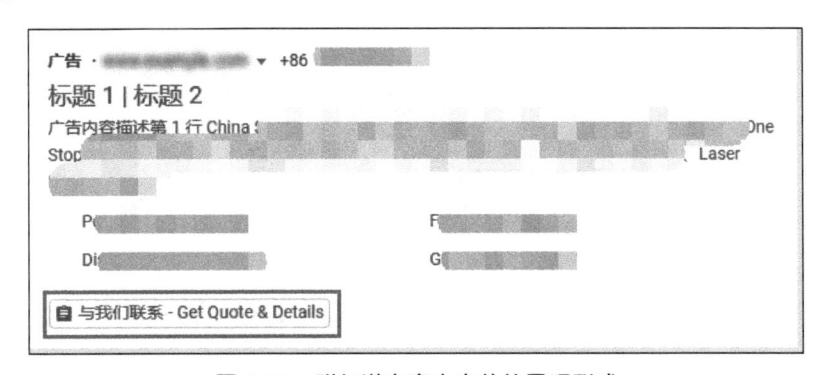

图 9-21 附加潜在客户表单的展现形式

添加附加潜在客户表单需要选择、填写的内容包括以下几项（如图 9-22 和图 9-23 所示）。

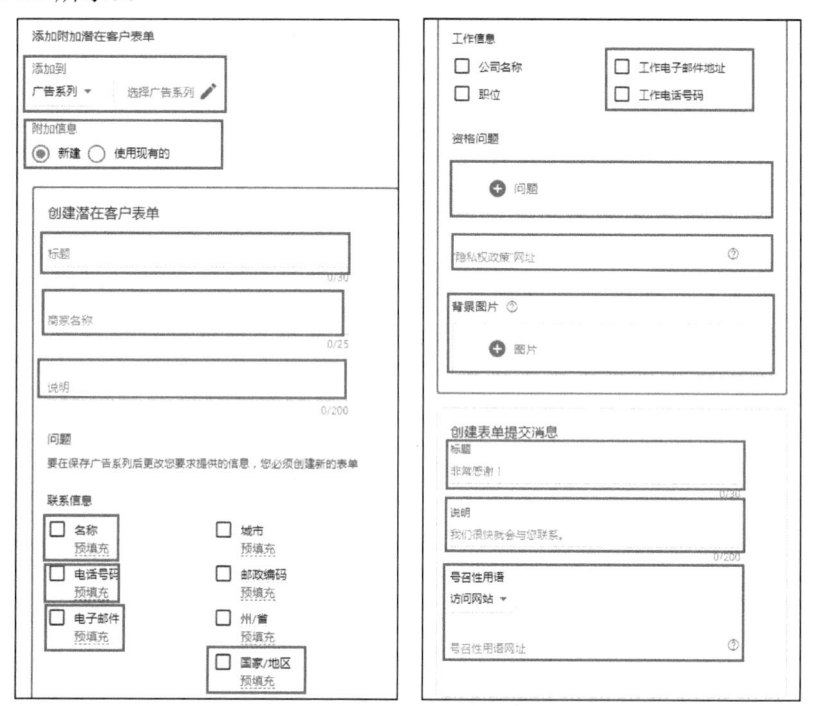

图 9-22　添加潜在客户表单页面一

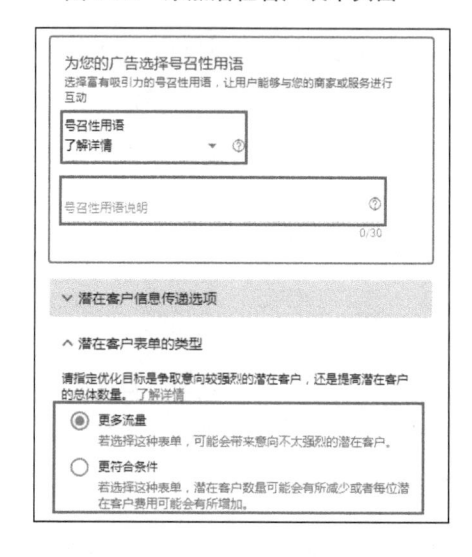

图 9-23　添加潜在客户表单页面二

（1）选择要添加的广告系列。一个广告系列只能有一个附加潜在客户表单。

（2）填写标题、商家名称和说明。在"说明"文本框中填写的内容是关于产品、服务、优势等的信息。

（3）选择想要在附加潜在客户表单中询问的问题，勾选所选问题前边的复选框即可，需要选择至少一个选项才能继续操作。建议选择名称、电话号码、电子邮件、国家/地区，这些内容是可以通过抓取客户以前在网络上填写的内容而自动展示的。如果你的产品主要面对的是公司而不是个人，那么电子邮件和电话号码这两个选项可以换成工作电子邮件和工作电话号码，这两项需要客户手动填写。

（4）点击"➕问题"按钮，会出现很多关于行业的选项，如图 9-24 所示。每一个行业下边都会有相应的问题，可以选择适合自己的。Shopify 商家可以选择"常规""零售"选项，在选定之后，会出现如图 9-25 所示的页面，回答类型可以选择选择题或者简短回答。

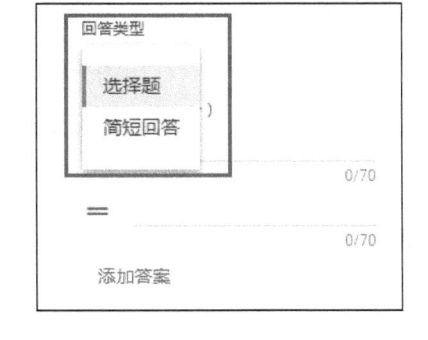

图 9-24　关于行业的选项　　　　图 9-25　回答类型选项

（5）添加指向你的隐私权政策的网址。这要求在 Shopify 网站上必须有一个关于隐私权政策的页面，也就是 Privacy 页面。图 9-26 所示为苹果公司的 Privacy 页面。外国公司一般都会有 Privacy 页面。你可以借鉴它们的内容，将其修改成适合自己的。

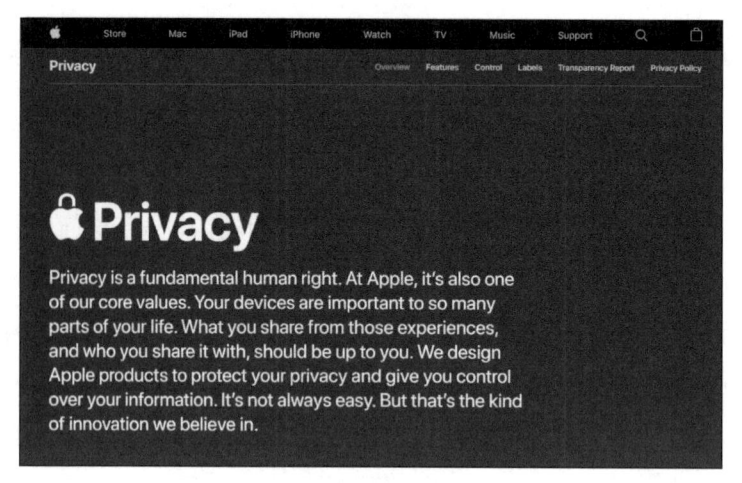

图 9-26　苹果公司的 Privacy 页面

（6）（仅限搜索广告系列）点击"➕图片"按钮，为附加潜在客户表单添加背景图片。背景图片的宽高比必须为 1.91∶1（建议使用 1200 像素×628 像素）。

（7）在"创建表单提交信息"选区中填写标题、说明、号召性用语，可以根据文本框中的建议填写。

（8）为表单提交后展示的消息添加号召性用语。与广告中的号召性用语不同，这种类型的号召性用语的着陆页可以设置为具体的网址。

如果需要添加号召性用语来吸引客户与广告互动，那么从下拉菜单中选择号召性用语的类型，并为号召性用语添加说明。

（9）如果想直接从自己的客户关系管理（CRM）系统中接收潜在客户信息，那么可以在潜在客户信息传递选项中添加网络"钩子"信息。

（10）选择你的"潜在客户表单的类型"选项，可以选择更多流量或更符合条件。

需要注意的是，如果附加潜在客户表单中需要自主填写的内容过多，那么客户可能会觉得填写内容过于麻烦，而选择离开。附加潜在客户表单中的客户信息只保存 30 天，记得要每天查看，及时回复客户。

移除和修改附加潜在客户表单的操作可以参照前边移除和修改附加链接的操作。

6. 附加地址信息和附加关联商户地址信息

附加地址信息会在广告中展示商家地址、前往营业地点的地图或客户与商家之间的距离。客户可以点击此附加信息，前往营业地点信息页。该页面汇集了最具相关性的所有商家信息，诸如营业时间、电话号码、照片和路线等信息，类似于我们在美团、饿了么上看见的商家信息。附加地址信息可以在搜索广告、展示广告、视频广告、Google 地图上展示，其主要作用是能够增加实体店的客流量，融合在线广告与线下销售环节。中国的 Shopify 卖家用不到这个功能，我们就不再过多介绍。附加地址信息的展现形式如图 9-27 所示。

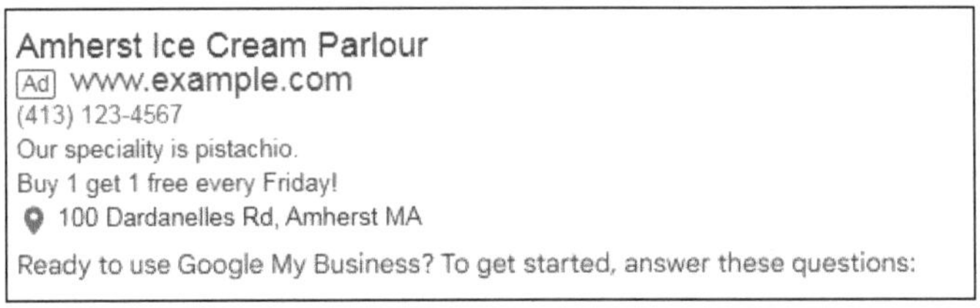

图 9-27　附加地址信息的展现形式

如果你有产品在零售连锁店销售，那么附加关联商户地址信息可以帮助客户查找附近的销售你的产品的商店。在搜索广告上的展示位置如图 9-28 所示。添加这个附加信息只需要 3 步，选择"一般零售商"，再选择"国家"，最后选择该国家中销售你的产品的连锁店。对于中国 Shopify 卖家来说，这个功能也用不到。

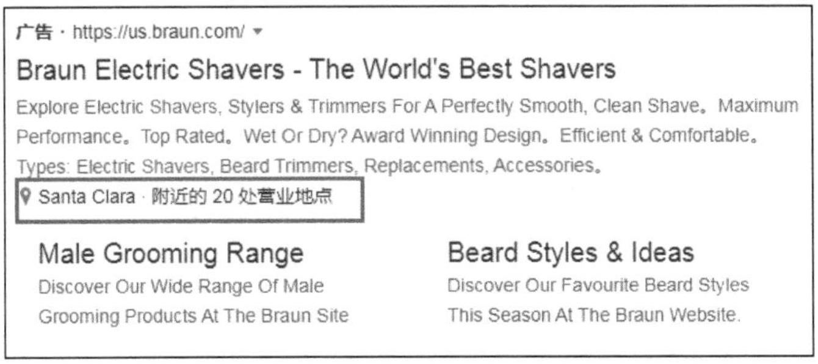

图 9-28　附加关联商户地址信息的展示位置

7. 附加价格信息

附加价格信息会展示在搜索广告描述下方，在电脑端的展现形式如图 9-29 所示，可以向客户详细地介绍商家提供的产品或服务，以及这些产品或服务的价格。

附加价格信息展示为一组最多 8 张的卡片，客户可以查看到不同选项和价格。点击价格菜单上的具体产品，即可直接跳转到网站上访问相关内容。

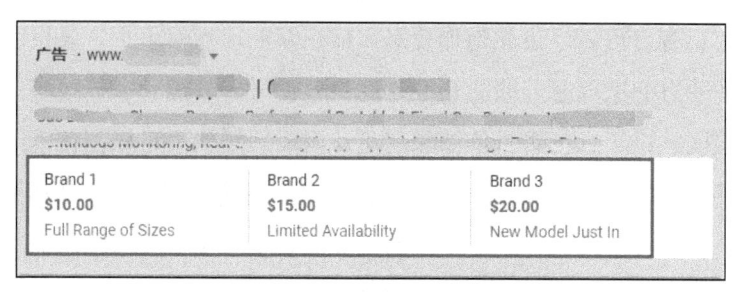

图 9-29　附加价格信息的展现形式

添加附加价格信息需要填写的内容有以下几项（如图 9-30 所示）。

图 9-30　添加附加价格信息页面

（1）点击"添加到"下拉菜单，选择要添加附加价格信息的级别。

（2）输入附加价格信息的语言、类型、币种和价格限定词，点击需要填写的内容后，会出现下拉菜单，根据你的实际情况进行选择。

（3）给要宣传的每种产品或服务填写附加价格信息项，包括标题、价格、说明和最终到达网址。在填写完一个附加价格信息项后，可以点击铅笔图标，继续增加附加价格信息项，至少需要填写 3 个附加价格信息项。附加价格信息项的每个标题和每条说明均可最多包含 25 个英文字符。

8．附加应用信息

附加应用信息只能在移动端的搜索广告中展示，展示位置如图 9-31 所示。在添加附加应用信息前，你想要推广的移动应用需要在 Google Play 或 Apple App Store 中发布。

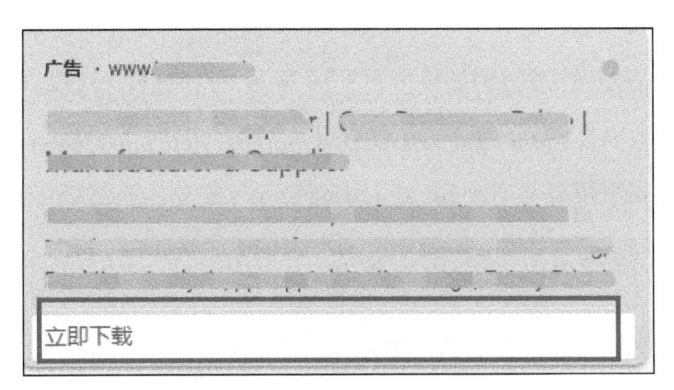

图 9-31　附加应用信息的展示位置

9．附加促销信息

附加促销信息也只能在移动端的搜索广告中展示，展示位置如图 9-32 所示。按照各项提示填写即可，比较简单。

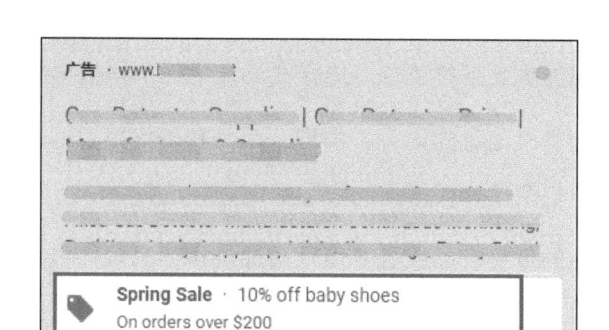

图 9-32　附加促销信息的展示位置

9.2　购物广告

9.2.1　购物广告简介

购物广告的展现形式如图 9-33 所示。客户可以看到产品图片、名称、品牌、售价、优惠信息、评价等内容。这些展示出来的明确的产品信息可以将意向明确的客户带到你的商店。在设置购物广告之前，你要注册 Google Merchant Center（谷歌商家中心）账户，将 Google Ads 账户与 Google Merchant Center 账户关联后，商店的产品数据就可以从 Google Merchant Center 账户传递到 Google Ads 账户以供广告系列使用。你无须撰写广告，也不用选择关键词，只需要在 Google Merchant Center 账户中上传产品资料。购物广告根据出价、关联度和历史表现数据决定排名。购物广告分为标准购物广告和智能购物广告。

图 9-33　购物广告

9.2.2 标准购物广告

1. 选择广告系列目标和广告系列类型

需要设置的内容如图 9-34 所示。首先，选择广告系列的目标。广告系列的目标分为销售、潜在客户、网站流量、产品和品牌中意度[①]、品牌认知度和覆盖面、应用宣传、本地实体店光顾和促销等。把鼠标指针指向每个目标均可显示目标详情，以及该目标适合的广告系列类型。Shopify 卖家可以选择"销售"作为广告系列目标，并选择"购物"作为广告系列类型。

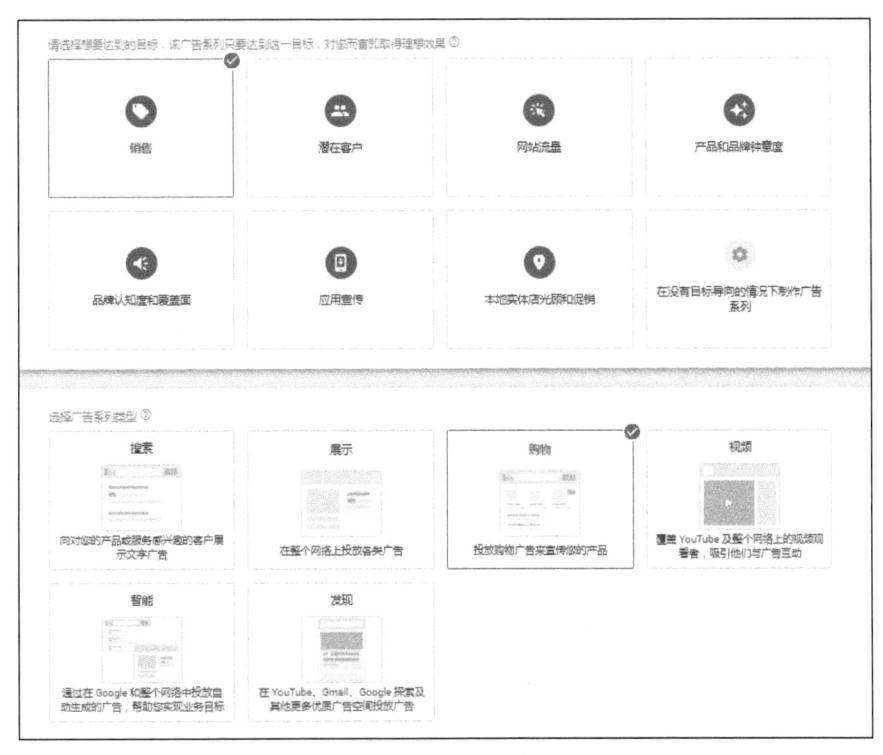

图 9-34 标准购物广告系列的目标和类型设置

然后，选择已经关联的 Google Merchant Center 账户，并选择在哪个国家/地区销售产品，如图 9-35 所示。需要注意的是，每个广告系列只能设置一个目标销售国家/地区，并且设置的目标销售国家/地区在广告系列制作完成后不可更改。

[①] 网页中"钟意度"的正确写法应为"中意度"。

最后，选择标准购物广告系列。

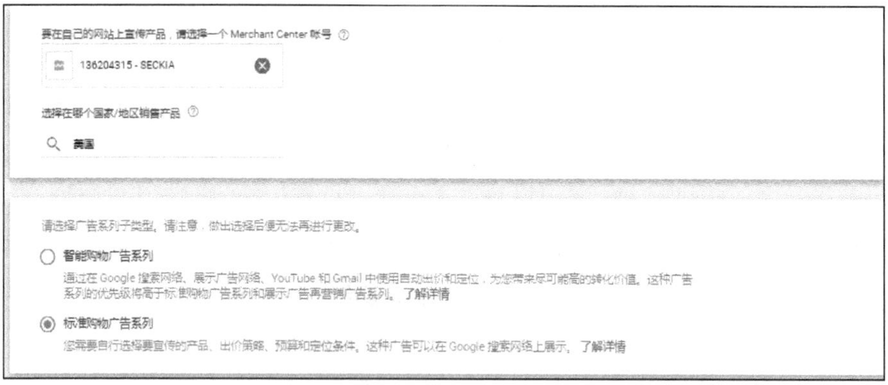

图 9-35　选择 Merchant Center 账户及广告系列子类型

2. 常规设置、出价与预算

如果你有实体店，那么可以选择"实体店商品"，如图 9-36 所示。中国卖家可以忽略这个选项。

图 9-36　标准购物广告系列的常规设置、出价与预算设置

在"出价与预算"选区中可以选择"目标广告支出回报率"、"尽可能争取更多点击次数",以及"每次点击费用人工出价"选项。如果你的预算不足,那么我们建议你选择"每次点击费用人工出价"选项。

3. 其他设置

其他设置如图 9-37 所示。

图 9-37　标准购物广告系列的其他设置

(1)广告系列优先级。如果你只在一个广告系列中宣传某个产品,那么无须更改此设置,只要保留默认设置("低")即可。如果你使用多个广告系列宣传同一个产品,不设置优先级,那么系统会优先投放出价较高的广告系列。

（2）投放网络。可以都选择，也可以只选择搜索网络。为了更清楚地知道各个渠道的转化成本，建议只选择搜索网络。

（3）设备和地理位置。这两项根据前边的设置填充内容，不需要改动。

最后，设置广告组名称和出价即可完成广告系列的制作。

9.2.3 智能购物广告

智能购物广告系列会自动从 Google Merchant Center 账户中提取产品数据来制作专门为客户设计的购物广告。然后，该广告系列会使用你选择的出价策略，以智能的方式将这些广告放置在不同类型的 Google Ads 上，例如 YouTube、搜索广告。

智能购物广告系列和标准购物广告系列的区别在于转化目标、出价、产品、广告项目的设置不同，如图 9-38～图 9-40 所示。

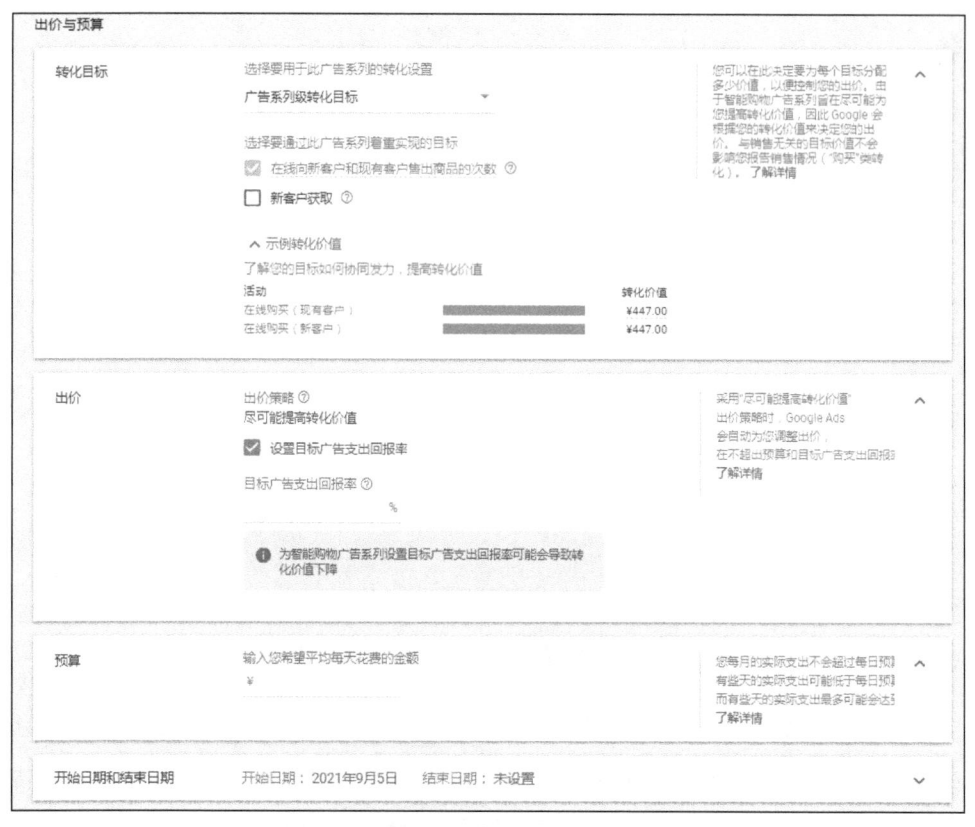

图 9-38 智能购物广告系列的出价与预算设置

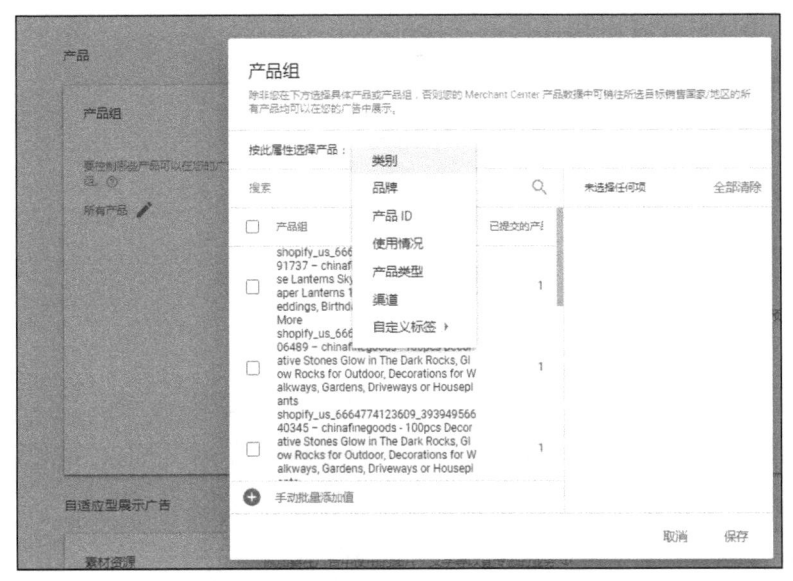

图 9-39 智能购物广告系列的产品设置

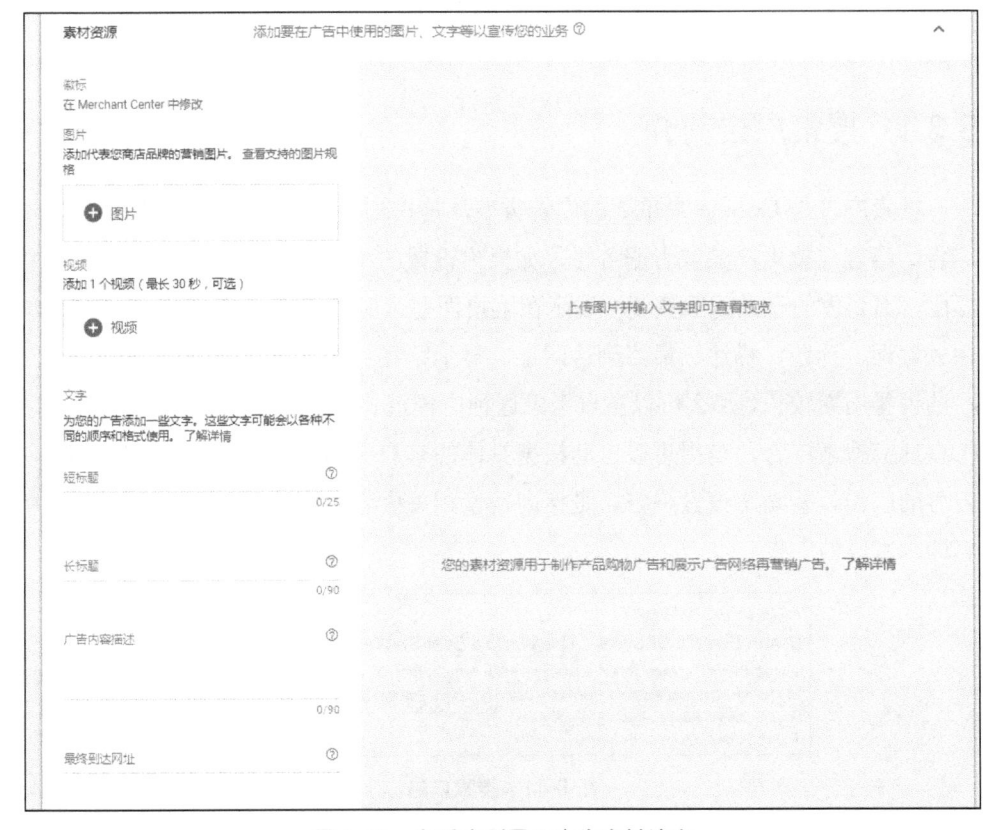

图 9-40 自适应型展示广告素材填充

智能购物广告系列只能采用尽可能提高转化价值的出价策略。当在"转化目标"选区中勾选"新客户获取"复选框后，出价策略提供的出价可能会导致新客户购买量有所增加。

如图 9-39 所示，选择想在广告系列中宣传的具体产品或产品组，可以根据品牌、产品 ID 等项目来选择。如果你销售的产品都是同一细分市场的产品，例如都是高尔夫手套，那么可以选择所有产品，否则建议指定产品，这样带来的客户更精准，转化效果更好。

然后，需要上传徽标、图片、视频等素材资源，编辑短标题、长标题、广告内容描述，并添加最终到达网址。这些素材资源将用于制作自适应型展示广告，以在展示广告网络和 YouTube 中展示。

点击"保存"按钮，即可完成广告的制作。

9.3　搜索广告

9.3.1　搜索广告简介

搜索广告是 Google 最重要的广告类型，是在 Google 搜索结果中投放的文字广告。当客户搜索产品或者服务时，如果你设置的关键词与客户搜索的关键词相匹配，那么你的产品或服务便会展示在客户面前，形式如图 9-41 所示。广告内容由关键词、标题、描述、最终到达网址、显示路径、附加信息组成。如果你的产品的销售周期较长，那么可以重点考虑这种广告形式。搜索广告有两种广告形式：①自适应搜索广告，是指可以自动根据具体的客户灵活调整从而向他们展示相关内容的广告。②动态搜索广告，是指向搜索相关内容的客户展示根据网站里的内容即时生成的广告。

图 9-41　搜索广告

9.3.2 自适应搜索广告

在 Google Ads 首页,点击"所有广告系列"选项,在新打开的页面中点击"➕图片"按钮创建广告系列,在首次创建广告系列时选择新广告系列。

1. 选择广告系列目标和广告系列类型

需要设置的内容如图 9-42 所示。Shopify 卖家可以选择"销售"作为广告系列目标,并选择"搜索"作为广告系列类型,通过"网站访问次数"达成目标,设置广告系列名称。

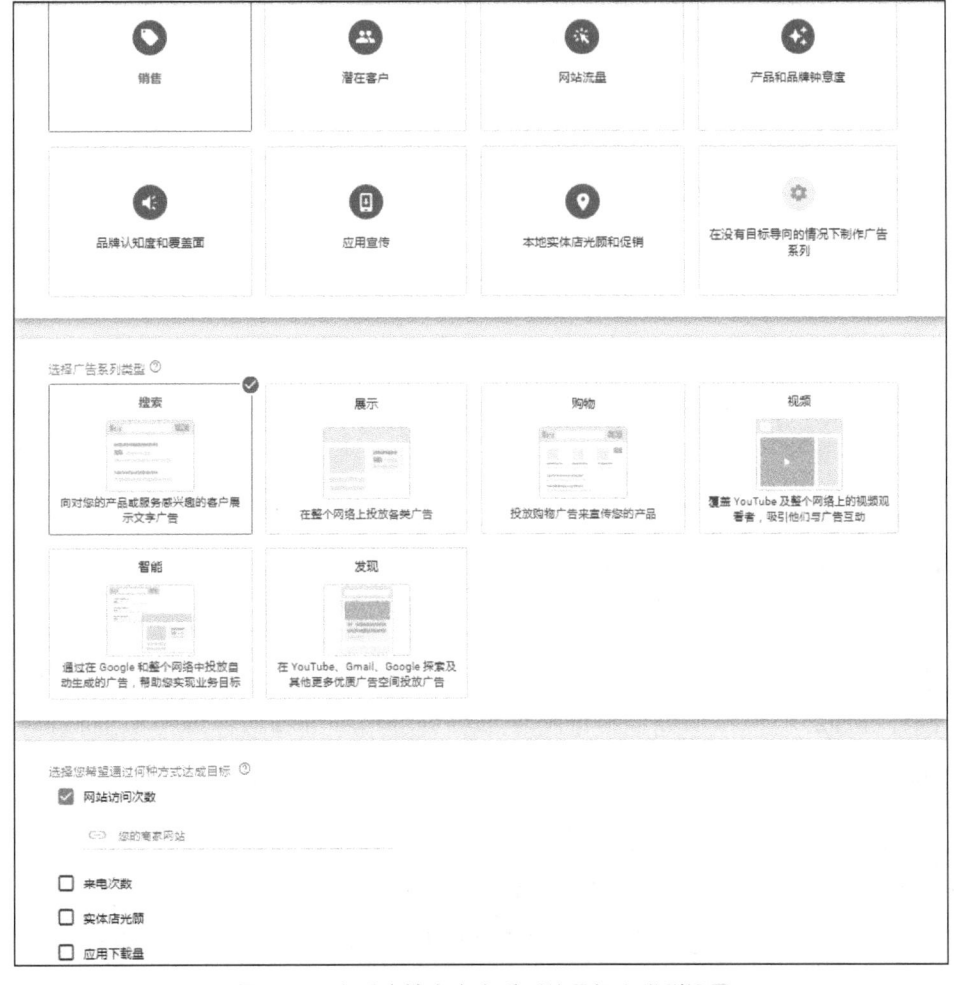

图 9-42 自适应搜索广告系列的目标和类型设置

2. 设置预算和出价

如图 9-43 所示，设置预算和出价，可以根据自己的整体广告预算设置该广告系列的每日预算，前期可以设置较少的预算，例如 70 元/天，后期再根据实际情况增加。

图 9-43　自适应搜索广告系列的预算和出价设置

出价目标有很多选项，可以根据想实现的目标选择相应的出价策略，如图 9-44 所示。Shopify 卖家可以考虑转化次数或者转化价值，也可以直接选择出价策略，如图 9-45 所示，出价策略分为自动出价策略和人工出价策略。

对于广告轮播，建议选择优先展示效果最佳的广告。对于转化次数，建议选择使用账户级"纳入到'转化次数'列中"设置，如图 9-46 所示，这样操作比较简单。当然，也可以选择"为此广告系列选择转化操作"，如图 9-47 所示。这就需要你在"工具与设置"→"衡量"→"转化"中设置好需要的转化操作。

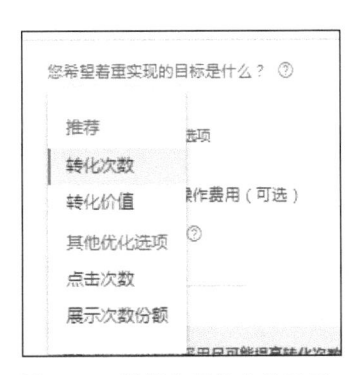

图 9-44　希望实现的出价目标

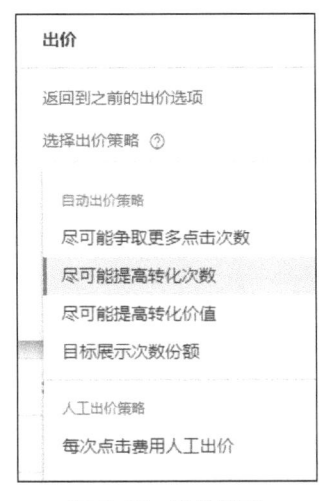

图 9-45　出价策略

图 9-46　转化次数可选择的项目

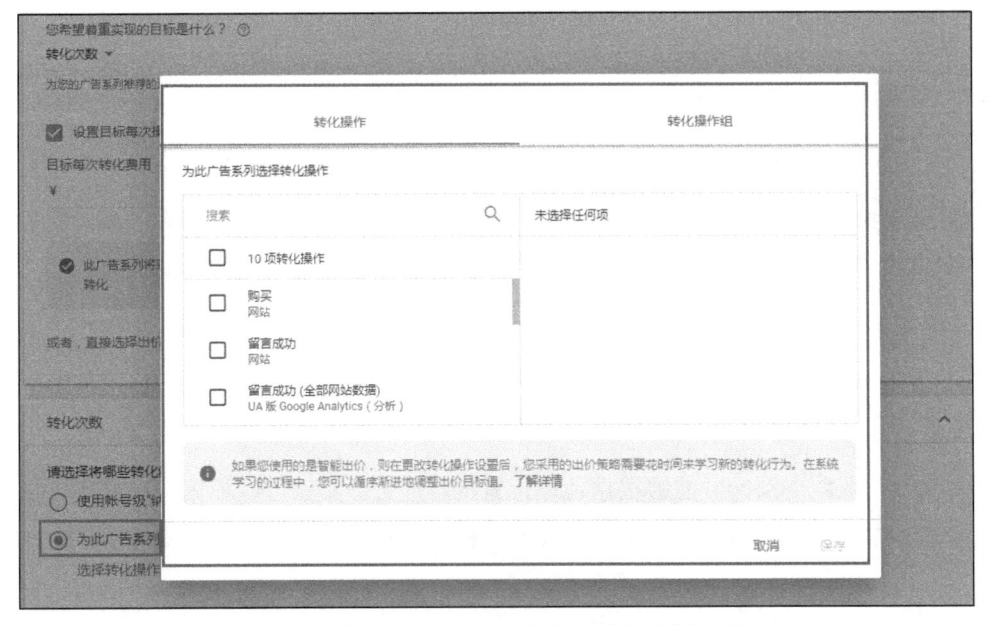

图 9-47　选择"为此广告系列选择转化操作"页面

3. 其他设置

需要设置的内容如图 9-48 所示。

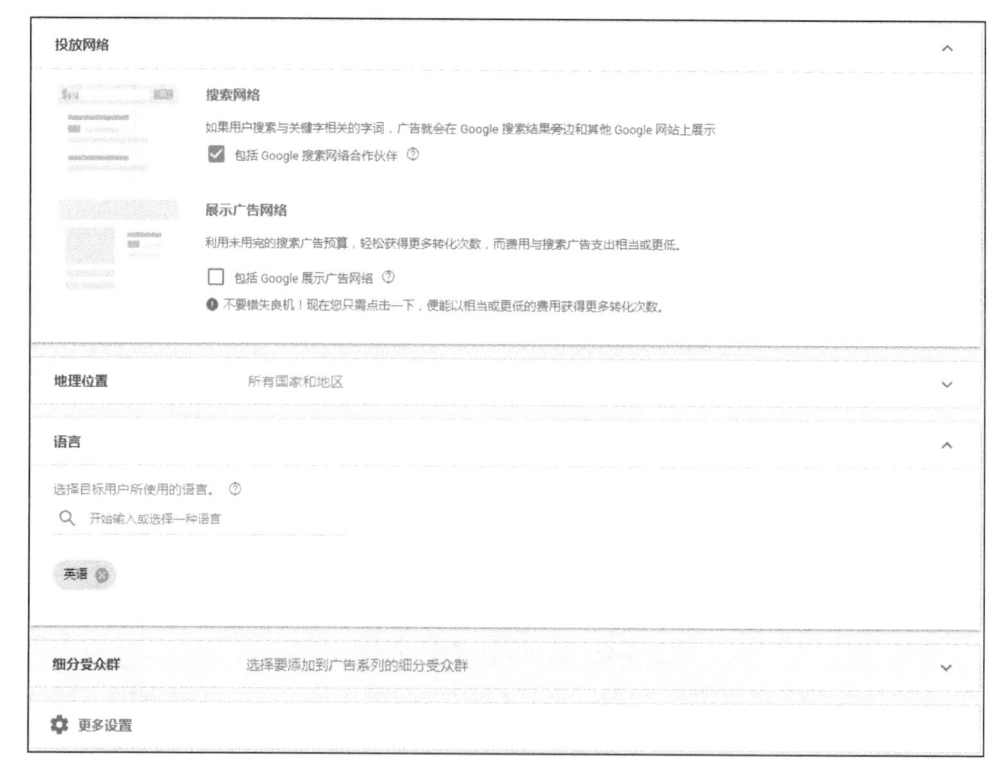

图 9-48 自适应搜索广告系列的其他设置

（1）投放网络。卖家可以选择只投放到 Google 搜索网络，可以勾选"包括 Google 搜索网络合作伙伴"复选框，还可以勾选"包括 Google 展示广告网络"复选框，不过，不建议勾选"包括 Google 展示广告网络"复选框，根据我们的经验，效果不好，而且不便于评估效果，建议单独设置展示广告。

（2）地理位置。如图 9-49 所示，卖家可以添加定位的地理位置和排除的地理位置，并且可以根据目标选择位置或热度，默认选择为"位置或热度"。

（3）语言。Google 能够根据地理位置推荐语言。卖家可以根据自己的推广目标来添加语言，除非专门针对某个语种设置的人群，否则建议选择英语。

（4）细分受众群。卖家可以选择投放对象的行业或人群分类，比如投放母婴用品的广告，可以选择如图 9-50 所示的受众特征，从而观察和调整出价。在设置好细分受众群后，卖家可以在受众群体管理器中创建新的受众群，以便制作新广告系列的时候使用。这个选项主要用于展示广告，对于搜索广告可以不用填写。

图 9-49 地理位置设置

图 9-50 细分受众群

（5）更多设置。卖家在"更多设置"选项中可以设置广告的开始时间和结束时间，以及每天的投放时段，还可以使用动态搜索广告让 Google 自动索引并展示广告页面。

4．关键字和广告

需要设置的内容如图 9-51 和图 9-52 所示。

点击"广告组 1"后的铅笔图标，可以设置广告组名称。

图 9-51　关键字设置

Google 可以根据卖家的相关网页和产品自动获取关键字，也可以手动输入关键字，在一行中输入一个关键字，默认的关键字匹配类型为广泛匹配，给关键字加双引号表示词组匹配，给关键字加中括号表示完全匹配。

然后，设置广告，这里将是客户搜索关键字时所看到的内容，卖家需要设置的内容如图 9-52 所示，包括以下几项。

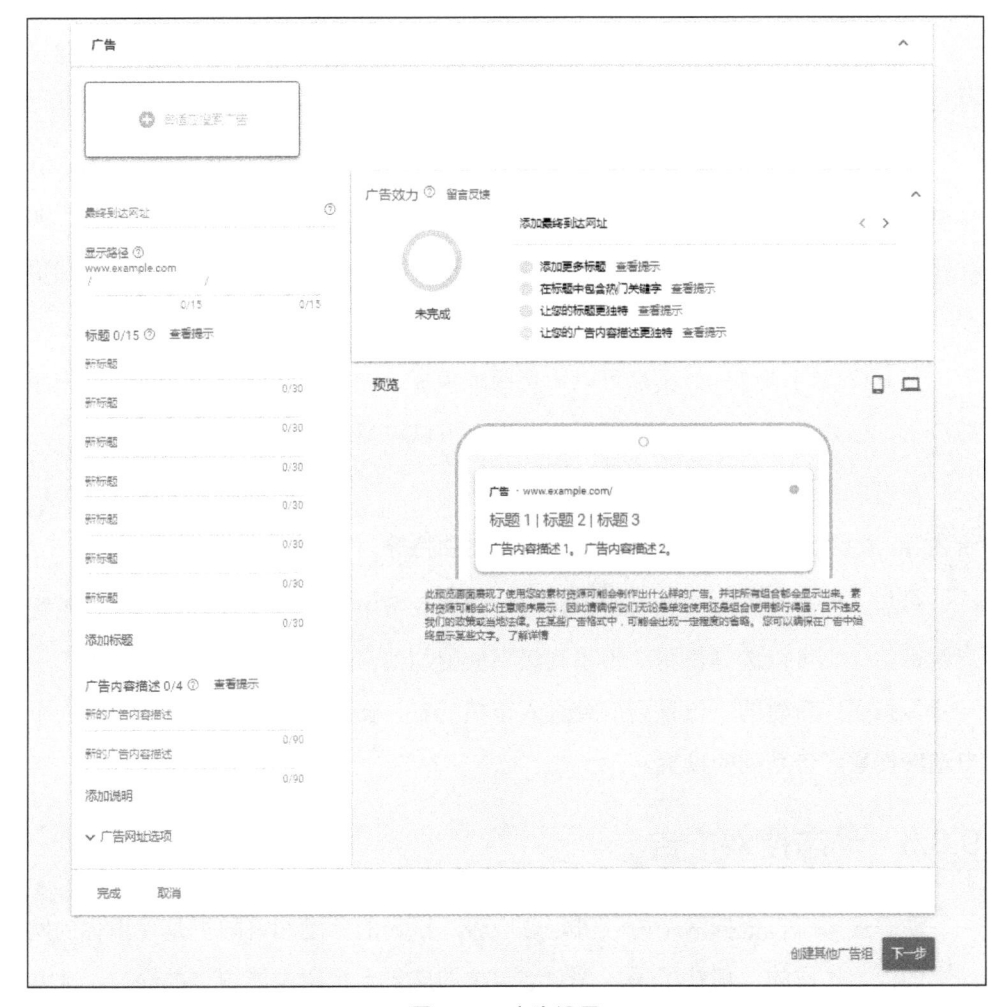

图 9-52 广告设置

（1）最终到达网址。即客户搜索关键字并点击广告后到达的网址。这里设置的网址应该与宣传内容保持一致。如果你使用跨网域重定向，那么要在跟踪模板中输入该重定向。

（2）显示路径。这是出现在广告第一行的网址。在默认情况下，广告的文字中仅显示主域名。例如，如果最终到达网址是"www.***.com/cushion"，那么广告中将显示"www.***.com"。每个"路径"字段最多可以包含 15 个字符。这里可以不填写内容，也可以填写与你想要推广的产品或服务相关的关键字。

（3）标题。卖家需要设置 3~15 个标题。每个标题不能超过 30 个字符。建议标题包含关键字、产品、服务、优势、购买号召、促销等内容。

（4）广告内容描述。卖家需要设置 2~4 条广告内容描述，可以根据 AIDMA 法则提炼广告标题和内容。广告内容描述显示在显示网址下方，最多可以包含 90 个字符。广告内容描述及广告中的其他组成部分（包括标题、显示路径、附加信息）可能会因为潜在客户所用设备的不同而以不同的组合方式显示。

（5）广告网址选项。卖家可以设置跟踪模板，增加网址中的自定义参数来跟踪广告。如果卖家有单独的移动网站，那么可以对移动设备定义另外的网址。

在设置完成后，页面右侧将显示广告效力和提示。卖家可以根据提示完善广告内容，如添加更多标题或让标题和内容更独特等。

最后，要添加附加信息，这已经在前面的章节中讲解过，既可以选择使用账户级别的，也可以选择使用广告系列级别的附加信息。在设置完成后，点击"下一步"按钮，新建的广告系列就会进入审核状态，在审核通过后，就完成了一个自适应搜索广告系列的设置。

9.3.3 动态搜索广告

动态搜索广告根据网站内容来定位广告。广告的标题和着陆页是使用你的网站上的内容生成的，填补了采用关键字定位的广告系列所未能覆盖的缺口，非常适合网站内容完善或产品数量众多的广告客户。动态搜索广告系列的设置和自适应搜索广告系列的设置既有一样的地方，也有不一样的地方，一样的地方在于选择广告系列目标和广告系列类型、设置预算和出价，不一样的地方在于其他设置。如果在"更多设置"选区中对"动态搜索广告设置"选项进行编辑，那么这个搜索广告就成了动态搜索广告，而不是自适应搜索广告。我们从这个部分开始讲解。在如图 9-53 所示的位置点击"动态搜索广告设置"选项，会出现如图 9-54 所示的页面。输入域名，选择此广告系列中动态搜索广告的语言，点击"下一步"按钮后会打开关键字和广告设置页面，如图 9-55 和图 9-56 所示。

图 9-53 动态搜索广告设置

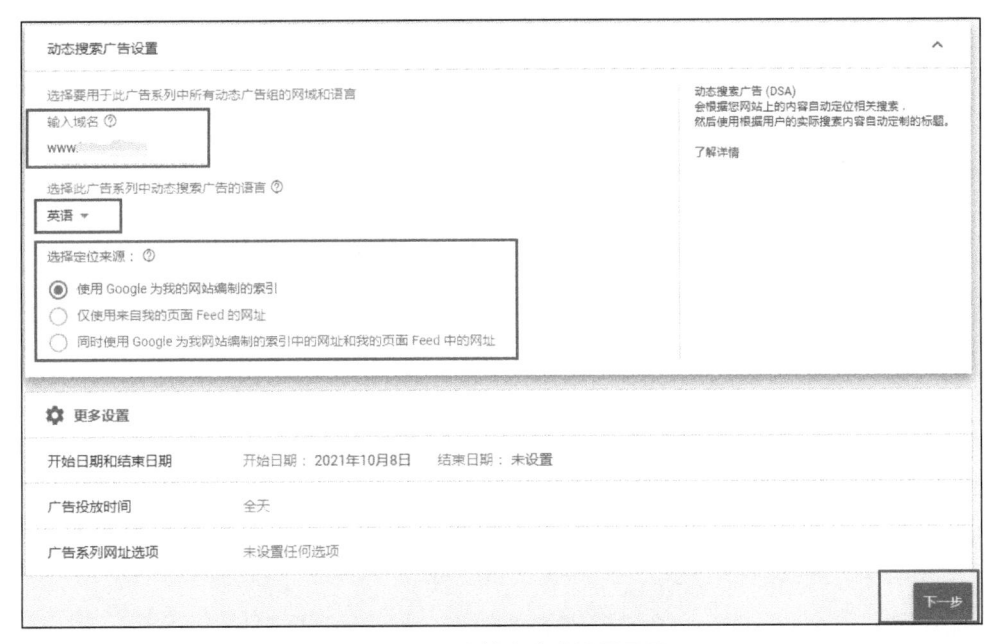

图 9-54 动态搜索广告设置页面

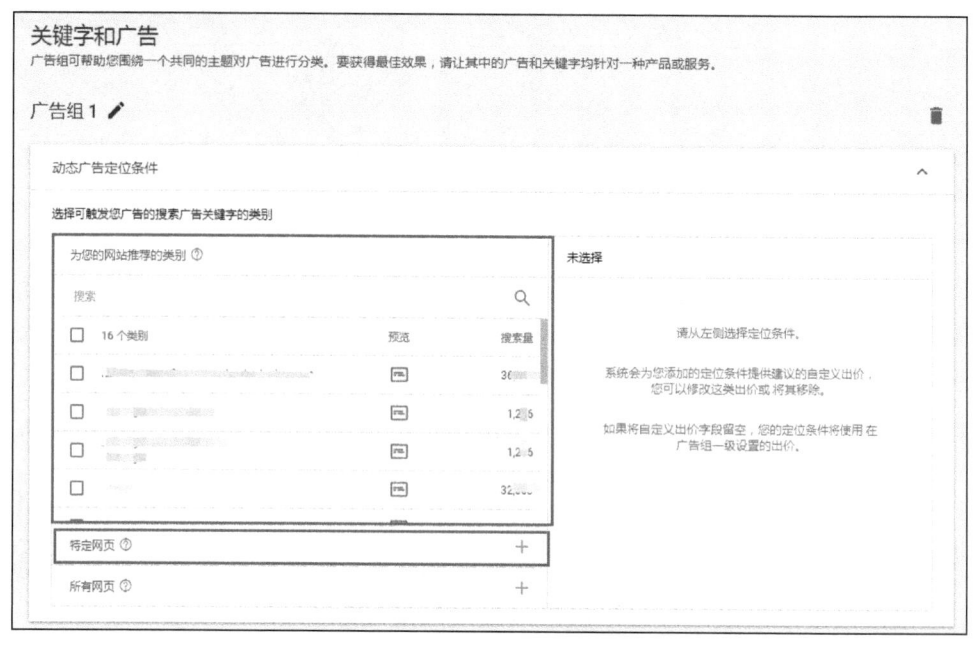

图 9-55　动态广告定位条件

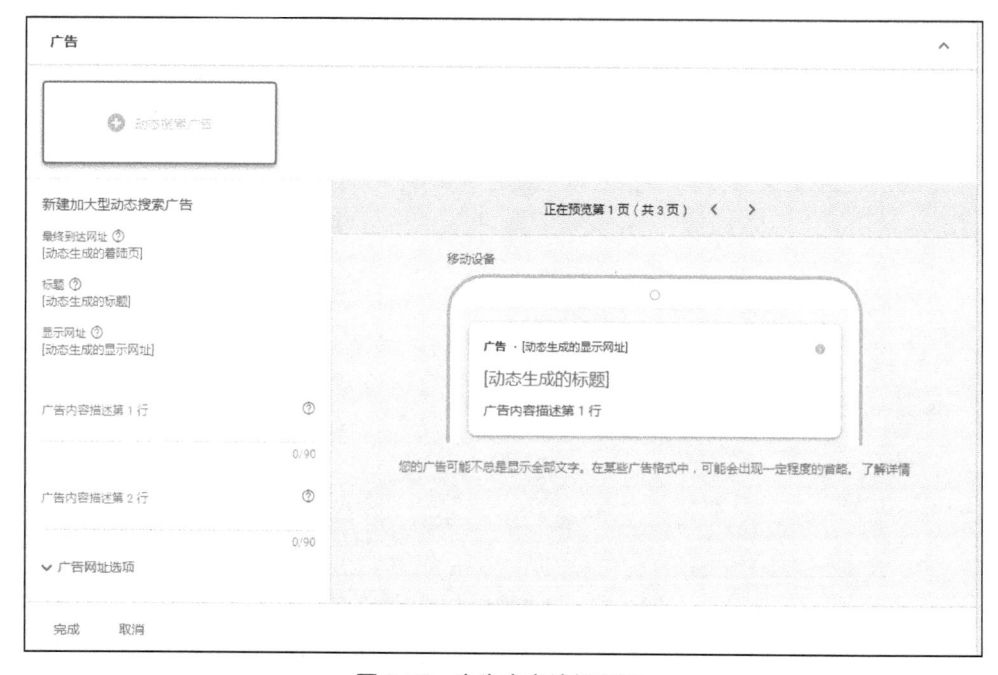

图 9-56　广告内容编辑页面

对于动态搜索广告来说，需要选择动态广告定位条件，也就是用于自动生成标题、最终到达网址和显示网址的页面。可以根据系统推荐选择受众，也可以在"特定网页"中自己添加网页。

然后，需要设置两行广告内容描述，再添加附加信息即可完成动态搜索广告的设置。

9.4　展示广告

9.4.1　展示广告简介

展示广告是 Google 提供的在整个网络上投放各类广告的推广方式。Google 展示广告具有庞大的覆盖面，可在数百万个网站和应用中展示你的广告。你可以在展示广告中使用再营销广告来再次吸引现有客户和网罗新客户。展示广告由图片、视频、标题、描述组成。图 9-57 是展现在一个网站上的展示广告。展示广告分为标准展示广告和智能型展示广告。

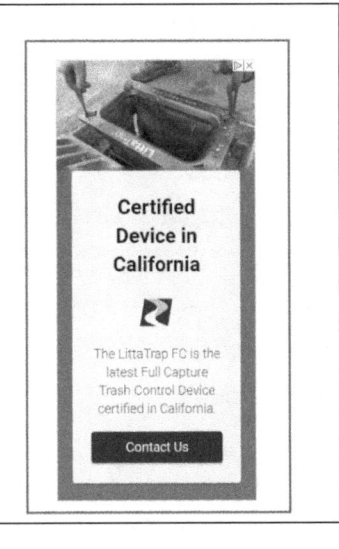

图 9-57　展示广告

9.4.2 标准展示广告

标准展示广告系列的设置步骤如下。

1. 选择广告系列目标和广告系列类型

如图 9-58 所示，在首次创建展示广告系列时同样需要选择广告系列目标。建

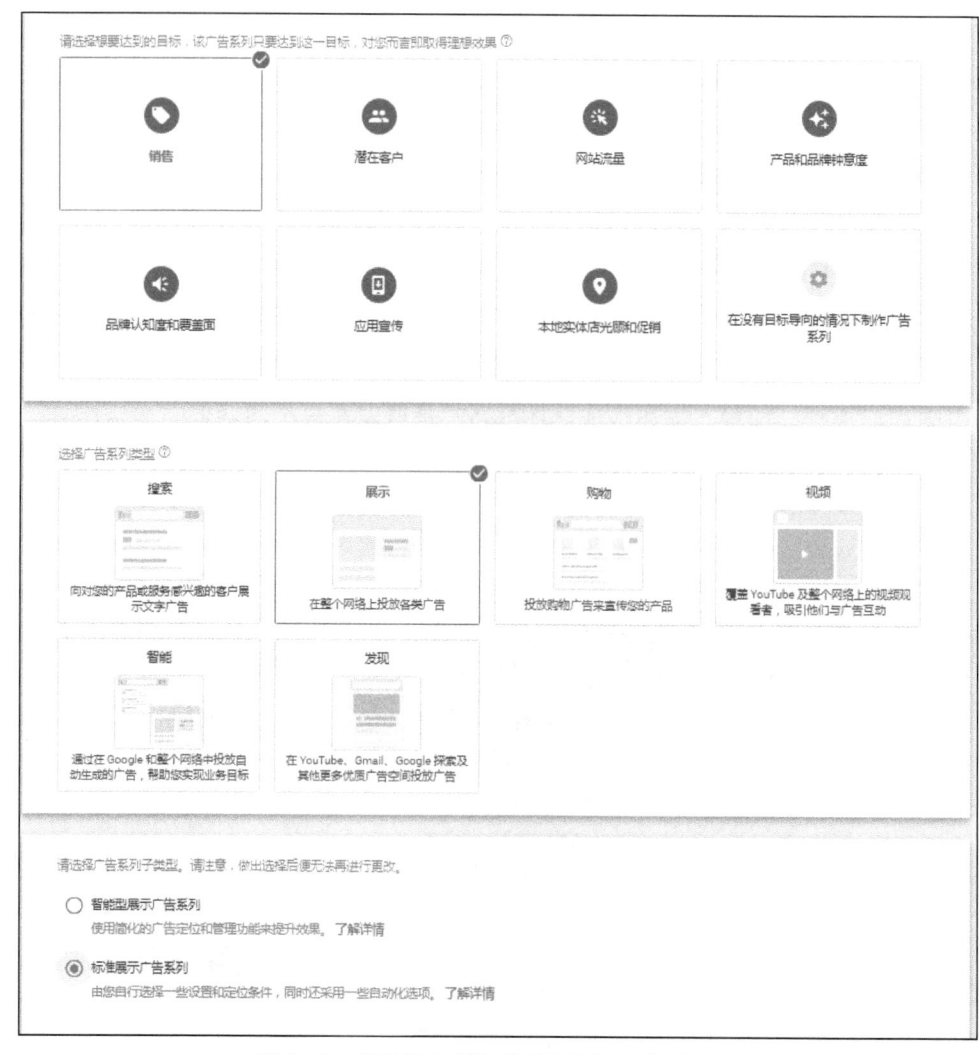

图 9-58 标准展示广告系列的目标和类型设置

议选择"销售"或者"网站流量"作为广告系列目标,选择"展示"作为广告系列类型,勾选"标准展示广告系列"单选按钮,并编辑一个后期便于你区分的广告系列名称,广告系列名称可以是活动名称、产品名称等。

2. 广告系列设置

与搜索广告系列一样,需要设置的内容包括以下几项。

(1)地理位置。卖家可以设置广告定位到的地理位置及排除的地理位置。

(2)语言。卖家可以设置广告定位的目标客户所使用的语言。

(3)更多设置,如图9-59所示。更多设置包括广告投放时间、设备、排除内容等。卖家需要注意对广告轮播、广告投放时间、开始日期和结束日期、转化次数的设置。

更多设置	
广告轮播	优化:优先展示效果最佳的广告
广告投放时间	全天
设备	在所有设备上展示
广告系列网址选项	未设置任何选项
动态广告	无数据 Feed
开始日期和结束日期	开始日期:2021年9月5日　　结束日期:未设置
转化次数	帐号级转化设置 不将浏览型转化次数纳入到"转化次数"和"所有转化次数"列中
排除内容	性暗示以及另外4类

图9-59 标准展示广告系列的更多设置

3. 预算和出价

(1)预算。卖家可以设置广告系列的平均每日预算。

(2)出价。卖家可以设置广告系列的目标并根据目标设置每次转化费用。

4. 定位

(1)细分受众群。与搜索广告系列一致,卖家可以定位行业、爱好、兴趣习惯等,如图9-60所示。

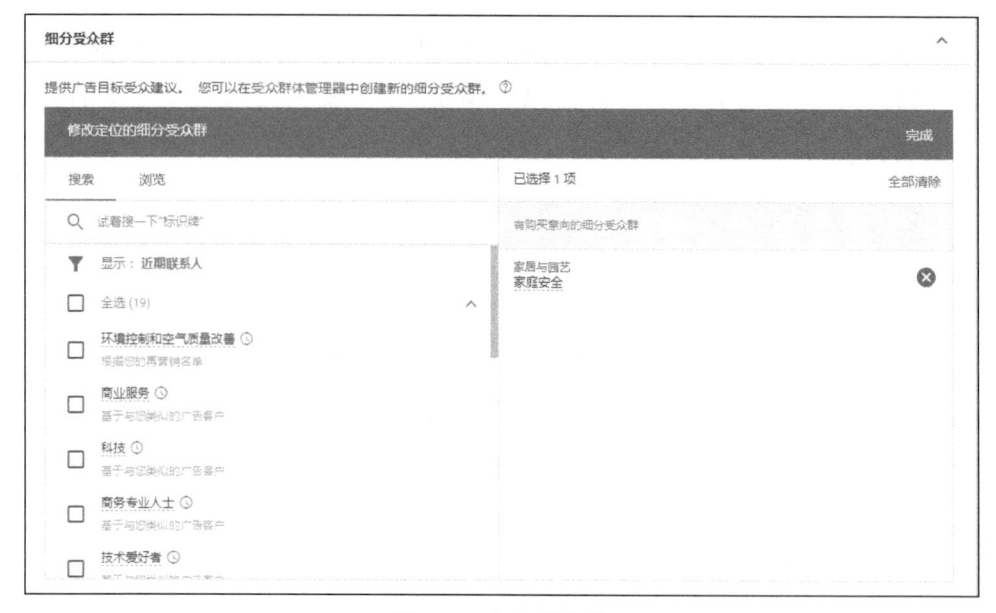

图 9-60　细分受众群

（2）受众特征。卖家可以按年龄、性别、生育状况、家庭收入来覆盖客户。

（3）扩大定位范围。Google 可以自动根据定位的表现寻找更多类似受众群体来扩大广告的覆盖面，卖家只需要滑动定位点，即可预估比人工定位更多的展示次数，如图 9-61 所示。

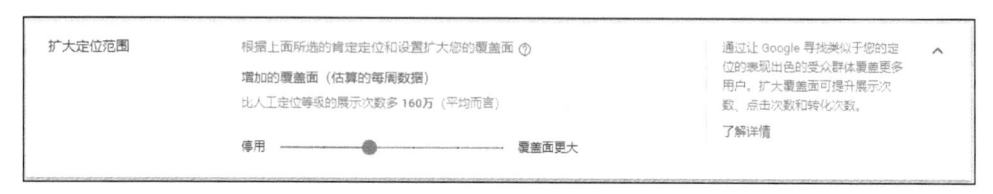

图 9-61　扩大定位范围

5. 广告

广告内容的制作如图 9-62 所示。卖家需要添加的内容有以下几项：1 个最终到达网址、至少 2 张图片、最多 5 个标题、1 个长标题、最多 5 项广告内容描述、1 个商家名称。为了达到更好的广告展示效果，需要尽可能地将内容填写全，例如徽标、视频。与搜索广告不一样的地方是需要添加方形和横向的高质量图片、徽标及视频。在编辑完广告后，页面右侧的广告效力同样会给予提示，可以按照提示进一步完善。

图 9-62 标准展示广告制作

在广告素材添加完成后，页面右侧将显示广告在网站、应用、YouTube 等平台上的展示效果。卖家可以切换手机端和电脑端的展示效果，还可以切换图片、文字等广告格式查看效果，页面右侧也会显示预估的展示次数和效果数据，如图 9-63 所示。

点击"下一步"按钮，在打开的新页面中需要确认广告系列摘要。卖家可以查看广告系列设置、广告组信息及广告内容，如图 9-64 所示。

图 9-63　广告预览

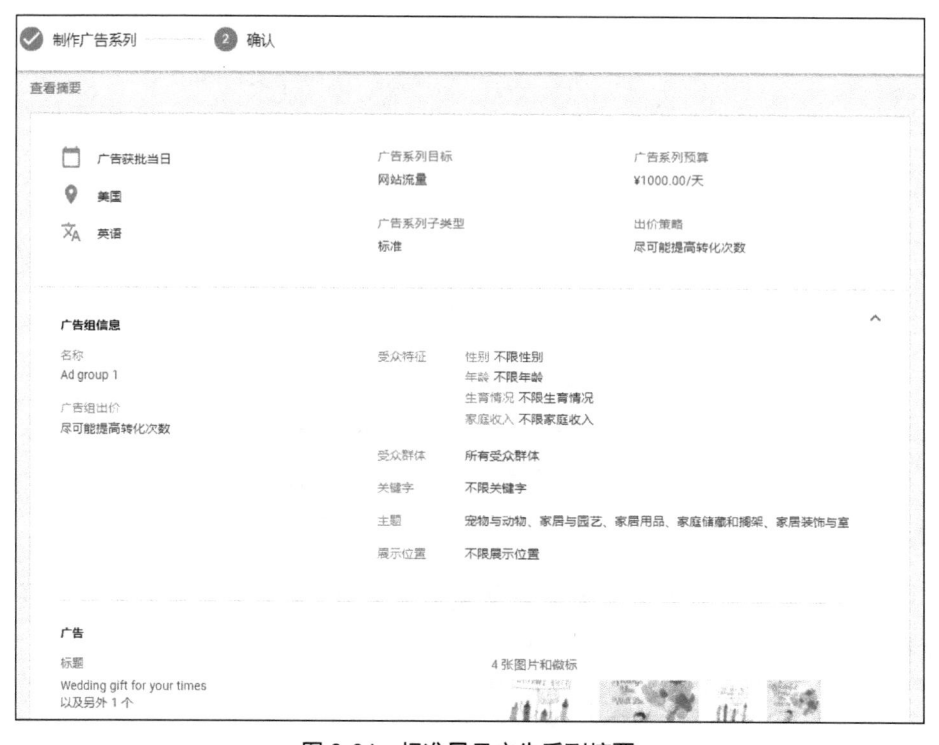

图 9-64　标准展示广告系列摘要

9.4.3 智能型展示广告

智能型展示广告系列的操作基本上和标准展示广告系列一样，区别在于出价、动态广告、定位三项。

如图 9-65 和图 9-66 所示，智能型展示广告系列着重实现的目标只能是转化次数和转化价值，标准展示广告系列多出了"可见展示次数"这一选项。分别点击"直接选择出价策略"选项，出现的可选项也不一样。标准展示广告系列的出价策略可选项更多。

对于智能型展示广告系列，需要在"动态广告"选区中勾选"使用动态广告 Feed 量身定制个性化广告"复选框，并且选择业务类型，如图 9-67 所示。Shopify 卖家可以选择"零售"选项。标准展示广告系列没有这个选项。

关于定位，如图 9-68 所示，不需要对智能型展示广告系列进行操作，使用网站访问者数据、着陆页数据分析以及搜索广告系列的最佳效果关键字来自动定位网络上的客户。对于标准展示广告系列，需要自己选择设定。

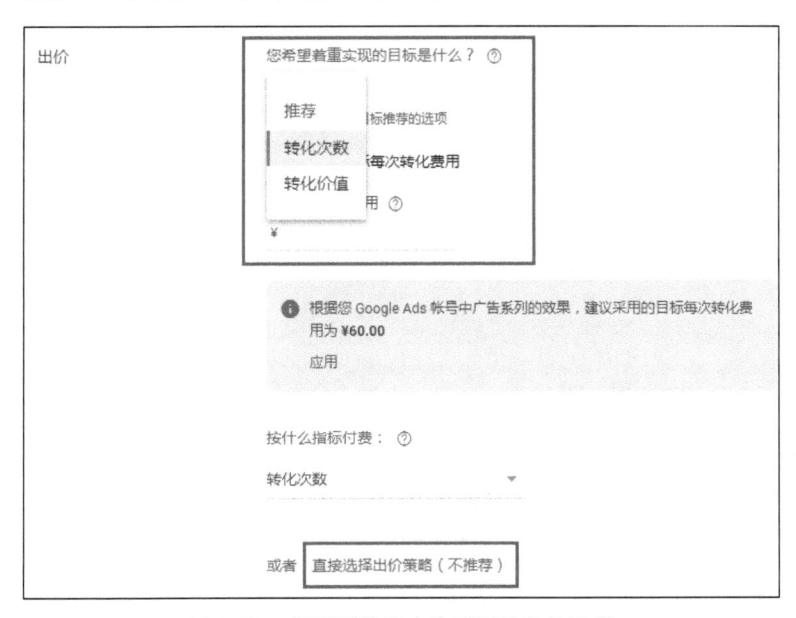

图 9-65　智能型展示广告系列的出价设置

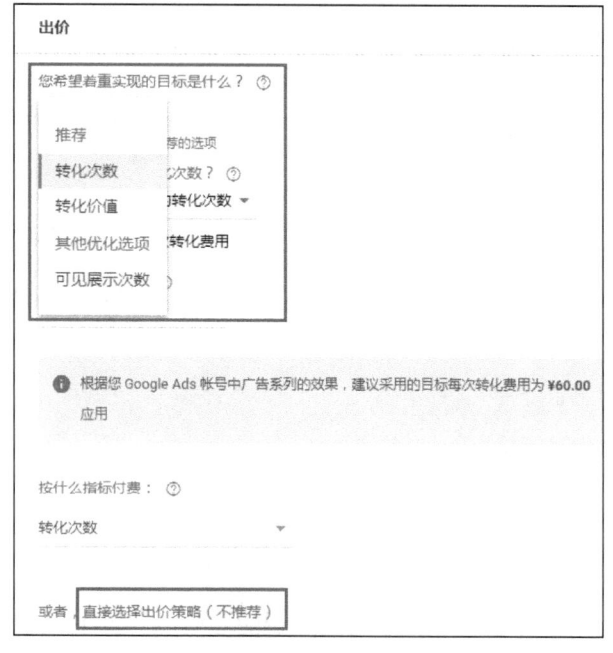

图 9-66　标准展示广告系列的出价设置

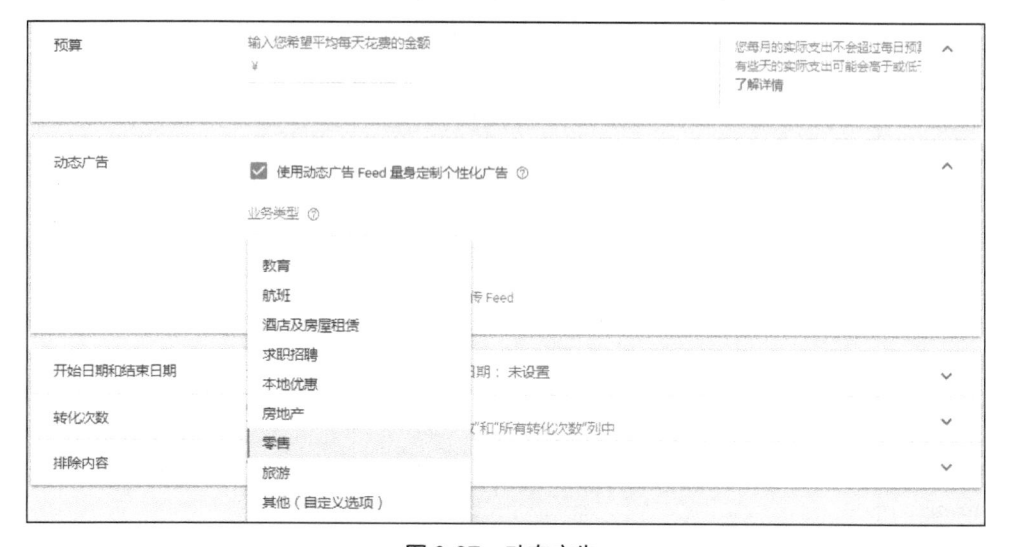

图 9-67　动态广告

图 9-68　智能型展示广告系列的定位

9.5 视频广告

视频广告可以在 YouTube 视频及 Google 视频合作伙伴的网站和应用中展示。我们都知道 YouTube 是全球最大的视频平台，每月登录用户超过 20 亿人，拥有广泛的客户群体。

9.5.1 以销售、网站流量、潜在用户为目标的视频广告系列

以销售、网站流量、潜在用户为目标的视频广告系列需要设置的内容基本一样，广告系列子类型都只有一个默认选项——"吸引用户完成转化"，因此把三者放到一节来讲解。制作这类视频广告系列需要特别注意的内容如图 9-69 所示。对于广告组类型，可以选择自适应和标准广告，但标准广告即将停用，因此建议选择自适应。

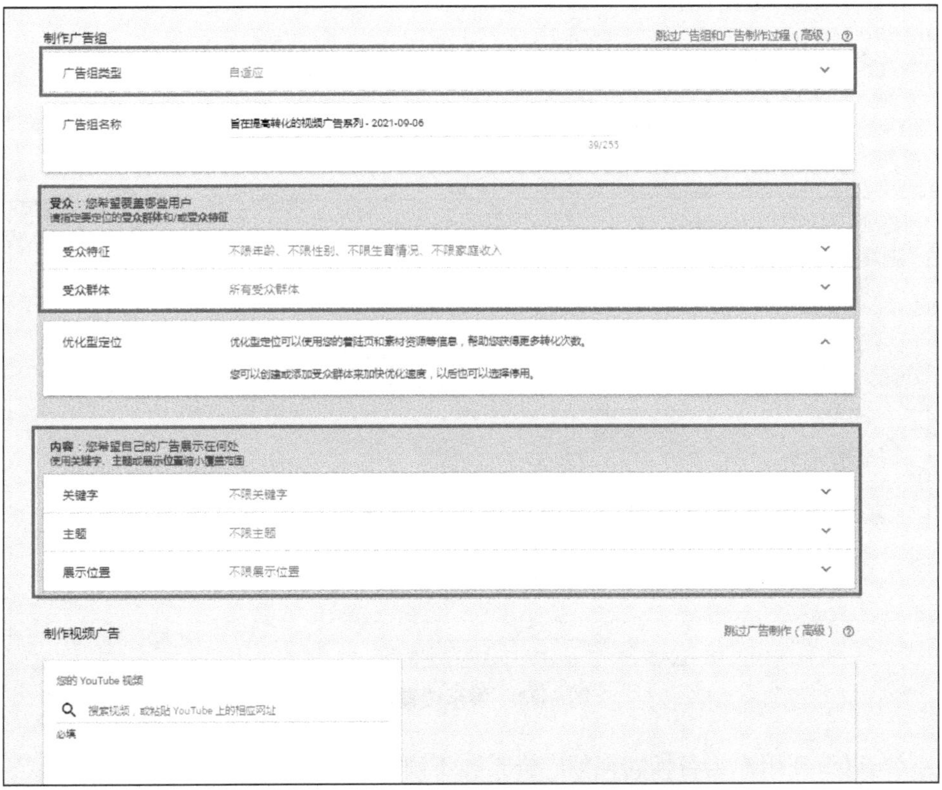

图 9-69 以销售为目标的视频广告系列设置

对于受众，如果你的产品有明确的特征，例如，只有 20~50 岁的女性购买，就可以设置一下性别和年龄。

主题和展示位置如图 9-70 和图 9-71 所示。建议 Shopify 卖家根据展示位置选择视频广告在哪里展现，YouTube 频道是一个很好的选项。

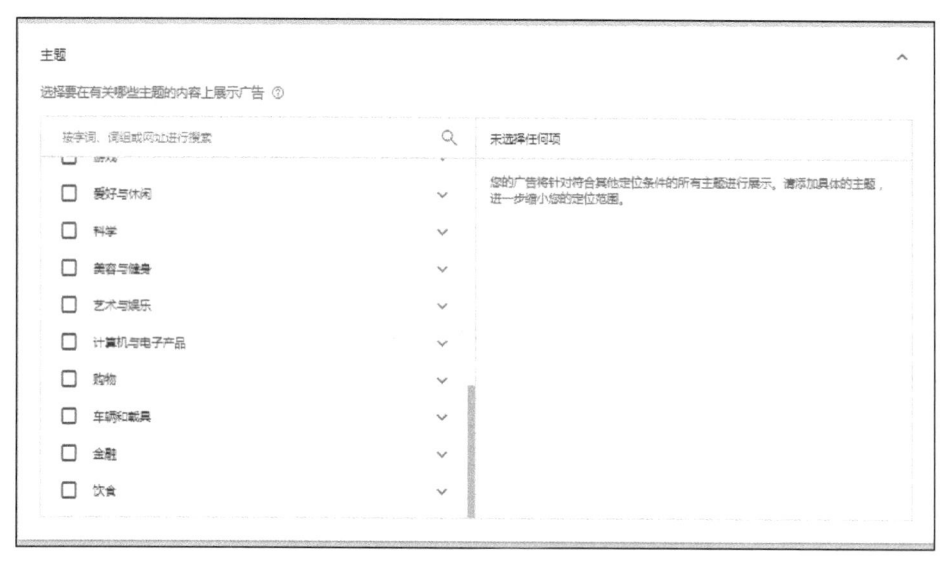

图 9-70　主题设置

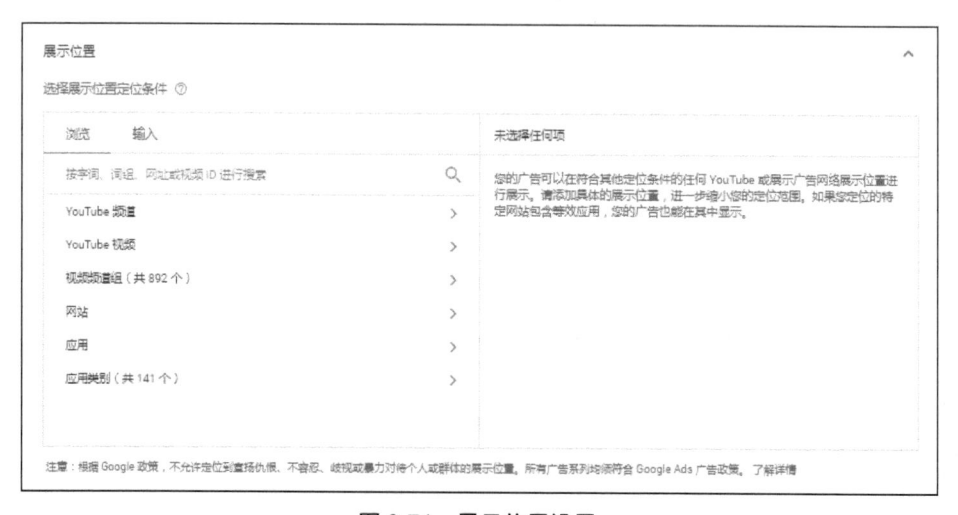

图 9-71　展示位置设置

与以潜在用户为目标的视频广告系列不同，以销售和网站流量为目标的视频广告系列有一个特别的选项，如图 9-72 所示，如果已经在 Google Merchant Center

中上传了产品参数，那么勾选这一选项便可以在广告中展示产品。

图 9-72　产品 Feed 选项

9.5.2　以品牌和中意度为目标的视频广告系列

以品牌和中意度为目标的视频广告系列需要设置的内容如图 9-73 所示。如果选择不同的子类型，那么后续需要填写的内容也不一样。

图 9-73　选择以品牌和中意度为目标的视频广告系列子类型

对于广告系列子类型，建议选择"购物"。如果你的产品比较相似，类型相同，那么在"产品过滤条件"选区中可以勾选"所有产品"单选按钮；如果产品之间差别过大，面对的客户群体极不相同，那么建议勾选"特定产品"单选按钮，如图 9-74 所示。

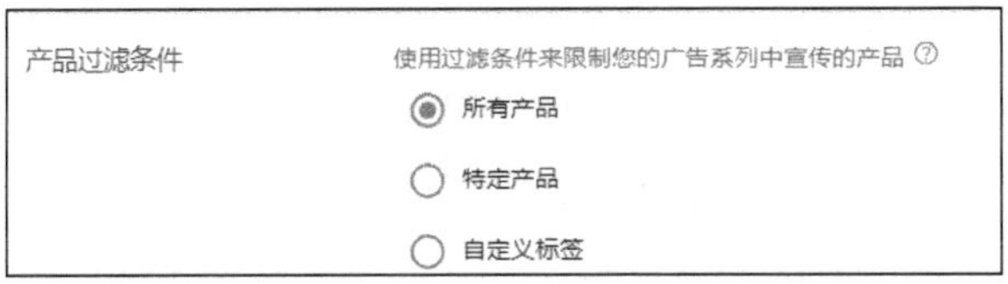

图 9-74　产品过滤条件

9.5.3 以品牌认知度和覆盖面为目标的视频广告系列

以品牌认知度和覆盖面为目标的视频广告系列需要设置的内容如图 9-75 所示。卖家可以根据自己的实际情况和每个选项下的简短介绍或详情自行选择。

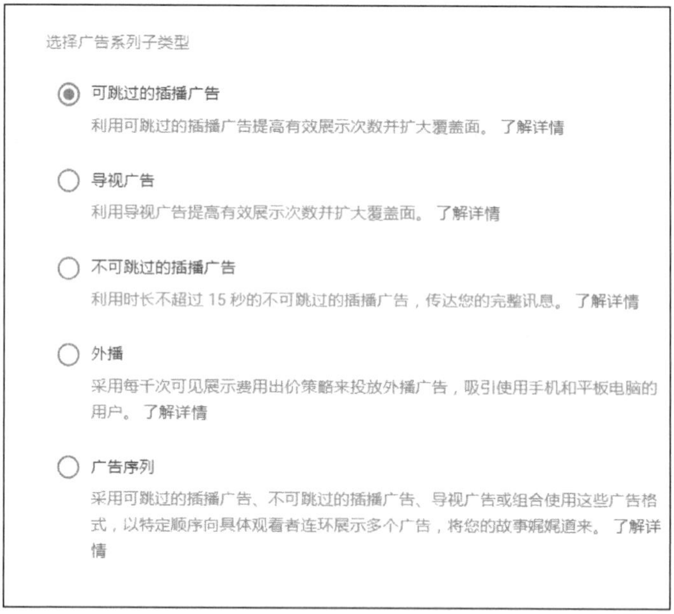

图 9-75 选择以品牌认知度和覆盖面为目标的视频广告系列子类型

9.6 其他广告形式

9.6.1 智能广告

智能广告的展现形式如图 9-76 右侧所示。卖家需要填写 3 个标题和 2 行广告内容描述。电话号码为可选项。对于此类广告来说，在创建广告系列时，添加的关键字主题最好是一类产品，如果关键字主题的词义相近，那么便于吸引同一类型的客户，如图 9-77 所示。另外，在广告制作成功后，不要忘记点击图 9-78 中的"修改"按钮，并在跳转的页面中添加"否定关键字主题"。此类广告系列不能控制单个关键字主题的点击价格。有时候，一个关键字主题的点击价格非常贵，因此不建议 Shopify 卖家采用这种广告形式。

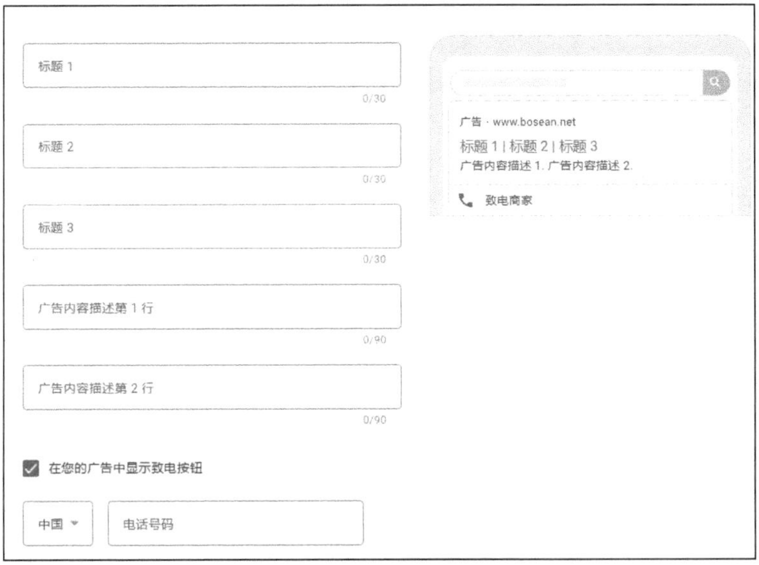

图 9-76 智能广告制作页面

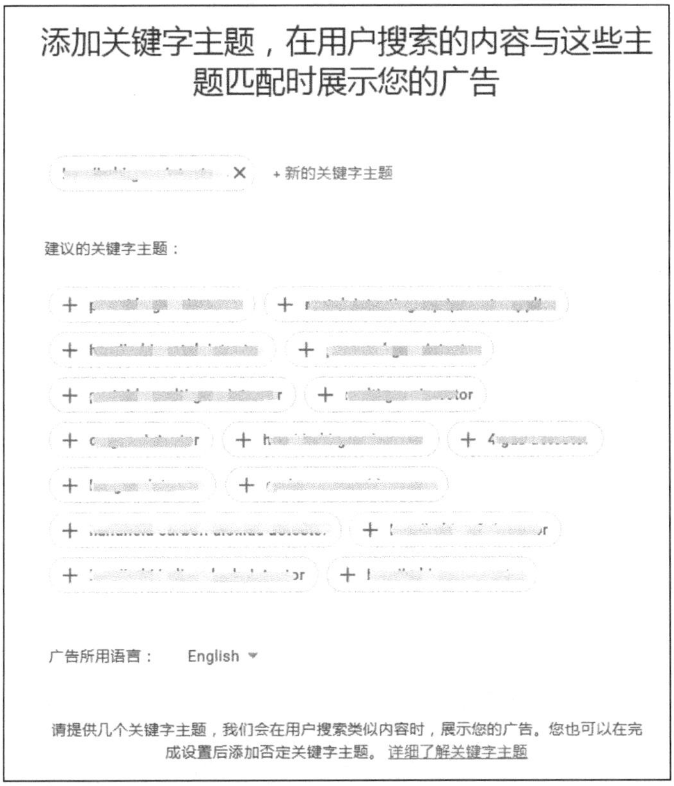

图 9-77 添加关键字主题

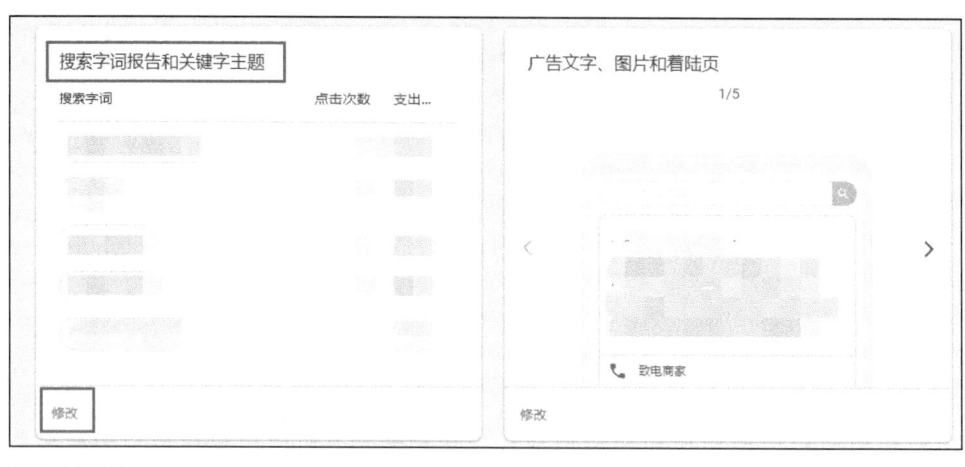

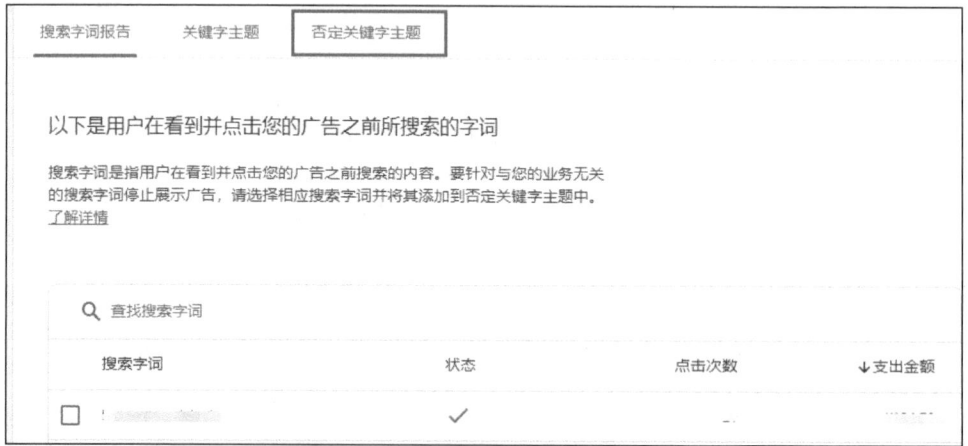

图 9-78 添加否定关键字主题

9.6.2 发现广告

发现广告的作用是覆盖更多的客户群体。

发现广告系列比其他广告系列特别的地方有以下 3 个。

（1）只能选择转化次数为目标，如图 9-79 所示。

（2）对于受众群体，可以选择"自定义受众群体""再营销""兴趣和详细受众特征"选项，如图 9-80 所示。

（3）发现广告有两种，如图 9-81 所示。发现广告的展现形式和展示广告类似。

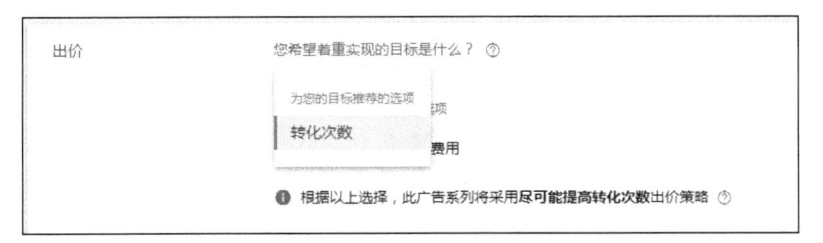

图 9-79 发现广告的出价设置

图 9-80 受众群体设置

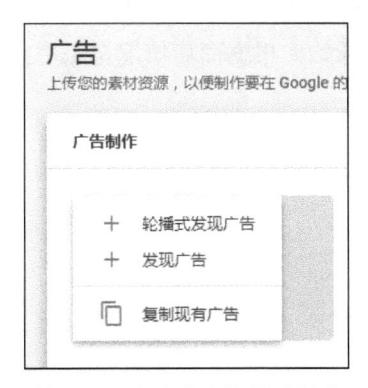

图 9-81 发现广告的展现形式

9.6.3 效果最大化广告

效果最大化广告就是 Performance Max，是一种新的基于目标的广告，现在正在测试阶段。卖家可以寻找代理商申请。它允许效果广告客户通过单个广告系列访问账户中所有的 Google Ads 资源，主要用于补充基于关键字的搜索广告，帮助卖家在所有 Google 渠道（YouTube、展示广告、搜索广告、发现广告、Gmail 邮箱和地图）中找到更多的转化客户。对于该广告系列来说，主要的操作是完善素材资源，如图 9-82 所示，填写的内容和展示广告系列一样。

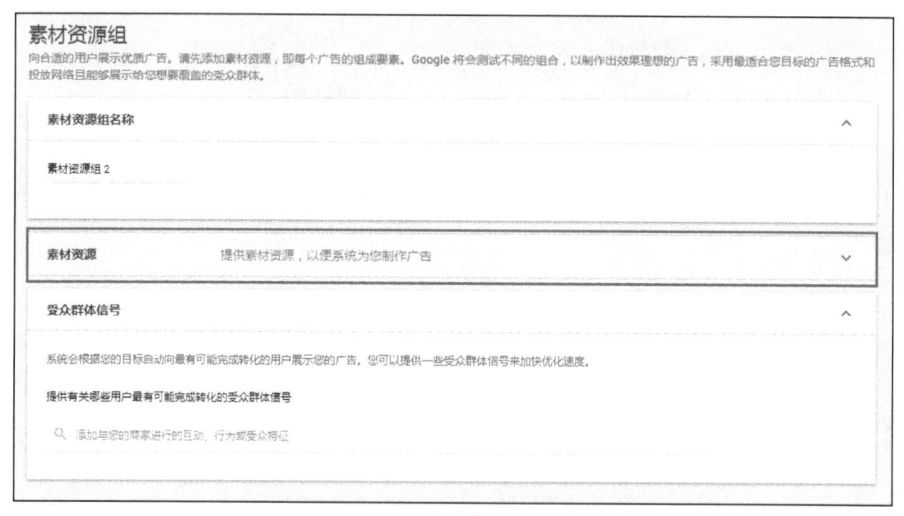

图 9-82　效果最大化广告系列的素材资源组设置

至此，目前 Google 所有的广告类型都已经介绍完毕。建议 Shopify 卖家可以先从购物广告、展示广告开始，根据商店情况再采用搜索广告、视频广告进行产品的推广。